노무현과 바보들

| 2권 |

영화 〈노무현과 바보들〉에서 못다 한 말들

노무현과 바보들

| 2권 |

손현욱 기획 (주)바보들 엮음

싱긋

나는 봉화산 같은 존재야. 산맥이 없어.
이 봉화산이 큰 산맥에 연결돼 있는 산맥이 아무것도 없고.
딱 돌출돼 있는 산이야.
여기서 새로운 삶의 목표를 가지고 돌아왔는데
내가 돌아온 곳은 이곳을 떠나기 전의 삶보다
더 고달픈 삶으로 돌아와 버렸어.
각을 세우고 싸우고 지지고 볶고 하는 정치마당에서
이제 해방되는구나 하고 돌아왔는데,
새로운 일 좀 해본다는 거였는데. (…)
담배 하나 주게. 담배 한 개 주게
이 정도 합시다. 하나씩 정리들 해나갑시다.

_ '서거 전 마지막 육성'에서

사인할 때 저의 표어는 '사람 사는 세상'입니다.
여러분은 본질적으로 시민입니다. 그리고 민주주의
사회에서, 국민주권 국가에서 여러분은 주권자입니
다. 어떤 정부를 가질 것인가는 여러분이 선택합니
다. 어떤 정부가 앞으로 만들어질 것인가에 대해서
는 여러분의 책임입니다.

_'혁신벤처기업인 특별강연'에서(2007년 10월 19일)

이 시대는 우리 사회 내부의 분열과 불신을 극복할 수 있는 정치 지도자를 요구합니다. 저는 정치를 시작한 이후 15년 동안 일관되게 지역분열 정치에 맞서 싸웠습니다. 원칙을 지키기 위해 여러 차례 정치생명을 걸었습니다. 노사화합의 정치적 제도적 기반을 만들기 위해 온갖 비난과 험담을 무릅쓰고 분쟁의 현장에 뛰어들었습니다. 옳지 않은 대세는 따르지 않았습니다.

노무현 바람이 일어나 제가 민주당 대통령 후보가 된 것은 국민들께서 저를 믿어주셨기 때문입니다. 분열과 불신의 문화를 종식하고 진정한 통합과 개혁의 시대를 열어나가라고 명령하신 것입니다. 저는 국민의 뜻을 결코 저버리지 않겠습니다.

어떤 어려움이 있더라도 반드시, 지역구도의 정쟁을 정책구도의 정치로 바꾸어내겠습니다. 지역분열 때문에 흩어진 개혁세력을 하나로 모으겠습니다. 노사가 서로를 인정하고 존중하고 타협하는 풍토를 만들겠습니다.

_ '관훈클럽 초청 토론회 기조연설'에서(2002년, 5월 14일)

국민이 대통령입니다.
제가 지역감정에 맞아 쓰러졌을 때
일으켜세워주신 분은 국민 여러분이었습니다.
제가 검은돈이 없어 선거를 못할 때
돼지저금통을 보내주신 분도 국민 여러분이었습니다.
국민에게만 빚진 대통령 노무현
국민 여러분만을 위해서 일하겠습니다.
국민이 대통령입니다.
_'대통령 후보 TV 광고'에서(2002년)

국정원·검찰·국세청 등 권력 기관을 독립시키면 무슨 힘으로 국가를 끌고 가겠다고 하는가. 도덕적 신뢰로 하겠다. 감당할 수 있는 최선의 도덕적 원칙과 긴장, 그리고 도덕적 절제를 유지하도록 노력해왔다. 이 수준을 밀고 나가겠다 _'전국 세무관서장 초청 특강'에서(2003년 6월 13일)

복지를 보통 우리나라에서는 '갈라먹자, 그것이 복지 아니냐. 그러면 경제는 망한다' 이런 논리들을 가지고 복지를 핍박합니다만, 우리는 그렇게 생각지 않습니다. 복지는 성장과 선순환 하는 것이고 장기적으로 보면 경쟁력의 밑천이다. 사람이 밑천이니까, 복지는 사람을 살리는 것이니까 중요한 것이다. 그렇게 생각하고 복지를 위해 5년 내내 노력했습니다. 그런데 복지 잘한다고 칭찬해주는 사람 없고 분배정부 한다고 타박만 죽어라고 받았던 것 같습니다. 어쨌든 중요한 것은 복지제도가 이제 기틀이 잡혔습니다. _'신년인사회 연설'에서(2008년 1월 3일)

3부　　　　　　　　　　　　　　　　　　**탄핵**彈劾

4부　　　　　　　　　　　　　　　　　　**퇴임**退任

3부

탄핵

彈劾

왜 연정문제를 들고나왔느냐, 한국사회 발전을 위해 극복해야 될 가장 큰 장애요소가 바로 불신과 적대의 문화입니다. 지금 갑자기 생각한 것이 아니라 1990년 3당합당에 참여하지 않고부터 생각한 것입니다. 독재의 시대가 지난 다음에 분열의 시대라고 하는 이 질곡을 하나 더 넘어야 비로소 합리적인 발전이 보장되는 사회로 간다고 생각 했습니다. (…)

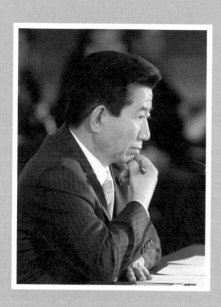

게다가 우리 정부가 약체정부입니다. 여소야대가 구조화돼 있습니다. 지역구도이기 때문에 그렇습니다. 약체정부가 구조화돼 있는데 이 구조를 고치지 않고 대통령한테 결과만 내놓으라고 합니다. 답은 나와 있습니다. 새로운 것도 아닙니다. 이미 수십 년 전부터 답은 그것인데 못한 것 아닙니까? 약체정부로서는 중요한 일을 할 수가 없습니다.

_'국민과의 대화'에서(2005년 8월 5일)

국정원, 검찰, 경찰, 국세청, 이것을 4대 권력기구라고 하지 않습니까. 국회에서 이 기관장들은 꼭 따져보도록 했습니다. 그 기관들이 과거에 권력을 위해 본의든 아 니든 이용된 측면이 있습니다. 국정원으로선 갈등과 시련을 보낸 시기였습니다. 여러분도 엉뚱하게 정권의 몇몇 사례로 신뢰를 잃어버린 적이 있었습니다. 그러 나 이제 바뀌고 있음을 느끼고 있습니다. 잘하겠습니다. 개혁은 밖에서 타율적으 로 요구하면 일회성에 그치고 맙니다. 여러분 스스로가 개혁을 주도해야지 1차 개혁에 이어 2차 3차 개혁이 지속될 수 있습니다. 개혁의 보람을 느끼기 때문입 니다. 개혁은 자기 살을 도려내는 어려운 일이자, 불편한 것입니다. 그러나 잘 하 시리라 확실히 믿고 여러분에게 다 맡기겠습니다.

국정원 개혁의 첫번째는 국가를 위해 국민을 위해 일하는 것입니다. 정권을 위해서는 그만하십시오. 정권이 국정원에 대해 지금 묻지도 않고 요구하지도 않아서 여러분들이 불안해할지 모릅니다. 그렇지만 정권을 위한 국정원 시대는 이제 끝내달라는 것이 나의 뜻입니다.

개혁의 두번째 목표는 국정원이 국가 안전을 위한 전문적 정보기관으로 거듭나는 것입니다. 세계 최고의 국가정보기관이 되는 것입니다. 정치사찰 같은 것은 당연히 폐기됩니다. 갈등조정과 국정 일반을 위한 정보 이것도 여러분들이 오랫동안 할 일은 아닙니다. 국가 안전 정보에 전념해 주십시오. 그러나 과도기적으로 해주십시오. 그 역량이 폐기되기에는 너무 아깝습니다. 갑자기 다 바꾸다보면 사람에 대해서도 구조조정을 하게 되는데 여러분 한 분 한 분에게 얼마나 많은 국민의 세금이 투자되었는지도 생각해야 합니다. 그만큼 여러분은 소중한 사람들입니다. 이 취지를 잘 살려 말 그대로 정보전문가, 프로페셔널이 되어주길 바랍니다.

자세를 바꾸는 것도 중요합니다. 제가 국회의원 시절 지역에 내려가보니 국정원 간부들이 대접을 잘 받고 있었습니다. 즐거운 일일 수 있겠지만 여러분 조직에 가장 부담되는 일이라 할 수 있습니다. 이제 국정원은 세계 최고의 정보기관으로 거듭난다는 자세로 일을 해주십시오. 과거처럼 이른바 '끗발'이 아니라 자부심과 보람으로 여러분이 제 위치를 찾아주십시오. 내 임기 안에 자랑스러운 국정원이 될 수 있도록, 국가와 국민을 위한 국정원이 될 수 있도록 확실히 밀어드리겠습니다.

_'국가정보원 업무보고 및 직원 오찬 간담회'에서 (2003년 6월 20일)

고통스럽더라도
깨어 있어야 한다

바밤바 명계남

명계남 배우님 닉네임은 뭐였나요?

저는 얼음과자 이름으로 유명한 '바밤바'였어요. 제 닉네임이 바밤바가 된 건 그 시절에 나이도 먹고 인터넷이나 이런 거 잘 몰랐어요. 그리고 닉네임이 있어야 된다는 걸 몰랐는데 노사모 회원들이랑 첫번째 집회에서 만났을 때 닉네임이 있어야 된다는 걸 알았죠. 그때 첫번째 집회에서 광날모라고 광안리에서 밤을 새우면서 만나는 모임이 있었는데 거기서 노사모 회원들을 처음 만났고 서로 인사 나누고. 다른 데서도 술이 취하면 제가 술 깨려고 얼음과자를 사 먹는데, 그 바밤바를 사서 몇십 명에게 다 돌렸죠. 아마 그게 재밌어서 바밤바로다 정했을 겁니다, 아마.

노사모 초대 회장이 좀 부담스럽지는 않으셨나요?

부담스러울 것도 없죠. 그때 노사모 회장에 제가 된 것은 초기에 노사모 회원들이 한 백여 명도 안 되게 모였을 때, 노사모라는 걸 만들자고 한 사람들이 모여서 인터넷에 모임을 만들고 저도 신문을 통해선가 보고 활동하기 시작했죠. 노무현 대통령이 총선에서 낙선한 것을 안타까워하는 사람들이 전국에서 인터넷으로 모여들고 있다. 이런 얘기를 들어서 '어? 그래? 나만 그렇게 생각하는 게 아니라 그렇게 생각하는 사람들이 전국에 많구나' 그러고서 저도 더듬더듬 인터넷을 들어가서 노사모에 가입을 한 겁니다, 초기에.

한국에서는 배우나 연예인들이 정치적 표현은 잘 안 하지 않습니까?

그렇죠. 유명인들이나 그런 사람들의 정치적인 의사 표현을 이상하게 보는 풍토가 우리는 아직도 많죠. 지금도 그렇고요. 저는 그것을 특별하게 생각하거나 배우다, 유명인이다, 생각하고 살지도 않고 그런 거는 별로 없습니다. 그냥 유명세보다는 '힘들고 소외되고 어려운 사람들한테 보탬이 되면 내가 나선다' 이런 생각은 가지고 있었어요. 근데 노사모 활동 하게 된 거는 순전히 '내가 유명했다' 이런 거하고는 전혀 관계없이 노무현이라는 사람이, 노무현이라는 정치인이 올곧고 우리나라에 바람직하고 귀한 정치인인데 유권자로부터 정치판에서 인정받지 못하는 우리 정치 현실이 안타깝고 그런 것 때문에 노사모라는 활동을 하게 된 거죠.

정치인 팬클럽 회장을 한다고 할 때 주변에 뭐…… 반응 없었나요?
아니, 누구도 주목하지 않았기 때문에 그런 건 없어요. 그리고 우리는 회장이라고 부르지 않습니다. 노사모는 대표 일꾼이라고 제가 이름을 만들었고, 각자 모인 사람들 중에 이제는 무슨 대표가 하나 있었으면 좋겠다. 온라인 모임이고 지역 모임들이 생겨나니까 번개 치고 오프라인에서 만날 사람들을 연락할 분이 있어야 하니까 일꾼들이 필요했죠. 그런 점에서 대표 일꾼이라고 이름을 정했고 다른 거는 없습니다.

초기 활동하실 때 특별히 기억나는 에피소드 같은 게 있으시다면요?
2000년 4월 13일 총선입니다. 그게 촉발된 거거든요. 지역 갈등 해소를 위해서 저렇게 맨몸을 던지는 사람. 이런 가치를 보고서 사람들이 모여든 거라고 생각을 합니다. 저도 물론 그중 하나고요. 4·13 총선 때 유명인으로서, 연예인으로서 선거 유세를 지원하러 그 선거구에 갔습니다. 가서 유세도 했었는데 분위기로는 당선되는 줄 알았어요. 그런데 떨어지더라고요. '이야, 이거 기가 막히다. 이건 뭐 도저히 방법이 없구나' 이러고 있었는데 그 떨어진 다음다음날부터 신문에 노무현의 낙선을 안타까워하는 전국의 네티즌들이 인터넷에 글을 올리기 시작하고 그것이 봇물처럼 분노와 응원의 물결들을 이루고 있다고 나왔어요. 깜짝 놀라서 그래? 그러고선 이제 더듬더듬 독수리 타법으로 거길 찾아들어가서 나도 한두 줄 쓰고 한 게 이제 그렇게…… 따로 떨어졌던 사람들이, 서로 잘 알지도 못하는 사람들이 그 노무현이라는, 노무현의 가치, 그것 때문에 인터넷에서 이렇게 소통하기 시작하게 된 게 출발이죠.

노무현 대통령과 인연이 어떻게 시작되셨습니까?

총선 때 유세하러 갔었던 겁니다. 민주당, 그 당시에 그 새정치국민회의인가요? 이렇게 가까웠으니까 선거 지원 요청이 왔어요, 유명한 사람이니까. 그 세력들이 많이 당선되면 좋겠다는 게 제 개인적인 소신이었으니까. 내가 가서 보탬이 된다면 하고 가서 후보자들이랑 어깨띠 매고 시장통도 돌고 그런 일들은 하긴 했었죠. 선거에는 그렇게 다니다보니까 제가 모르는 후보자와 같이 다닐 때도 많고 그래요. 그게 좀 재미가 없더라고요. 그래서 난 이번엔 가면 내가 잘 모르지만, 한 번도 본 적이 없지만 노무현이라는 사람이 서울을 버리고 부산에서 그렇게 또 도전한다는데 저거 진짜 가치 있다. 나는 저기 가겠다. 이렇게 당에다 얘기를 해서 그리로 배정받아서 가게 되고 거기서 뵌 거죠. 개인적인 인연은 전혀 없었습니다.

다른 정치인들과 차별된 가장 큰 건 뭐가 있었나요?

제 짧은 식견으로 한두 마디로 정리할 수 있을까요. 많이 알려진 대로 원칙과 소신에 따라서 정치를 하는 것, 그다음에 이게…… 안 된다고 생각하지 말고 역사 인식을 가지고 덤벼드는 자세, 이런 것들이 당시로는 보기 힘든 것이 아니었나. 요즘도 그렇지 않나. 그런 것들이 분명히 다른 정치인하고는 다른 부분이죠. 그래서 주목을 받은 거고 그분이 대통령까지 되셨을 거고. 상고를 졸업하시고 학벌이 없음에도 투철한 역사 인식과 자기가 세워놓은 원칙과 신념이 흐트러지는 것을 거부하고 그렇게 뚜벅뚜벅 걸어가는 것. 이런 것들이 주목해야 될 것이 아니었나 생각을 해봅니다.

광날모 다리 부상 사건, 다들 그 이야기 많이 하시더라고요.
제가 노사모에 온라인으로다가 가입하고 나서 오프라인에 처음으로 간 게 광날모입니다. 그 전국에서 그날이 첫번째 대표를 뽑는, 그날 밤에 온라인 결과에 따라 제가 대표가 되는 날이었는데 굉장히 신기했죠. 전국 각지에서 사람들이 장삼이사 모여서 서로 노무현이라는 그 가치 하나, 그 사람 덕분에 전혀 모르던 사람들이 모여서 서로 악수하고 "당신도야?" "당신도야?" 이러면서 어울리는 그런 자리였죠. 그날 여러 얘기들도 많았고 술도 마시고 했죠. 저는 알려진 사람이라 거기 모인 회원들이 다 반겨 하고 좋아해서 제가 바밤바도 사서 돌리고 그랬습니다. 대표가 됐다는 대표 일꾼 뽑는 온라인 집계 결과도 나오고 그때 회원들이 한잔도 하고 해서 취기가 오른 김에 헹가래 친다고 여럿이 저를 들고 가서 바다에 던지는데 몇 사람이 발을 헛디뎠는지 제대로 던지질 못해서 발부터 잘못 떨어졌죠. 발등뼈 3개가 부러졌는데 저도 몰랐어요. 아침이 되니까 이렇게 부어올랐습니다. 그래서 사람들도 다 몰랐던 거고, 제가 그때 무슨 드라마 촬영을 하고 있을 땐데 문제가 되긴 했죠. 촬영할 때 굉장히 힘들었죠. 깁스를 했으니까 뭐…… 그런 일이 있었습니다.

대통령 흔들기가 한창일 때 탄핵 직전이나 기억나는 장면이 있으십니까?
수도 없이 많죠, 수도 없이. 거짓 뉴스, 가짜 뉴스, 어떤 걸 얘기해야 되나? 검사와의 대화? 대통령님의 말투가 자연스럽고 서민적이고 한데 흠잡을

게 없으니까 말꼬리를 잡아서 말투만 가지고 한다든지, 검사와의 대화 같은 거 진짜 유례가 없는 통치자로서의 정치 행위를 했는데 아마 일반 국민들은 굉장히 신선하고 충격적으로 받아들였을 겁니다. 근데 그걸 당시에 일부 검사들이나 기득권층에서는 아주 아프면서도 문제로 받아들였고 그래서 야, 저 사람, 아마 그랬지 않았을까? 반대하는 세력 중에서는 노무현 대통령 마음대로 하게 내버려뒀다가 진짜 큰일나겠다는 생각을 검사와의 대화 같은 걸 보고 더 하지 않았을까? 더 공격적으로다 전열을 다듬었지 않았을까. 주요 언론도 그렇고 그다음부터는 아마 더 심해졌을 겁니다.

예전에는 대통령이 9시 뉴스 딱 하면 대통령 동정부터 뉴스가 나왔는데, 당시 노무현 대통령 때는 9시 뉴스에 아마 중간 한 9시 20분 지나서 지방으로 뉴스가 넘어가기 전에 잠깐 나오거나 안 나오거나 이랬을 겁니다. 거의 그런 취급을 받았죠. 개혁적인 일들에 대해서 계속 딴지걸었고 그거는 수구 보수 세력뿐만이 아니라 민주 진보 진영에서도 대통령을 흔들기 바빴습니다. 아픈 일이고 이해가 가지만 진보 쪽에서는 "야, 당신이 우리랑 똑같은 사람이라고 해서 대통령 만들어줬잖아. 그러니까 빨리 쟤네들 것 뺏어와야지" 하고서 안 뺏어온다고 난리를 치고, 또 수구 보수 세력에서는 "말도 안 되는 저런 사람이 대통령이 됐으니 큰일났다. 이거 뺏기면 안 된다"고 해서 안 뺏기려고 또 공격하고. 아마 찾아보면 양쪽으로 다 공격받았던 굉장히 가슴이 아프고 힘들었던 일입니다. 민주 진보 진영 세력으로부터도 아프게 공격받았던 거. 그게 제일 가슴이 아팠어요. 나중에 진보 쪽 언론에서는 스스로 반성하기도 하는 부분이기도 한데…… 심했죠. 어떻게 할 방법도 없고 그래서 그후로 노사모를 비롯해서 작은 시민단체들에서 언론 바로 세우기 운동을 하는 것의 촉발제가 되기도 했고, 노사모는 노사모대로 노력했고, 아마 사회 각 부분에서도 그런 일들이 지금은 많이 돼 있을 겁니다. 그럼에도 불구하고 아직도 문제가 많다고 생각하죠.

내가 만난 노사모는 어떤 사람들이었습니까?

보통 사람들이고 저도 정치에는 그렇게 관심이 있는 사람은 아니었어요. 그저 테레비에 나와서 어쨌다 그러면 "하여튼 다 똑같은 놈들이지" 하면서 그래도 내가 지지하는 쪽에 투표는 하고, 또 투표할 때마다 "이거 소용 있나?" 이렇게 패배주의에 젖어 있던 사람 중의 하나입니다. 그 많은 수의 사람들, 386으로 민주화운동을 대변하는 세력들, 그 사람들이 87년 6월 항쟁 겪으면서 '이 세계가, 이 세상이 이렇게 바뀌어야 될 텐데' 하고 몸을 던졌다가…… 몸에다 기름을 붓고 그것도 모자라서 불을 붙이고 그것도 모자라서 옥상에서 뛰어내리고 이런 대학생들과 그런 사람들의 희생으로 민주화를 성취했는데도 불구하고 정치권에서 그걸 담아내지 못하고 다시 군부 기득권 세력으로 정권이 넘어가는 91년, 87년을 보면서 많은 사람이 좌절하고 뒤로 물러앉았죠. "아이, 정치 몰라. 이 나라는 안 돼" 이랬던 것들, 그랬던 사람들이 노무현이라는 사람을 보고서 "맞아, 우리가 이렇게 뒤에 물러서 있으면 안 돼" 이러면서 나온 거죠. 자기가 사는 곳에서 조금씩 행동하는 사람들. 그 사람들이 노사모였고 그렇죠……. 보통 사람들이에요, 노사모 사람들은.

시민들이 만든 대통령. 그런 대통령을 우리는 잃었잖아요.

대통령을 잃은 것과 관계없이…… 저는 우리 사회의 일부가 그런 조급증이 많은 것 같아요. 내가 이렇게 했으니까 빨리 다 해야 할 것 아니야. 그러고 뒤로 물러나는 경우가 많아요. 근데 대통령이나 국가 권력이라는 것은 저는 잘 모르지만 한꺼번에 모든 문제를 해결하기는 어려울 거라고 봐

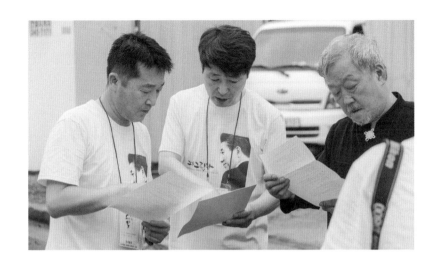

요. 여기서 저기 가는데 길도 넓혀야죠. 그래야 물류비가 싸게 먹히죠. 그렇지만 소외되고 어려운 이웃들, 할아버지 할머니들이 겨울에 따뜻한 방에서 쉴 수 있게도 해야 되죠. 그러면 이걸 우선순위를 어떻게 배분하느냐의 문제가 있습니다. 우리한테 권력을 위임받은 봉사자, 공무원과 정치인들이 해야 될 일이거든요. 근데 아래쪽에서는 "이거 먼저 해. 왜 내 것 안 챙겨?" 이렇게 하고 있단 말입니다. 그러니까 그 갈등 구조 속에서 그런 것에 대해 조급증을 내고 개인이 자신의 이익에만 몰두해서 서로 갈등을 만들어내는 게 우리들 스스로한테도 굉장히 많았다는 느낌이 드는 거죠. 이건 유치원 봐도 그럴걸요? 저 유치원 저분들이 선거 때마다 굉장히 큰 세력입니다. 굉장한 이익단체입니다. 그런데 최근에 불거졌던 사안들을 어떻게 봐야 돼요? 그리고 최저 임금을 올린다. 시급 올린다, 그거 올려야 되잖아요. 그런데 올리니까 자영업자들이 우리 또 죽겠다 그래. 어떻게 해야 되죠? (웃음) 저는 대통령님이 돌아가시고와 관계없이 우리가 공공선에 관한 인식들 없이 내 거, 내 식구, 우리 동네, 뭐 이렇게만 몰아가는 이런 것들이 사회의 통합을 해치고 발전을 더디게 하는 요소가 있다. 저는 그런 생각을 해봅니다.

공공선을 회복해야 된다.

우리는 거의 벌을 안 주고 정리를 잘 안 하는 것 같아. 그냥 좋게좋게 넘어가는 것들이 있는 것 같아요. 이번 촛불혁명 이후에 이제 그 적폐 청산이라는 것이 어느 때보다도 사람들 귀에 먹히는 것이죠. 정리할 건 해야지. 아닌 건 아닌 건데 "됐어. 야, 시끄러우면 뭐해. 자, 그냥 가" 이런 식의 것들이 자꾸 우리 사회를 곪게 만드는 게 아닌가. 그러면 그 틈에 그런 사람들은 "야, 이거 좀 있으면 잠잠해지고 대충 넘어갈 거야. 뭉개면 돼" 이러고서 그냥 저지르고 저지르는 것을 방치하는 것. 그래서 시민들이 깨어 있어야 되는 거죠. 그래서 저는 두 분 대통령이 하신 말씀, 김대중 대통령은 행동하는 양심. 양심이 있으면 뭐하나? 행동을 해야지. 돌을 던질 수 없으면 벽에다 대고 욕이라도 해야 되지 않느냐? 이거 기가 막힌 얘기거든요. 노무현 대통령, 깨어 있는 시민. 깨어 있어야지. 깨어 있다는 건 뭐냐? 이거 아니야. 그럼 아니다. 저게 어떻게 되는 거지? 따져봐야지. 동네 목소리 큰 사람 따라서는 아니라는 거죠. 그래서 깨어 있는 시민이 늘어나야 된다. 그러면 권력을 위임받은 사람들이 함부로 못한다. 시민들을, 국민들을 두려워하면서 일을 하게 된다. 그래서 깨어 있는 시민과 행동하는 양심이 굉장히 중요한 화두라고 생각합니다. 깨어 있는 시민으로 산다는 것은 굉장히 힘든 일이고 고통스러운 일이긴 합니다. 그런 것이 단박에 이루어지지 않을 것이라는 걸 아니까 고통스럽죠. 그렇더라도 깨어 있어야죠.

노대통령님은 변호사를 하셨잖아요. 정작 대통령이 되고 나서는 타인들의 심판질, 판사질에 엄청 시달리고 많이 외로우셨을 것 같은데 가까이서 보셨을 때 어땠어요?

저는 가까이서 본 적 없습니다. 제가 어떻게 가까이서 봐요? 그러셨겠죠. 그분도 인간인데 외롭고 힘드셨겠죠. 근데 그거를 잘 견뎌내셨을 거란 생각은 듭니다. 짐작하건대 그 양반의 성정으로 봐서 외롭다고 저 같은 놈처럼, 화나고 힘들고 남들이 나를 다 욕하고 그러면 혼자 벽에다 머리 찧고 퍼져 있고 그렇게 대처하진 않으시는 분이니까. 전해들리는 이야기로는 돌아가시기 전 한두 달 동안의 그 외로움과 고뇌의 깊이가 상당했다. 비서관들 이야기가. 그런 얘기만 듣죠. 들었죠. 오죽하셨겠는가. 자신의 잘못도 아니고 자기 주변 가까운 곳의 잘못으로 인해서 당신으로 상징되는 민주 진보 세력들이 그렇게까지, 아니면 명계남이 같은 사람이 앞으로 고개를 똑바로 처들고 세상을 살지 못할까봐. '모두 다 도매꾼으로 매도되어서 치욕 속에 살게끔 해서는 안 되겠다'라는 그 결단. 그 참…… 무서운 결단이죠. 최근에 노회찬 의원의 결단에서도 보듯이……. 뭐 흠결이라면 흠결일 수 있겠죠. 그것이…… 다른 가치를 다 무너뜨리는 것들은 절대로 막아야 한다는 신념에 의한 적극적인 의사 표시고 행동이었다고 생각합니다. 노회찬 의원이나 노대통령이나……. 대통령이 그렇게, 내가 함부로 이야기하긴 진짜 싫은데 대통령이 그렇게 되셨으니까 당신들이 이 영화 찍는 거 아니에요? 이 영화 찍을 수 있게 해준 거 아니에요?

문성근씨와 인터뷰를 하다보니 꼬셨다고 그러시더라고요.

꼬셨다기보다도 문성근이랑은 자주 만나고 영화판에서 같이 있을 때인데 이야기를 많이 했어요. 그래서 김대중 대통령이 되고 나서도 다음은 노무현이다, 이런 얘기 사석에서도 나누고 했었죠. 문성근은 열렬한 지지자였고 민주 세력이 계속 집권해야 된다는 것에 저보다도 정치적인 식견이 높았죠. 자라온 환경 때문에 그런 논리와 역사성을 가지고 있는 친구죠. 그런데 제가 노사모를 나서서 하게 될 때 문성근이는 좀 샤이한 성격이 있습니다. 적극적으로 나서지는 않습니다. 그냥 오케이. 잘하고 있다. 야, 잘되냐? 이렇게 물어보는 정도였죠.

노사모 초기보다도 좀 지나면서 노무현 해양수산부 장관이 다음 대선에 출마를 결심하게 되면서부터 지지 세력을 확산해야 될 필요성도 있고 진보 쪽 진영에서도 비주류였지 않습니까? 이를테면 김근태나 저쪽 어르신보다도 재야 운동권에서도 비주류에 속했고요. 재야 운동권이나 박형

균 목사님, 함세웅 신부님과 정의구현사제단을 비롯해서 재야 민주화 세력을 이끌어가는 분들과는 약간 거리가 있었다고 봐져요. 캠프 쪽에서 저한테, 그러니까 거리가 있다는 게 다른 게 아니라 서로 면식이 없는 거지, 노무현 대통령과 운동권의 주류 세력들하고.

그러니까 캠프 쪽에서 저한테 문성근 선배가 좀 나서주면 그분들한테 적극적으로 노무현, 그러니까 박형균 목사님이나 그 어르신들도 "노무현? 그게 누구야? 부산서 변호사 하다가 부산 민주화운동 할 때 거기 뭐 상임본부장도 하고 그랬었나?" 그걸 알려줄 필요가 있어. 적극적으로…… 지지하고 도울 수 있게끔 만들 필요가 있었죠. 근데 노무현 대통령 후보의 캠프 쪽은 다들 어린데다가 거리가 있으니까. 문성근이는 문목사님도 있고 그러니까 그분들하고 다 알고 하다못해 지 어렸을 때 그 뭐야, 뭐 함세웅 신부님이나 그분들이 자기집 안방에서 문목사님이랑 의논하고 하는 것도 옆에서 보고 자랐으니까 다 아는 사이니까 좀 나서줬으면 어떻겠는가? 그게 참 필요하겠다. 문성근이보고 "이렇게이렇게 해서 네가 좀 나서서 그런 일들 좀 해주고 그분들 좀 만나고 알리고 했으면 좋겠다" 그랬더니 이제 문성근이도 마침 그런 생각을 하고 있었겠죠. 만나보자고 했고, 그때 제가 노사모 대표 일꾼이어서 노대통령님과 문성근이가 만나는 자릴 만들었죠.

대통령께서 문성근이가 이렇게 결심하니까 굉장히 고마워하셨는데 원하는 게 한 가지가 있다고 문성근이가 그때 조건을 달았어요. 당선되셔도 우리는 절대로 무슨 공직이나 이런 데 나가지 않는다. 김대중 대통령이 당선되고 나서 그 주변에 참모들이 벽을 쳐가지고서 일반 국민의 정서를 전하는 귀를 막게 하는 비서진들이 있었다. 그런 것들이 굉장히 답답해서 판단을 흐리게 하는 데도 일조했다고 보니, "노짱님은 당선이 되시면 명계남이가 이렇게 얘기하는 사람들 몇 사람하고 한 두 달이나 석 달에 한 번이라도 만나서 얘기를 들려주신다는 약속만 하시면 저도 적극적으로 나서겠습니다" 이런 조건을 냈어요. 그땐 뭐 노짱도 "아, 그거야 뭐 그럽시다" 하고. 꼬셨다기보다는 아마 문성근이가 스스로 나서는 성격이 아니었으니까 그런 기회를 보고 있었고 그때 이제 필요하다. 네가 나서야 돼, 가자. 이렇게 제가 말을 했을 뿐이지. 걘 항상 뒤에 있고 그런 거였으니까.

<u>제가 혹시 놓친 게 있으면 말씀해주세요.</u>
노사모에 대한 이야기인데 노사모에 대해 바보, 바보라고 이야기하시는데 노무현 대통령을 바보라고 이야기하는데 그 바보란 말을 중의적으로 쓰죠. 바로 보기라는 말의 줄임말로도 쓰곤 합니다.

　　노사모는 지금 이 영화에 등장하는 인터뷰되는 사람들, 이 사람들만 노사모라고 할 수 없다는 것. 혹시 노사모 홈페이지를 접속하셔서 담당자한테 '노사모에 이제까지 가입했던 사람들 DB를 뒤져보면 총 연인원이

10만 명이나 되던 그 사람들, 그 사람들이 '노사모다'라고 생각하신다면 이 영화가 잘못 기획되고 있다는 거죠. 잘못 만들어져서 지금 보이고 있다는 얘기죠.

노사모에 인터넷에 가입은 하지 않았지만 그리고…… 경선 때 또는 선거운동 하는 과정에서 앞에 나와서 뭐 "노무현 짱! 국민 통합!" 이것을 한 번도 외치지 않았다 하더라도 그 당시에는 무지무지하게 많은 노사모가 있었다고 저는 봅니다. 물론 별사람이 많습니다. 대통령 당선된 뒤에 호주에 갔더니 그 호주의 시드니 노사모 친구들이 자기들이 고생한 이야기를 울면서 하는데, 관광객들이 시드니 공항에 내릴 때마다 대통령에 관한 잘못된 기사를 고친 전단을 만들어서 한국 관광객들한테 나눠주고 그러면 호주 공항 경찰들한테 쫓겨나고 그러면서도 "노무현입니다, 노무현입니다" 하면서 그걸 알리고 쫓겨나고. 한국에 돌아갈 수는 없고 멀리서 투표권도 없이 이 나라가 바로 서야 되는데 이거를 대통령이 연설한 거 인터넷에 쪼가리로 나온 거 들으면서 울면서 그렇게 뛰었던 사람들을 비롯해서 겉으로 드러나지 않고 숨죽이면서 일궈낸 노무현이라는 신화, 역사를 이루어낸 사람들이. 노사모.org에 가입했던 사람들을 노사모라고 칭하고 명계남이랑 같이 뭐를 했던 사람들을 노사모라고 칭한다. 절대로 아니라는 것이죠. 노사모라는 것은 일반 명사라고 봐야…… 노무현이라는 사람으로, 그의 정신으로 그 시대에 세상에 섬광처럼 던져졌던 어떤…… 그런 것. 시대정신이다.

여기 조명이 있는데 이렇게 환하게 비치잖아요, 잘 보이게. 근데 노무현이라는 사람은 이런 빛이 아니라 섬광 같았다. 섬광 같은. 늘 있지 않아요. 어쩌다 보이긴 보이는데, 그리고 섬광이 있었는데 본 사람도 있고 못 본 사람들이 많아요. 그래서 섬광이 번적한 걸 본 사람도 다 다르게 기억해요. 환한 밝은 빛이었다, 화이트 아웃이 됐더라는 사람도 있고, 어떤 사람은 그 섬광이 무지갯빛이었어, 이렇게 얘기하는 사람이 있고 어떤 사람은 활활 타는 빛이었어, 이렇게 얘기하는 사람도 있어요. 노무현을 기억하는 사람들도 그래요. 다 가지각색이에요. "이런 사람이었어." "아니야, 이랬어." 그랬다가 또 그걸 못 본 사람은 "너 못 봤다"가 아니야. "이런 사람이 있었어." "진짜야? 그런 사람이 있었어? 난 그렇게 안 하는데?" "야, 찾아봐." "진짜 그런 사람이 있었네. 섬광이 있었는데 내가 그때 딴생각하느라고 못 봤네." 이런 사람들도 있고. 다시 그런 섬광을 볼 수 있을까? 그리고 이제는 그 섬광만이 역사를 만들어가진 않으니까. 그 섬광이 많은 사람을 이제 깨어 있는 시민으로 만들고 그 시민들이 이렇게…… 힘들게 우리 지나온 역사처럼 조금 조금씩 앞으로 가겠죠. 그걸 기대해보는 거죠.

근데 그분은 섬광이었습니다. 저는 봤어요. 저는 그게 자랑입니다. 섬광을 봤다는 게 자랑입니다. 제가 앞으로 뭐 경제적으로 어렵고 무슨 위해를 당하고 개인적으로 무슨 어려움이 있고 뭐가 있더라도 저는 진짜 그게 자랑입니다. 나는 그 섬광을 봤어. 그 섬광을 봤어. 그리고 그 본 얘기를 누구한테든지 이렇게 이야기할 수 있어. 저는 이게…… 내가 50 다 돼가면서 깨어나기 시작해서 본 세상을 통해 얻은 내 삶의 보람입니다. 명계남이 나오는 영화, 안 나오는 영화로 나뉘었던 한때의 배우, 연기 잘하는 명배우, 이거 말고 제 자랑은…… 나는 섬광을 봤어. 그리고 아직도 그 섬광이 다 이해가 되진 않아서 지금도 시간 날 때마다 그 섬광이 남긴 글과 말들을 복사해서 옮겨 쓰면서 찾으려고 하고 있지만, 그리고 그 생각을 계속 가지고 나도 세상을 위해서 뭘 해야겠다 하지만, 가끔 지치기도 하고 가끔 게으르기도 하고 가끔 내 것만 챙기는 예순일곱 살 노인으로 돌아가기도 하지만, 내가 봤던 섬광이 가끔 기억나면 다시 정신이 차려지는 그런 삶을 사는 사람이다. 저는 이 정도만이 우리 식구들한테 할 수 있는 그런 얘기라고 생각합니다. 씨발, 그만합시다. ◖

옆에 있는
사람에 대한 신뢰

처리 장형철

닉네임은 '처리'입니다. 단순합니다. 이름이 장형철인데 '철이'라고 쓰면 〈은하철도 999〉가 연상되니까 자연스럽게 처리라고 했습니다.

닉네임 잘 지었다는 이야기 많이 들었습니다. 일 처리 잘한다고. 미키루크님 인터뷰하니까 제일 많이 등장하시는 분이 처리님이던데, 노래방 이야기부터.

미키님한테 미안한 게, 미키님이 악역을 하시고 저는 뒤를 살피는 선한 역할을 했어요. 칭찬 많이 받고. 사람들이 미키님은 존중하면서 두려워하고 비판하고. 미키님 등뒤에서 호사를 누렸다고 볼 수 있습니다. (웃음)

신문방송학과 나오셨다고? 경선 과정 준비하면서 면접 보러 가야 하는데 안 가고 일 처리를 하셨다고.

면접까지는 아니었을 겁니다. 중학교 2학년 때부터 기자가 되겠다는 생각이 있었고 대학도 운좋게 그 과를 갔고요. 그런데 기자를 할 수 있는 기회가 많지 않고 경쟁률도 높았으니까. 99년도에 졸업하고 기자 시험 준비하다가 노사모 일을 하게 됐어요. 제가 부산 노사모 사무국장이었기 때문에 기자를 하겠다는 것이 스스로도 맞지 않다는 생각이 들었습니다. 나중에 기회가 있으면 되는 거고 당장은 이 일이 훨씬 가치 있다고 생각했기 때문에 접었습니다. 준비 안 되기도 했고요. (웃음) 신방과 나와서 언론 관련 일을 처음 한 게 〈조선일보〉 폐간 운동이었기 때문에 언론이나 기자에 대한 인식들이 바뀌기도 했고. 여러 가지가 중첩되었던 겁니다. 미키님은 좋은 면만 보시는 건데, 개인적으로는 언론 일을 하는 것이 맞느냐 안 맞느냐에 대한 갈등이 있었고. 노사모 일을 하는 게 지배적이었기 때문에 큰 고민들은 없었습니다.

대학 때 운동을 좀 하셨죠?

제가 기존 학생운동권의 끝물이에요, 91학번이니까. 강경대 열사와 같은 학번이니까요. 자연스럽게 운동을 해야 된다. 신문방송학과이다보니까 다른 과에 비해 사회문제에 관심이 많았고. 부산대는 NL 쪽이 주류였는데 저는 PD 경향에 가까웠습니다. 형은 NL이었고 저는 PD였어요. 어머니가 고맙다고 하는 게, 둘이 같이했으면 마음고생 많이 했을 텐데 형이 군대를 갈 즈음에 제가 대학 가니까 겹치지 않았거든요. 한 놈만 관리하면 돼서 참 좋았다는 말씀입니다. 어머니는 잘 이해해주셨어요. 다치지 말라고 했고. 대학 때부터 민중당 청년학생위원회 일을 했고 졸업하고 나서도 민주노동당 당원이었습니다. 당시에는 세상을 바꾸기 위한 실리적인 부분들이 필요하다고 생각했기 때문에 가능성 있는 후보에 대한 갈증이 있었고 그러다가 자연스럽게 노사모라는 곳과 결합되어 대중적인 운동을 할 수 있겠다고 생각했고요.

노사모가 초반에는 진지한 조직은 아니지 않았나요?

가장 치열하고 진지한 것을 유쾌하게 풀었던 거지, 회원들은 너무나 진지하신 분들이에요. 처음에 미키님과 충돌한 게 그거였어요. 어디 춤을 춘단 말입니까. (웃는) 제가 몸치예요. 저는 그걸 너무 두려워하거든요. 제가 왜 사회를 많이 보게 되었냐면, 대중들 앞에 설 때 제가 가장 잘하는 게 말밖에 없었어요. 춤도 못 추고 노래도 못하고. 자신감이 없으니까. 그래서 미키님하고 참 잘 맞았어요. 그 부분은 진짜로 오해입니다. 노사모 했던 분들은 시대를 가장 치열하게 고민하고 가장 진지하고 무거운 분들인데 그걸 가볍게 표현하셨다고.

아기물고기님 기억나세요?

아기물고기님은 광주 경선 전에 처음으로 오프라인 나오신 분이거든요. 그때 저는 사무국장이었고 아기물고기라는 분이 사무실을 잠깐 찾겠다고 해요. 본명이 조희정입니다. 우리는 여성 활동가가 드디어 나타났구나. 그런데 (웃음) 어른육고기가 나타나서, 그것도 소주 두 박스를 딱 들고. 다음 날 광주 경선을 간다고 하니까 버스에 소주, 안줏거리가 필요할 거다 싶어서. 당시 엘리베이터도 없는 5층 사무실이었는데 숨도 흔들리지 않고 올라오는 겁니다. 음식 보고 기뻐했고 사람 보고 실망했습니다.

아기물고기님은 그냥 미키 형이 하자고 해서.

정확합니다. 아기물고기님은 미키 형님이 하자고 해서 했습니다. 미키님을 동지로, 선배로. 그분에 대한 신뢰를 함축적으로 얘기하는 거지 않습니까? 노사모를 끌어가는 힘은 그겁니다. 옆에 있는 사람에 대한 신뢰. 제가 어떻게 노사모를 처음 하게 됐냐면, 제가 한 단체의 간사였어요. 그때 사무국장을 정말 존경했는데, 이분이 노사모 모임을 저희 사무실에서 했어요. 뒤편에서 보고 있는데, 제가 정말 존경하는 사무국장인데 사람들한테 욕 듣고 계시더라고요. 그래서 "부장님, 제가 여기에서 어떤 역할을 하면 국장님이 이런 꼴을 안 당합니까?" 하니까 들어와서 같이하면 안 되겠냐고 하시더라고요. 당시만 해도 정치인 팬클럽이라는 거에 개념이 잘 안 서 있는 상황이었기 때문에 옆 사람에 대한 신뢰가 노사모를 움직이는 동력이었습니다.

18년 동안 제일 안타까운 점이 뭘까요?

부담스러운 이야기인데 제일 안타까운 부분이 그거였어요. 2002년 대선이 끝나고 노사모에 대해 사람들이 고민했을 때 저는 노사모라는 이름을 내려놔야 되는 게 아니냐고 주장했던 사람이었습니다. 이유는 두 가지였습니다. 한 가지는 당선되신 분의 이름으로 모임 하는 게 대통령께 부담될 수 있다는 것이었고, 또하나는 대한민국 사회에서 권력이 만들어지는 데 기여했던 모임이나 조직이 권력을 성취했을 때 스스로 물러서는 경험이 별로 없다는 생각이 들었어요. 노사모가 정치운동의 새 장을 만들었기 때문에 마감조차도 큰 모델이 됐으면 좋겠다고 생각했습니다. 민감하고 무거운 문제입니다. 왜냐하면 그 이후에 제가 틀렸을 수도 있겠다는 생각도 들었고, 유지해야 된다고 생각하시는 분들은 그분들대로 가치를 지니고 지금까지도 활동하시고 계시기 때문에 제가 그분들의 활동을 부정하는 게 아니고요. 제가 안타까웠던 것은 만약에 다른 단위로 그 에너지들이 모여졌더라면 발전적인, 진보적인 역할을 했겠다 싶은 거죠.

재임 당시 노무현 대통령이 무엇을 힘들어했을까요?

대통령이 되기 전과 후 가치가 흔들린다는 게 아니고요. 위치가 바뀌면 보이는 전경이 다르지 않습니까? 대통령은 대한민국에서 가장 많은 정보를 가질 수 있지 않습니까. 북측에 관한 부분들이든 어떠한 사안이든. 대통령께서 원칙이나 가치가 워낙 분명하시기 때문에 거기에 정보가 많이 모이면 더 큰 미래와 더 넓은 세상을 보셨을 거라는 생각이 들어요. 그런데 문제는 그쪽으로 가기에 여전히 지반이 약한 거예요. 흔들려는 세력들도 너무 많고. 어찌 보면 지식인의 천형이라는 거죠. 아니까 안 움직이는 거에 대한 어려움이 있는 거고. 예를 들면 당시 대연정에 관해 지식인 사회에서 공격을 제기하고 대통령의 입장을 묻는 방식이 되었다면 논의가 훨씬 발전적으로 갔을 거라 생각해요. 대통령께서는 정치에 새로운 풍토가 필요

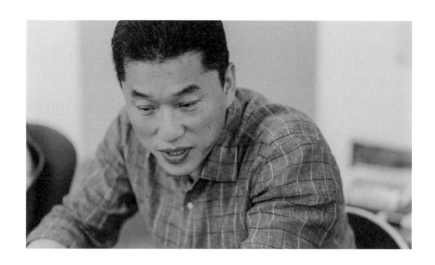

하다는 게 보이시는데 아무도 그 이야기를 하지 않는 겁니다. 보이는데 어떻게 이야기를 안 하시겠어요. 대통령은 우리 편인데 세상은 우리 것이 아니어서 괴리가 제일 힘드셨을 거라고 생각합니다.

노사모 내부에서도 논쟁이 있었지요?
엄청났습니다. 노사모 하면서 아픈 적이 없었는데 이틀을 쉰 적이 있습니다. 연락도 안 받고. 그게 언제냐면 부산에서 선거대책본부 발대식을 하는데, 벡스코 가보셨죠? 무대도 없잖아요. 설치해야 되니까. 처음에 갔는데 사람을 3천 명 이상 못 모으면 못 채우겠는 겁니다. 그런데 부산에 그 많은 사람들이 모였어요. 분위기를 잡기가 간단치가 않아요. 그래서 무대를 최대한 앞으로 세우자. 의자들을 앞으로 몰고 뒤에 풍선을 사람들이 들고 가게 하자. 감동적일 정도로 사람들이 많이 몰렸습니다. 성공적으로 하고 나서 다음이 서울의 선대본 발대식이었어요, 민주당 당사 앞에서. 밤새도록 버스를 타고 흥분된 기분으로 올라갔죠. 거기에서 정몽준 후보와의 단일화를 발표하셨어요. 난리 났어요. 울고. 명짱님, 문짝님 올라가서 춤추고. 미키님도 이 분위기로 끝내면 안 되겠다 싶어서 올라가서 춤추고. 울면서 춤추는 사람도 있었고 이해할 수 없지만 분위기를 이어가야 했기 때문에. 내려오면서 이해가 안 되는 거예요. 그래서 이틀 동안 연락을 안 하다가 아는 선배한테 한 방 맞았죠. 니 기분좋은 것보다 대중들한테 도움이 되는 게 더 필요하다. 이틀 만에 욕, 개같이 듣고 복귀했습니다.

노무현과 노사모는 닮아 있는 부분이 있다?

용기와 고집. 처음에 질문하실 때 고집이라고 답해야겠다고 생각했어요. 고집이라는 게 자기 확신이지 않습니까. 담대함도 있고요. 노사모 분들이 작은 말에 상처 받아요. 집에 애가 울고 있으면 하루종일 걱정하고 이래요. 그런데 조선일보사 가서 없애자 할 때는 겁 없어요. 믿는 가치에 대한 고집을 가지신 분들이고, 그걸 통해 무언가를 받겠다는 보상 심리가 없고, 이 자체가 제일 큰 의미이기 때문에 겁이 없는 거 같아요. 그 세상만 만들어지고 나의 것이 아니어도 괜찮다고 생각해버리면 겁나는 게 있겠습니까. 이 사람들은 별로 바라는 게 없구나, 세상 빼고. 저 조금 큰 거 빼고는.

노무현 대통령 흔들기가 지금 문재인 정권의 공격 패턴과 똑같을까요?

차이가 있다고 생각해요. 결과가 다르잖아요. 안 믿잖아요, 이제. 그때는 레드 콤플렉스가 정말 못 깰 부분이었잖아요. 아무리 부딪쳐도 깨질 수 없는 것들이었는데 이제는 저쪽 진영에서 평화 패러다임을 깰 수가 없는 거예요. 시민 참여나 정치 개혁을 가로막던 가장 큰 게 레드 콤플렉스지 않습니까. 파업을 해도 빨갱이, 전교조를 해도 빨갱이. 지금은 빨갱이라고 얘기하는 사람이 아작 나는 분위기. 시민의식의 성숙이라고 생각하고요.

시민들이 자생적으로 성장한 게 제일 큰 차이이기도 했고요. 참여정부 때 이 정도의 기품이었으면 대통령께서 펄펄 날아다니셨을 수도 있겠다는 아쉬움과 안타까움이 있죠.

노무현 대통령의 권력과 다른 대통령의 권력이 달랐던 점이 있을까요?

연설 때 당신의 생각을 이야기하시면서 '그렇지 않습니까?' 물으시면서 반응을 보고 거기에 따라 대답하시고. 쌍방향이 가능해진 리더십으로 간 게 노무현 대통령이라는 생각이 들어요. 개인의 특출한 문제가 아니라 시대상 가능하냐 안 하냐의 문제였던 거 같습니다. 예를 들어 색깔론, '간첩이다'로 사람들을 죽이던 시대에 DJ께서 어떻게 소통을 원활하게 할 수 있겠습니까. 그때는 깃발을 들고 지향점을 정확하게 보여줘서 선도하는 것이 가장 중요한 리더십이었다는 생각이 들고요.

요즘의 문팬같이 노사모가 지속적으로 했더라면 참여정부가 힘을 더 받았을까요?

대통령 되셨으니까 우리는 생활에서 열심히 하면 된다는 생각도 있었고. 시스템으로서 정치 경험이 별로 없기도 했고요. 그때까지만 해도 정당, 행정 면에서 아마추어였다는 겁니다. 생활 정치였으니까. 리멤버 1219 행사 때 여의도 진짜 추웠거든요. 제 인생의 가장 추운 날 중의 하나였어요. 무대 위에 대통령께서 계셨고 보안과 경호 문제들이 있어서 자원봉사자들이 줄을 서서 앞에 있었어요. 사람들 흐트러지면 안 되니까 저는 뒤로 들고 앞을 보는데 앞에서 "노짱 운다!"라고 하더라고요. "1급수, 1급수가 아니면 2급수, 2급수가 아니면 3급수. 당으로 들어갑시다." 그때 했던 이야기도 탄핵의 빌미가 됐을 거예요. 그 말이 바짝 정신 차릴 수 있는 계기였고 사람들 전부 다 당으로도 가자고 생각했던 거 같아요. 그다음에 탄핵이라는, 전 국민 학습의 계기가 또 한번 생기지 않았습니까. 아이러니했던 게 뭐냐면 그때 탄핵 반대하는 집회와 작년 탄핵하자는 집회, 이 두 집회에 나오는 노래가 똑같았어요. 윤민석 선배가 작곡하셨던 노래. 들으면서 너무 신기한 거예요. 같은 노래가 탄핵을 막기 위해서도, 탄핵하기 위해서도 쓰일 수 있구나.

노대통령이 소통에 집착하신 거 아닌가요?

그게 힘이고 그걸로 성공해보셨기 때문이에요. 또 대통령께서 되게 외로우셨을 거라고 생각하거든요. 무엇보다 대통령께서 소통을 중요시한 이유가 당시만 해도 저들이 갖지 못했던 힘의 근본적인 것이 인간에 대한 신뢰 아닙니까? 저쪽은 (웃음) '떡을 주면 움직일 거다'로 가지 않습니까. 그래서 소통 말고는 무기가 없는데 소통을 안 하면 어떻게 하겠습니까.

분향소를 강제 철거하는 일도 있었잖아요?

제가 국회에 있던 때인데 되게 힘들었어요. 노사모 같이했던 분들이 2007년 대선을 준비하면서 많이 갈라졌지 않습니까? 적대적인 수준까지 이를 정도로. 옆에서 같이하는 분들 중에 뜻을 같이 모으는 사람과 함께 정동영 의원님을 후보로 선택해서 쭉 갔죠. 그런데 무참하게 졌죠. 그러고 나서 부산 내려와서 한 1년 정도 지역운동 하시다가 국회의원 선거 다시 나오셨다고 했는데 사실은 동의할 수 없는 출마였어요. 무소속으로 전주에서. 그런데 미키님이 온갖 욕 다 들으면서 같이 일했던 사람들 거기 있다면서 "처리야 가자, 선거까지는 해야 되지 않냐" 해서 갔던 거예요. 용산 참사 때도 정동영 의원님하고 갔는데 신부님이 정동영 의원 아니었으면 사람들 안 죽었다고 이야기해요, 대놓고. 정권을 잃었기 때문에 죽었다는 거예요. 죄책감이 너무 컸어요. 그거 자체가 너무 힘들었던 때인데 전주 선거 끝나고 전주 쪽에 있다가 소식 듣고 차에서 오는 동안 계속 울었죠. 이런 상황 자체가 너무 절망스럽고 죄책감이 느껴지고 죄스럽고.

얼마 전에 열린 노사모 집단회의에서 '이제 얼려서 기록으로 남기자, 혹은 노무현 정신 계속 펼치자' 어느 쪽으로 가는 게 맞는 거 같습니까?

그것을 정한다는 생각이 잘못됐다고 생각해요. 다양한 방식으로 적극적으로 해야 된다고 생각해요. 한편으로는 노사모의 활동이라는 게 역사의 지침이 될 수 있도록 잘 축적하고 보관해야 한다는 생각도 들고. 노사모의 제일 큰 장점은 알아서 한다는 거예요. (웃음) 끊임없이 하는 일이 토론과 소통이지 않습니까? 더디게 가는데도 안 물러나는 거거든요. 어떤 방향이든 다 좋다고 생각해요. 노사모라는 조직이 하나를 결정했을 때 어떻게 모두에게 강제할 수 있는가. 노사모 이름으로 노무현 정신을 펼칠 수 있는 길을 더 발전시키고, 좋았던 것들을 기록하고 우리는 생활로 돌아가자는 분들은 거기에 집중할 수 있도록 하고. 그게 노사모다운 방식이 아닌가 생각해요. 한 사람이라도 깃발 들고 '나는 노사모다' 이러면 노사모는 없어지지 않는 거예요.

탄핵과 관련된 에피소드는?

서른한두 살이었을 텐데 처음에 백 명 모여서 했거든요, 한나라당 바로 앞에서. 100명이 40분 만에 전경들한테 뜯겼어요. 다음날에는 (웃음) 150명 됐고 그다음날은 숫자가 확 줄어서 60명 정도. 더 빨리 뜯겼죠. 어쨌든 계속해서 가보자. 그런데 탄핵안이 발의가 되어버렸잖아요. 명짱님도 계셨지만, 터져나오기 시작하는 겁니다. 5천 명, 만 명 모였을 때 사회를 보는데 명짱님이 "진지하게 하면 사람들 지치잖아! 웃겨!" 이러고. (웃음) 분노가 올라와 죽겠는데 어떻게 사람을 웃겨요. 어떻게든 웃겨봐야 되니까 "파도타기 한번 합시다. 숫자가 많으니까 너무 빨리하면 없어 보이지 않습니까, 슬로모션으로 갑시다" 하는데 거기에 얼마나 많은 연배들이 있습니까. 70대, 80대 어머님들이 표정까지 해요, 모션으로 맞춰서. 얼마나 두려운지 모릅니다, 이분들을 대표하고 있다는 게. 거기다가 제가 사회를 보는 동안 한 3만 명 모였으니까 불이 확 오르잖아요. 사회 역할이 뭡니까. 감정을 격발하는 거예요. 안 그래도 부담되어 죽겠다고 있는데 불이 확 붙었어요. 분신하신 분의 직업을 경찰들이 묻기 시작하고. 노사모도 묻기 시작하고. 지갑을 저한테 줬어요. 제일 먼저 발견하고 불 끄신 분이. 이게 나 때문인가 싶고. 지나고 나니까 이야기하죠. 옆에 누가 주머니에 넣어주는데 삼각김밥. 이런 것 때문에 죽는 거예요. 앉아서 울게 되는 거예요.

<u>못 보신 분들한테 영상 편지.</u>

처리입니다. 부산으로 공간을 옮기면서 갑자기 생전 없던 허리디스크 때문에 입원했던 적이 있는데 페이스북에 글을 올렸더니 새벽산님이, 단 한 번도 연락드리지도 못했던 새벽산님이 한의사이신데 전화주셔서 "한방이 훨씬 좋으니까 와라". 이게 노사모의 힘이구나 생각했습니다. 전국에 많은 분이 있으시겠지만 부산에 계신 노사모 선배님들, 동지들 차근차근 찾아뵙고 인사드리겠습니다. 주신 사랑 많이 받았고 좋은 경험 많이 하고 왔으니까 같이 또 흥겹게 좋은 일 했으면 좋겠습니다. 자주 뵙겠습니다. ◖

"우리는 승리했으나
대통령 선거는 끝나지 않았던 모양입니다.
그들은 승복하지 않았고 지속적으로 저를 흔들었습니다. (…)

여러분들이 희망입니다. 여러분들의 분노와 실망 잘 알고 있습니다.
그러나 다시 한번 떨쳐 일어서십시다. 그러나 우리에겐 포기할 수 없는 희망이 있습니다. 투명하고 공정한 세상, 부정부패 불법 반칙이 아니라 창의와 노력, 피와 땀으로 실력으로 정정당당하게 승부하는 사람이 승리하는 공정한 사회, 그 사회를 위해서 우리 다시 한번 뜁시다.
누구를 위하여, 누구를 위하여 있는가. 우리가 그렇게 몸바쳐 뛰어야 할, 뛰어서 키워야 할 정치인은 누구인가.

여러분, 1급수가 없습니까? 1급수가 없으면 2급수라도 찾읍시다.
1급수는 그냥 마시고, 2급수는 약간 약을 타거나 정화하면 훌륭한 수돗물이 될 수 있습니다. 3급수는 공업용수입니다. 4급수는 목욕도 할 수 없습니다. 피부병 생깁니다. 큰일납니다.

감히 1급수라고 자부하지 않겠습니다. 2급수. 2급수를 찾아서 여러분이 뛰고 도우면 마침내 그들이 1급수가 됩니다. 여러분 그들이 우리 대한민국을 새롭게 만들어 줄 것입니다.

저도 이미 상처를 입었지만 열심히 나서겠습니다. 함께 하겠습니다.
우리는 할 수 있습니다. 저는 대한민국 국민들을 믿습니다. (…)

위대한 국민들을 믿고, 우리 위대한 노사모 다시 한번 뛰어주십시오.
여러분, 저 노무현 다시 국민들의 신임을 받기 위해서 노력하겠습니다. 분골쇄신하겠습니다.
여러분 함께 합시다. 손잡읍시다. 새로운 대한민국을 만듭시다.
대한민국을 인류 선진국으로 만들어갑시다.
춥습니다. 뜨거운 가슴으로 다시 손을 잡읍시다.

_ '리멤버 1219 연설'에서(2003년 12월 19일)

마지막 답은
시민에게 있다

부마 김부민

부산 노사모 '부마'라고 합니다. 가입하고 활동한 거는 2004년도부터고요. 정치 활동을 시작한 거는 한참 이후였는데 그전에는 학생운동, 시민 사회 단체 활동했고요. 당시에는 민주노동당 성향이었기 때문에, 노무현 대통령을 개인적으로 좋아하고 대통령으로 뽑았지만 노사모 활동을 늦게 했습니다. 저희 지역이 부산 사상이었는데 문재인 대통령의 지역구이기도 하고, 당시 사상에서는 2004년 총선 때 민주노동당 후보가 나오지 않았어요. 그러다보니 열린우리당 후보를 도와주면서 율동 팀, 유세 팀을 했거든요. 부산 노사모 분들이 결합하셔서 그때부터의 친분 관계로 노사모 활동하게 된 거죠.

그러면 대선 끝나고 재임중에 들어오셨던 거죠?

직접적이고 결정적인 거는 율동 팀 친구들이 수습 자원봉사로서 결합했던 거였어요. 율동 팀이 워낙 잘하고 흥이 나고 순수한 마음으로 시작했으니까 얼마나 신이 났겠습니까? 저희가 판을 열면 율동하는 친구가 한 10명이면 노사모 출신 봉사자들이 20명 정도가 붙어서. 지나고 나서 알았지만 노무현 대통령 대선 때처럼 판이 벌어졌던 거죠. 설날이라는 형이 있었는데 '노사모 한 번만 와봐라'라고 해서 가게 된 게 인연이 돼 그때부터 활동하게 된 거죠.

변절자 아닙니까?

이후에 제가 선출직 나가면서는 그렇게 생각하는 후배들도 있었지요. 선배들이 저보고는 당선을 목적으로 나가면 민주노동당 하지 말고 민주당으로 가라고. 2009년도 11월에 정당 가입을 했는데 2004년부터 2009년까지 노사모 활동을 나름 열심히 했거든요. 주위 선배들은 노무현 대통령에 대한 좋은 기억이 있었고 부산 지역은, 제가 시민 사회 단체랑 문화 단체에 있었는데, 대통령하고 관계가 아주 많았었거든요. 부산 지역에서는 이해해줬죠.

본인 스스로도 고민됐을 거 아닙니까? 내가 민노당인데 노사모에 들어가는 건 부담이 없으셨는지.

노사모는 정당 활동이라고 생각 안 했습니다. 통일운동하든 시민단체 운동하든 또 지역에서 풀뿌리운동하든 정당 활동이 아니라 운동이라고 봤거든요. 지역을 바꿀 수 있는 시민 활동, 단체 활동이라고 본 거죠. 노사모 활동했지만 정당은 민주노동당을 지지했거든요. 민주노동당 선배들하고 더 친했고. 이라크 파병이라든지 독도 문제라든지, 어떻게 보면 대통령을 이해하지만, 그래서 더 열심히 투쟁했거든요. 그렇기 때문에 노사모 활동이 곧 민주당 활동이라고 생각은 안 했었어요.

다양성이 있었죠, 노사모가.

노사모도 그걸 이해해줬고. 노사모 안에서도 다양한 정당이 있었거든요. 특히 부산 노사모는, 예를 들어 당시에는 한국당, 바른, 자유한국당 출신, 적을 둔 구의원도 계셨고. 민주노동당도 계셨고 정의당, 진보신당 계셨고. 그런 전체적인 게 있었기 때문에 부산 지역에서는 '노사모=민주당'은 아니었던 거 같아요.

노사모 활동하면서 제일 기억에 남는 분 있으신가요, 혹시?

제일 기억에 남는 건 대통령이 내려오셔서 하신 말씀 "야, 기분좋다". 전에 말했지만 이라크 파병, 독일, 독도 문제, 일본과의 문제들에서 대통령이 과연 원하는 게 뭘까? 이라크 파병할 때 대통령을 한창 좋아할 때인데 대통령 입장에서 이해하려고도 했죠. 우리가 거리에 나왔던 것들이 정말로 대통령을 반대해서가 아니라 대통령한테 더 힘을 실어주기 위해 갔다는 생각이 들고. 노사모 활동하면서 친한 분은 전에 설날만 와라, 그 형이 직접적으로 회원으로 가입하게끔. 지금은 제주도에서 열심히 살지만 그런 분이 계셨고. 저희가 사상 지역인데 사상 지역구는 이상하게 부산 노사모로 쳤을 때 성지 같은 지역이었고 출신들이 많습니다. 전국 노사모 대표도 사상에서 나오고 부산 노사모 대표도 사상에서 3명인가 4명 정도가 나왔어요. 두리님이라든지 미키루크도 사상에서 살았고 반얀이라든지 부산 노사모 대표죠. 소나무님 이런 분들이 사상에 계셨거든요.

혹시 델리님이라고 아시나요?

델리님 알죠. 델리님도 초창기 델리님 해서 델리빵으로 했죠. 암이었던 것 같아요. 하동에서 요양하셨어요. 그것도 기억에 남네요. 저희끼리 얘기를 했었죠. 어떻게 해야 될지 어떻게 도움을 줘야 될지 몰랐는데 당시 노사모는 십시일반이 당연시되는 거죠. 제가 그때 부산 노사모 사무국장이었기 때문에 일단 모금 활동하자고 해서 통장 계좌 번호를 올렸는데 천만 원 넘게 모이더라고요. 하동까지 집행부들과 가서 전달한 적이 있습니다.

노사모가 정치 단체라고 해야 되나요? 다른 점이 있을까요?

정당의 목표, 정치 세력의 목표는 정권 창출이잖아요. 노사모는 대통령 한 명에 대한 팬클럽이기도 하지만 시민단체, 하나의 정치운동이라고 보거든요. 만약에 정치 조직, 정당 조직이었으면 최소한 이득을 보려고 들어왔을 건데 노사모는 개인의 이득보다는 정말로 '정치운동해서 대한민국에 좋은 지도자가 나오면 만족한다'가 컸던 것 같아요. 저는 늦게 들어와서 정치 지도자가 마지막까지 잘할 수 있게끔 뒷받침해주는 역할을 한 게 조금 다르다, 그게 하나의 일반 정치 세력과 다르지 않나 생각이 듭니다.

닉네임은 무슨 뜻이에요?
제 이름이 김부민이거든요. 중학교 때 아무 생각 없이 부마라고 했는데 나중에 알고 보니까 부마가 임금의 사위더라고요. 나름대로 해석하기로 부유할 부 자에 말 마 자면 돈과 권력을 가진 게 부마. 그래서 아, 나는 세상을 다 가져야 되겠다고 생각해서, 돈만 가지는 게 아니고 사람의 마음을 가져야 되겠다는 생각으로 한 거고. 이후에 제가 부산 민주 항쟁 기념 사업회에 있었거든요. 그게 부마 항쟁 기념 사업회거든요. 사람들은 '네가 부마 항쟁을 어릴 때부터 생각한 거냐?' 하는데 그건 아니었고 아무 생각 없이 제 이름에서 땄는데 그게 노사모 닉네임도 되고요.

초기 노사모 분들은 대통령을 만들기 위해서 참여하셨던 분이고, 대통령이 되시고 난 다음에 들어오셨던 부마님 같은 경우는 어떤 부분에서 활동하셨을까요?
대통령 당선 당시에 활동 많이 하신 분들이 대통령 만들었으니까 노사모 해체하자 말자로 찬반이 붙었었어요. 팽팽했는데 반은 해체하자, 반은 그대로 가야 된다고 생각했는데 당시 저는 아예 노사모 관계도 안 되어 있었죠. 다만 저는 이후에 계속 같이했으니까 존재해야 된다고 생각했죠. 근데 세력화, 권력화돼서는 안 된다고 생각한 거죠. 노사모는 자체만으로도 충분히 영향력 있었고, 가만있어도 대단한 조직이었는데 당시에 없애자는 분들은 혹시나 정치 세력화가 커져서 대통령에 누를 끼치지 않을까 걱정

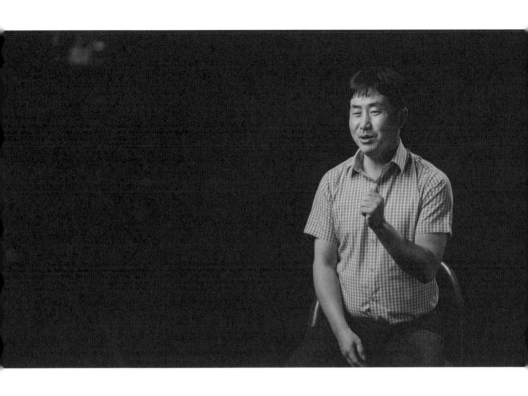

하신 분들이었던 것 같아요. 이분들이 거의 빠져버렸어요, 이후로. 지역에
내려가셔서 지인 동아리를 만들어서 활동하신 분도 계시고 정당 활동하
신 분도 계시고 사업하는 분들도 계셨지요. 제가 노사모가 존속돼야 한다
고 했던 점은 대통령이 끝날 때까지 힘이 되어줘야 된다는 거. 시민 사회
단체에서 정당 활동을 하고 제가 지금도 하고 있는 것도 제도권 안에 들
어가야지 목소리를 낼 수 있다는 것입니다. 대통령이 국정을 운영할 수 있
게끔 국회의원도 150명 만들어야겠지만 그 여론을 같이 맡아줄 국민들이
뒷받침이 되어야지 대통령이 할 수 있다고 생각해서. 크게 기억에 남는 두
가지, 독도 문제랑 이라크 파병. 대통령이 아주 고민을 많이 하셨을 거고
국민들이, 시민들이 거리에서 반대하는 걸 듣고. 국민들이 반대하는데 내

가 어떻게 하겠냐. 국민들이 독도 문제 얘기하는데 내가 일본하고 이야기해야 되지 않냐? 거꾸로 일본 총리한테 국민들이 원한다, 나도 이렇게 못한다고 협상에서 대등한 위치로 있지 않았을까.

독도 문제는 그렇다 치고 파병 문제는……

그렇죠. 대통령의 입장에서 계속 생각해본 거죠. 그런데 미국이란 나라가 이라크 파병만 원하진 않았을 거거든요. 이만큼 원했을 것 같거든요. 대통령이 우리가 거리에 나가니까 전투병과를 뺀 것 같아요. '국민들이 전쟁을 반대하고 전투병과 못 나가게 하니까 최소한은 보낼게, 성의는 보내겠지만 나도 국민들을 못 보내겠다'라고 이야기하지 않았을까? 당시는 더 눈치를 보던 시기에 미국이 '이거 해' 하면 해야 되는데 대통령 입장에서는 최소한의 파병으로 막아내지 않았을까, 라는 게 제 생각이죠.

부산 노사모 없앤다고 표결했다고 들었거든요. 그래서 없애기로 했다고.
그런데 지금 부산 노사모가 있죠?

제가 알기로는 대표 이권하고. 사무국장은 없는데 재무를 보는 분은 있고, 그런데 재무가 재정이 없어요. (웃음) 듣기로는 차기 대표 이권하실 분이 계시다, 그래서 선관위 구성을 해야 되는데 선관위 구성이 잘 안 돼서 현재 상황은 그냥 가고 있는 상황이죠. 예전 부산 노사모는 온라인보다는 오프라인에서 활동을 많이 했고. 제가 2004년도부터 했으니까 14년 한 거죠. 저보다도 오래 하셨던 선배님들이 계셨기 때문에 그분들은 거진 2000년도부터 했다면 18년 정도를 하신 거잖아요. 그러다보니 더 개인적으로 합친 것 같아요, 두터워지신. 꼭 온라인 아니더라도 언제든지 오프.

노사모 회원 수가 12만인가요? 그 많던 노사모는 다 어디로 갔을까요?

저도 제도권 정치를 2010년도 하고부터는 노사모에 대해서, 특히 온라인에서 제 의견을 내세우지는 않거든요. 오해가 될까봐. 저 같은 사람들이 많지 않았나 생각이 드는 거죠. 조심스러운 거죠. 괜히 분란도 일으키기 싫지만 노사모 안에 다양한 의견들이 나와서 토론이 붙어지고 했을 때 누군가는 나서서 중재해야 되고 또다른 의견도 해야 되고 여러 역할을 해야 되고. 당시에는 부산 노사모 중심에 있기보다 아웃사이드에서 제 역할을 해야 되겠다는 게 판단이었고. 부산 노사모에 계신, 그리고 계셨던 분들 중에서 아마 자기의 역할은 다했다, 내 역할은 여기서 해야 되겠다고 하신 분들 있을 거고요. 그분들이 노사모 출신 아니라고 부정은 못할 거거든요. 지금 내 역할은 이거라는 거죠. 다한 건 아니고 언젠가 필요하면 들어오겠죠.

부산 노사모만의 특징이 있을까요?

오프도 있고. 다양한 정당의, 정파의 색깔을 가진 분들이 똑같은 한 명을 위해서 했다는 거죠. 싫어했든 미워했든 좋아했든 노무현이라는 하나의 공통분모는 있었다는 거죠. 애증이라든지. 저는 '노무현을 사랑하는 사람들의 모임'이라고는 하지만 노빠는 싫어하거든요. 맹목적인 거. 정말로 이 사람을 이해하고 그 사람의 입장에서 같이 힘이 되어주는 게 노사모지, 무조건 대통령이 가자고 했을 때 아무 생각 없이 가는 건 아니라고 보거든요. 하나의 문제를 가지고 거리에 나갔을 때 누구는 대통령이 하니까 무조건 하자는 주의가 있었을 거고 '과연 대통령이 원하는 건 뭘까?'라고 생각해서 행동한 사람도 있었고. 그 차이였던 거겠죠.

자한당 출신 노사모.

자한당 출신 노사모가 아니고 노사모 출신 자한당이죠. 노사모 활동하고, 나중에는 자유한국당 가서. 호랑이를 잡으려면 호랑이굴에 들어가야 된다고 하지만…… 그때 부산 상황은 그랬을 수도 있다고 이해를 하는 편이거든요. 어떻게 보면 그분들이 들어가서 차이나 간격을 줄였을 거라고 봐요. 저도 어떻게 보면…… 열린우리당, 민주당이 완전 진보는 아니었거든요. 지금도 민주당이 진보 정당이라 할 수는 없지만 그래도 자유한국당보다는 나은. 1990년 3당 합당된 이후로는 부산은 거의 보수 정당이어서 민주당도 못하는데 민주노동당은 하기 힘든 시기였고. 이분들이 제도권 안에 들어가기 위해서는 어쩔 수 없는 선택이었던 거겠죠.

노무현 대통령이 언제 무시를 당했다고 생각하세요?

탄핵 때가 제일 무시를 당한 거죠. 대통령의 권위에 첫 도전한 사건이기도 하고 감히 대통령을 탄핵한다는 거는 이전에는 상상도 못할 정도고. 국회의원이 다수인 정당에서 최고의 권한 횡포를 저지른 일이잖아요. 얼마나 무시를 당했으면. 절반이 넘었으니까 한 150명이 넘는 국회의원들 중에서, 일단 민주당 성향, 진보 정당을 뺀 나머지 정당에서 몇십 명이라도 제대로 생각했다면 탄핵까지는 안 갔을 것 같거든요. 여야를 떠나서 정치인 노무현은 정치인들 안에서 그렇게 큰 존재가 아니었다. 우리한테는 대통령이 억수로 대단한 존재인데 자기들 공간에서는 노무현이라는 존재는 운좋게 대통령 된 사람이지, 정통으로 밟아온 대통령은 아니라는 거죠. 그렇기 때문에 국회의원들이 대통령을 탄핵까지 했지 않았을까. 그만큼 무시를 했다는 거죠. 인정을 안 한 거고.

게시판에 유령 회원들이나 프락치들도 많이 분탕질했을 것 같은데 혹시 있었나요?

유령 회원, 분탕질보다는 의욕이 앞서신 분들이 들어오셔서…… 우려했던, 노무현 대통령을 파는 행동들을 하신 분들이 계시죠. 노사모를 지켜왔던 분들이 중심을 잡아주셨기 때문에 그런 분들이 있다가도 나간 적도 있고. 중앙 노사모에서 지원금이 내려올 때는 권력화, 세력화가 조금 있었기 때문에 대표 이권을 서로 하려 했던 시기도 있습니다. 부산은 슬기롭게 넘어가서 그런 분들한테 다시 기회를 안 준 거죠. 그게 사실 지금 노사모 대표 일꾼이 오래 해오셨기 때문에 나름 기준을 잡고 계십니다.

덕평에서 "제가 대통령이 되고 나면 여러분들 뭐하시겠습니까?"라고 노사모에게 물었을 때 "감시, 감시" 이렇게 얘기했거든요. 만약에 본인이 정치인이라면 어떠실 것 같아요? 현실 정치에서 얼마만큼 효율적이고 실질적이고, 또 올바르냐는 고민도 들 것 같은데.

감시가 당연하다고 생각이 들고요. 그런데 감시, 지적을 해서 뭔가를 하게 만들겠다는 게 아니라, 사람이다보면 유혹에 넘어갈 가능성도 있잖아요. 감시는 선을 딱 지켜주는 거. 넘어가려고 하면 옆에 있는 사람들이 '이건 안 돼, 안 되는 일이야, 이래 가는 게 맞아' 하는 게 감시이고. 남들은 훔쳐갈 때까지 놔뒀다가 훔치면 잡아가는 게 감시리면, 저희는 잡혀가기 전에 안내하는 거죠. 선을 넘어가지 않게끔. 지지해서 뽑은 사람이고 좋아하는 사람이면 그 사람이 잘되는 게 내가 잘되는 거고. 주위에 칭찬도 많이 하고 좋은 말 하는데 안 되어버리면 그렇잖아요. 그런 일들이 많잖아요. 내가 좋아하는 지지자들이 언론에서 안 좋은 뉴스가 나오는 건 쪽팔리고. 노사모나 누군가가 계속 감시를 했기 때문에 대통령이 그렇게까지 막 나가지 않았고 의식해서 갈 길을 가지 않았을까, 라는 생각이 드는 거죠.

노사모 하시면서 노사모로부터 영향을 받은 것이 있을까요?
제가 감히 대통령을 따라 하진 못하겠지만 흉내라도 내고 싶은 게 사실이
잖아요. 저를 지지해준 분들이 많았기 때문에 일할 수 있는 기회가 된 건
데 제가 그분들 얼굴에 먹칠을 안 하게끔, 그분들이 또 감시를 잘해주셔야
되는 거죠. 그런 것들이 노사모에서 배웠던 것이고 어떻게 되더라도 마지
막 답은 시민들에게 있다는 생각이 드는 거죠.

왜 시민들에게 있어요?
탁상공론이라 하죠. 혼자 앉아서 이쪽저쪽 이야기를 들으면 힘들다는 거
죠. 특히 요즘 소상공인들, 일반 음식점 사장님들, 주민들 너무 힘들잖아
요. 앉아서 좋은 정책들을 내지만 이 정책들이 시민들한테 들어가기에는
시간이 없다는 거죠. 시민들이 원하는 게 바로 올라오지 않고, 위에서 내
려가는 낙수 효과에 의한 정책들을 낸다는 거죠. 다 중요한 일이지만 선후
가 조정이 되는 경우가 있더라는 거죠. 그래서 중요한 것들을 쭉 펼쳐놓고
시민들에게 물어보면 우선순위가 정해지더라는 게 제 생각이고. 협치, 공
론화, 이런 것들이 다 그런 모델이고 지금 흐름이거든요. 이제는 관이 주
도한다기보다는 민과 같이해야 된다는. 직접적으로 혜택을 줄 수 있고 뭘
할 건지는 국민들의 의견을 들어봐야 된다는 거죠.

마지막으로 노사모 회원들에게 한마디 해주시죠.
제가 노사모라고 감히 말씀드리기는 그렇지만…… 대통령을 좋아했고 대
통령의 뜻을 받들어서 지금도 살아가고 있는 사람 중의 한 명이라서 인터

뷰할 기회가 온 것 같습니다. 지금도 노사모로서 살아가려고 하고 있고 노무현 대통령의 이름에 부끄럽지 않게 살려고 양심을 가지고 살기 때문에 잘 지켜봐주시고 방금 말씀드렸듯이 감시해주시면서 함께해주시기를 부탁드립니다. ◑

2월 25일 대통령 취임
3월 11일 취임 15일만에 탄핵 언급

노대통령의 일본 방문은 '등신외교'의 표상

_이상배 한나라당 정책위의장(2003년 6월 9일)

노무현을 이 나라 대통령으로 인정하지 않고 있습니다.
노무현이 계속 지금까지 기조를 바꾸지 않고 이대로 나간다면
저는 우리 당이 노무현의 퇴임 운동을 벌여야 한다고 생각합니다.

_김무성 한나라당 의원(2003년 9월 3일)

다음 대통령은 대학을 다닌 경험이 있는 분이 적절하지 않나

_전여옥 한나라당 의원(2005년 6월 3일)

대통령을 대통령으로 인정하고 싶지 않다.
대통령을 잘못 뽑았다.

_최병렬 한나라당 대표(2005년 7월 8일)

포퓰리즘 정부, 조폭 스타일 사회주의 정권

_이한구 한나라당 의원(2005년 8월 26일)

노무현 대통령은 사이코.
자기감정도 조절하지 못하고 자제력이 없다.
그러니 나라가 이 꼬라지지…

_김기춘 한나라당 국회의원(2006)

과거부터 쌓였던 것이
밖으로 표출되면서
춤추고 노래하고

터프가이 김찬

'터프가이'라는 닉네임을 사용하고 있습니다. 외모와 닉네임이 가장 안 어울리는 노사모 회원으로 뽑힌 적도 있습니다. (웃음) 외모는 터프하지 않은데 속에서는 올라오는 게 있고 표현할 방법이 없어 닉네임을 터프가이로 했습니다. 특별한 날짜라 기억하는데 첫 모임이 2001년 10월 26일이었어요. 그전에는 성격이 보수적이었어요. 투표도 보수 쪽으로 했고. 아버지는 공무원이고 형은 데모 주동자였어요. 위에서는 아버지한테 일 안 해도 좋으니 아들 붙잡아놓으라고 했죠. 전두환 시절이었으니까 힘들었죠. 저 군대에 있을 때 휴가 나오면 아버지랑 같이 형 찾으러 다녔어요. 경북에서는 구미 노사모가 처음으로 모임 가졌어요. 제가 마흔 살이었는데 나이가 제일 많았습니다. 나이 많으니까 대표를 하라고 하더라고요. (웃음)

가입 계기가 있으십니까?

제대했는데 형은 교도소에 있고 아버지는 명예퇴직 당해서 집에 계시더라고요. 빨리 취직해야겠다고 생각했어요. 취직하고 직장 생활만 했습니다. 정치에 관심도 없고 형과 말다툼도 많이 했죠. 왜 그렇게 어렵게 살려하느냐고, 쉽게 살자고. 어느 날 형한테 전화가 오는데 노사모 가입하라고 하더라고요. '노무현을 사랑하는 사람들의 모임'이라고요. 안 한다 했죠. 회비 안 내니까 가입해보라고 하더라고요. 그래서 했는데 나이 많다고 대표를 시키는 거예요. 모임을 몇 번 기다보니까 사람들이 순수하고 평등한 거예요. 식사비 낸다고 위세 부리는 문화도 없고 어려운 일 있으면 솔선수범하고. 집에서 만든 음식 있으면 가져와서 같이 먹고. 노무현 대통령의 영향이었을까요? 떳떳하고 정의롭고 순수한 면들이 모임에 계속 참석하도록 만들더라고요. 지금까지 살아왔던 문화와 완전히 다르니까. 형과 말다툼하면서도 내심 한편으로는 자랑스러웠어요. 노사모 하면서 형님을 존경하기 시작했고요. 아버지는 형님 영향으로 퇴직하셨지만 아무 말씀 안 하셨어요. 저와 같이 찾으러 다녔지만 아무 말씀도 안 하셨어요. 아버지도 공무원이었으니까 독재가 얼마나 안 좋은지 알고 계셨죠. 아들이 나쁜 일 하는 게 아니라고 생각했던 것 같아요.

직장 생활에 지장은 없으셨어요?

있었죠. 노무현 대통령 탄핵 당시 구미역 앞에서 시위했습니다. 5시 반에 회사 근무 마치고 갔죠. 마침 회사 부사장님이 출장 다녀와서 구미역에 내리셨어요. 저를 보셨죠. 멀리서 가만히 보시다가 가셨어요. 진급에 영향이 있었다고 생각합니다. 그래도 진급보다 사회 활동 하는 게 낫다고 생각해서 지속적으로 하게 된 계기기도 했고요. 2009년에 회사가 굉장히 어려워졌는데 그때 정리해고당했습니다. 부산 건설회사에 기회가 있어서 가게 됐어요. 그 회사도 1년 만에 부도나고. 40대 후반이었는데 혼자라도 해야겠다고 생각해서 스낵카 한 대 사서 독일식 핫도그 개발해서 6개월 했어요. 그러던 중 회사에서 다시 전화가 와요. 나아졌으니까 돌아오라고. 그때 느낀 게 어디를 나오더라도 문을 쾅 닫고 나오지는 말자. (웃음) 올해 2월까지 근무했습니다. 지금은 그만두었고요.

노사모 활동이 개인의 삶에 분명히 영향을 준 거네요.

완전히 바뀌었죠. 삶의 의미와 제가 해야 될 일들이 뭔지를 알게 됐고요. 자본주의 사회에서 안 좋은 것들을 어떻게 하면 개선할 수 있는지 고민 많이 했고요. 공부도 많이 했고 책도 많이 읽었어요. 무엇보다 새로 시작한 것들이 많아요. 살사댄스도 해보고, 배드민턴, 수영도. 평범하게 살다가 노사모를 겪게 되니까 자신감이 생기더라고요. 안 되면 어쩔 수 없는 거고 안 해보면 평생 후회할 거라는 생각이 들었어요.

노사모 활동하면서 힘든 건 없으셨어요?

있었죠, 경상북도 구미니까. 박정희 대통령의 본고향이니까 빨갱이 소리
도 많이 들었죠. 그럴 때마다 물었어요. "빨갱이가 뭐냐? 나도 독재 싫어하
고 김정일이나 김정은 국방위원장 나도 안 좋아한다. 그런데 내가 왜 빨갱
이냐? 떳떳하고 정의롭게 소신을 말하는데 어떻게 빨갱이냐?" 언쟁도 많
이 했지만 사람들이 활동들에 감정적으로 다가오지는 않았어요. 자기들
도 그렇게 나쁘지 않다는 것을 알고 있으니까. 정치 이념에 대한 고정관념
과 자존심 때문에 안 굽히죠. 더 어려웠던 거는 진보 사회단체, 국민참여

연대나 사람 사는 세상 같은 구미 진보 사회단체 안에서도 생각이 다른 걸로 언쟁하는 게 더 어려웠습니다. 지나면 아무것도 아닌데 조그만 일로 싸우고. 발전의 계기가 됐을 수도 있습니다. 대화하면서 몰랐던 것을 서로 알게 되고 좋은 토론으로 이어지고. 하지만 당시에는 굉장히 어려웠죠.

국민 경선 참여할 거냐에 대해 지역 대표들이 모여서 토론했다고 하던데.
노사모 활동의 백미는 민주당 경선이었습니다. 전국 돌면서 민주당 경선할 때는 정말 신났습니다. 내 돈 내면서 했는데도 그렇게 재밌어요. 보람도 있고요. 내 안에도 과거부터 쌓여 있던 노무현 대통령의 정치 철학이 밖으로 표출되면서 춤추고 노래하고.

어떨 때 노대통령 생각나시나요?
노무현 대통령 돌아가셨을 때 부산 건설회사에 취직했을 때인데 부산역 앞 분향소 가서 분향하고 10분 동안 펑펑 울었습니다. 내 평생 그렇게 울기는 처음이었습니다. 노무현 대통령의 영향이 저한테도 있지만 우리나라 정치 문화에도 획기적인 발전을 가져왔죠. 자유한국당이 정권을 10년 가져갔지만 다시 되찾아올 수 있는 계기가 되었던 것 같고요. 그런 정치 문화를 겪어보았기 때문에 문재인 대통령을 당선시킬 수 있지 않았나 생각합니다.

같이 활동했던 노사모 회원들한테 한말씀.
안녕하세요, 터프가이입니다. 2001년에 처음 만나 즐기면서 선거운동하고 대화, 토론했던 것들이 기억에 많이 남습니다. 특히 우리가 먹은 밥값을 십시일반했던 문화가 굉장히 좋았고 그후로도 지속하려고 노력하고 있습니다. 촌닭님, 모레님, 모굴리님, 철망앞에서님. 처음 만났던 모습이 아직도 생생합니다. 잘 계시죠? 우리가 원하던 정치 문화는 시간이 더 필요해 보입니다. 그래도 해야 되지 않겠습니까? 좀더 관심을 가지고 앞으로도 계속 만났으면 좋겠습니다. 감사합니다. ♥

대통령의 외로움과
지지자의 외로움

콩콩투투 안혜림

닉네임 '콩콩투투'입니다. 노무현 대통령을 찍었는데 내가 뽑은 대통령이 탄핵당하니까 너무 속상한 거예요. 어떻게 도와드릴까 고민하는데 할 수 있는 게 없더라고요. 그래서 노사모 가입했고요. 2004년 탄돌이고 스물네 살 때입니다. 직장 다니고 있었어요. 김해에 모임 있으면 다 참석했고요. 온라인 전국 게시판에 글 쓰고 소통하고 친해지다가 노사모 강성 지지자들 모임이 있었어요. 본의 아니게 촛불 동호회 회장이 되었습니다. 지지하는 것만 강성이고 성격은 되게 소심해요. 안 될 줄 알고 출마 포기를 안 한 건데 당선이 돼버린 거죠.

어쩌다 닉네임을 콩콩투투로 지으셨어요?

아무 뜻 없어요. 야후 닉네임이 영어로 콩콩에 숫자 22를 붙인 거였어요. 노사모 가입할 때는 급한 마음에 한글로 콩콩투투 적었어요. 노사모 열린 생각님이 닉네임 예쁘다고 해주시고. 친한 사람은 콩투라고 부르세요.

노사모의 용기는 어디서 나왔을까요?

저는 용기라는 게 없었어요. 부당한 일에 분노하는 감정이 우선시되었던 거지. 용기를 내 험지에서 뭔가를 이루어야겠다는 사명감이 아니었어요. 화가 나서 활동한 거죠. 지속하는 단순함만 있었죠. 노사모의 용기라고 하면 그 근원은 안타까움인 것 같아요. 노무현이라는 사람이 계속 떨어지고 힘든 데서 출마하니까 안타까워서 점점 모이고 뭉치고 응원하고. 그게 용기로 발전된 게 아닐까 생각해요.

노사모 하면서 힘든 일은 없으셨어요?

없었는데 사람들이 가끔 제가 어리고 여자고, 아무것도 모르는 애가 민주당 지지한다고 하는데, 경상도에서는 그게 보편적인 정서여서 저는 딱히 불만이나 화가 안 났어요. 다들 그러니까. 기억을 더듬어보면 화난 적도 있겠죠. 지금 기억나는 건 없고요. 노사모끼리 잘 뭉치고 모이니까 우리끼리 힘들고 스트레스 받은 걸 위로했죠.

가족들은 정치 활동 하는 것에 뭐라고 안 하세요?
남편은 정치에 무관심한 사람이었어요. 그러다 친한 분들 인사드리려고 노사모 모임에 한번 데려갔어요. 노무현 대통령께서 퇴임 앞두고 봉하에 잠깐 내려오셨는데 그때 만났거든요. 둘이서 집으로 돌아오는데 오빠가 대통령한테 실망했다는 거예요. 서민 대통령인데 어떻게 벤츠를 타고 오느냐는 거예요. 아무것도 모르는 거죠. (웃음) 제가 사람들한테 얘기하니까 사람들이 다음날 오빠를 불렀어요. 불러서 신나게 뭐라고 하셨죠. 말이 되느냐. 서민 대통령이라고 마티즈 타야 되느냐, 그렇게 계속 만나다보니 지금은 남편도 노사모 회원이에요. 민주당원이고 같이 활동하고 있어요.

대통령 놀리기가 국민 스포츠였잖아요. 심정이 어떠셨어요?
대통령의 외로움과 지지자의 외로움이 연결되어 있다고 생각해요. 하지만 대통령이나 노사모 회원들이 느끼셨을 외로움은 저는 못 느꼈어요. 회원들과 같이 놀고 이야기하면서 하나씩 느끼고 어떻게 투쟁하고 정치가 가야 할 방향에 대해 듣는 입장이어서 저는 외롭지 않았습니다. 다만 활동을 주도적으로 하시는 분들은 부담이나 외로움의 무게가 저랑 달랐겠죠.

서거 당시 기억나시는 게 있을까요?
양산인가 부산대병원이었을 거예요. 토요일에 갔습니다. 그때도 안 믿었고요. 시즌 2가 시작되었다고도 하는데 세상이 바뀌어도 대통령은 돌아오지 않으니까요. 탈퇴한 게 후회가 됐어요. 검찰 조사 받으러 가셨을 때 가만히 있었던 것도 후회되고요. 막을 수는 없었더라도 노짱님이 보셨을 때 자기를 지지하는 사람들이 있다고 생각하셨을 것 같아서.

노무현 대통령에게 판사였나요, 검사였나요, 변호사였나요?
변호사요. 해맑은 강성 변호사. 노사모 안에 비판적 지지자들도 많으셨어요. 그분들이 옳다고 생각해요. 지지하는 마음은 똑같으니까. 다만 한 정책을 시행한다고 할 때 결과가 4, 5년 후에 나오는 것들이 많고 판단도 끝까지 지켜본 후에 하는 거잖아요. 그러니 임기 동안은 지지하고 나중에 평가해야 한다고 생각했어요. 이 문제로 온라인에서 싸웠던 기억도 나네요. 저는 강성주의자이면서 감성주의자였기 때문에 깊이나 이론, 지식이 없었어요.

노사모 가입 전에는 어떤 사람이었습니까?
혼자서 잘 못 다니는 사람. 학원, 모임, 식당도 마찬가지고 혼자 못 들어갔어요. 그런데 노사모 가입하면서 급하니까 그때부터는 혼자 다니게 되더라고요. 거창한 건 아니지만 저한테는 중요한 일이었어요. 노무현 만나고는 본격적으로 정치에 참여하기 시작했죠. 당원이 됐고요. 지금은 김해 을 소통위원회에서 홍보하고 있고요. 여성위원회에서 돕고 있습니다.

옛 동지들한테 영상 편지 한번.
짧아도 괜찮죠? 안녕하세요. 콩콩투투예요. 보고 싶고요. 건강하세요. 🔇

노사모는
마음의 고향 같은
존재거든요

미루 조슬기

닉네임은 '미루'라고 하고요. 이름은 조슬기입니다. 처음에는 닉네임이 특별하게 없었어요. 당시 닉네임이라는 게 활성화되지 않았기 때문에 영문을 쓰는 사람도 있고 좋아하는 단어를 쓰는 사람도 있었고. 미루나무를 좋아하기도 했고, 양귀자 소설 『천년의 사랑』에서 천년의 사랑을 이루어주는 가교 역할 하는 백구 강아지가 있는데 이름이 미루였어요. 애완동물을 키우면 미루라고 지어야겠다고 생각했는데 제 닉네임이 된 거죠.

처음 활동 시작할 때 몇 살이셨어요?

스물다섯. 대학원 다니다가 공부는 그만해야겠다 생각하고 서울 올라와서 컴퓨터 관련 자격증을 따려고 공부할 때였어요. 학원을 다니고 있었죠. 다니면서 만나게 된 거죠. 지나고 나서 생각하면 왜 그렇게까지 했을까? 첫 계기는 4·13 총선에서 내가 찍는 후보가 따로 있었죠. 제가 경북 구미니까 지지하는 후보는 당연히 안 되죠. 경상도에서 적어도 노무현이라는 사람이 됐으면 했어요. 떨어진 거를 보고 하루종일 기사 검색하면서 자연스럽게 노하우 홈페이지를 알게 되고 게시판의 글을 보게 된 거죠. 처음 반응들, 폭발하는 과정 다 봤어요. 나처럼 이렇게 화난 사람들이 많구나. 같은 생각을 가진 사람들이 많구나. 합류하게 됐고. 그렇게 잘될 줄 몰랐어요. 초반에는 부족할 정도로 소규모 팬클럽이었는데.

95학번이면 80년대 학번과 결이 완전히 달랐잖아요.

완전히 달랐죠. 90년대 초반 학번과도 달랐고. 혼란스러웠던 것 같아요. X세대라고 불리던 시기였는데 자유분방함과 대학교의 운동권 문화가 많이 부딪혔던 거예요. 학생운동에 관심이 많았어요. 공대임에도 불구하고 스스로 총학에 찾아가 관심 보이기도 했고 잠깐 활동하기도 했는데 그 안에

서 느꼈던 것은 '이 사람들 변화할 생각이 없구나' 하는 것들. 이 방식으로
는 아니라고 생각하고. 의미가 없다는 게 아니라 다른 방식의 운동이 필
요하다고 생각했어요. 생활 정치이지 않을까 막연하게 생각했고요. 나중
에 노사모가 잘되면서 '이거였구나'라는 것을 느꼈을 즈음에 노사모 활동
에 대한 재미와 제가 지향했던 생활 정치가 맞아떨어진 거죠. 되게 짜릿
했어요.

그전에는 그냥 학생이셨던 거예요? 공부하고.

공개적으로는 처음 하는 이야긴데 96년에 연세대에 있었어요, 마지막까
지. 잡혀와서 사회 문제가 되고 학교에 대자보가 붙고. 그 과정에서 활동
자체가 부끄럽다는 게 아니라 운동에 대한 회의를 뼈저리게 느꼈던 거죠,
대학교 2학년 때. 사회적으로 엄청난 파장이 있었죠. 생각을 전환하는 큰
사건이었어요. 아직까지도 이야기 못하고 있는 부분이 많거든요. 상처에
대한 부분도. 저는 지원해서 갔거든요. 통일 선봉대라고 부르는. 전국을
돌고 선전하고 나중에 연대까지 들어가는 과정을 고스란히 다 봤던 거죠.
지도부의 무능함과 비겁함까지도. 젊은이들이 할 만한 사회운동이 될 수
없겠다고 생각했어요. 그 이후의 과정들은 분명히 당시 정권에서 잘못했
죠. 잘못한 부분이 너무 많았고 당시에는 전두환보다 더 싫었던 게 김영삼
이었으니까. 이 이야기는 노사모에서 한 번도 해본 적이 없어요.

노사모의 절정이라던 2001년에 미루님은 어떤 활동을 하셨는지.

서울 관악에 있었는데 가끔 지역 모임 나갔죠. 강남에 명계남 대표님이 당
시에 카파라는 영화인 카페 사무실을 운영하고 있었어요. 그 안쪽 정말
작은 골방에 처음 노사모 사무실이 차려지거든요. 컴퓨터 한 대만 딸랑 놓

고. 상근이라고 하기도 그렇지만 거기서 홈페이지 구축하고 관리하는 역할 했던 거죠. 노사모 게시판도 직접 만들고 코딩도 하고. 사람들 소통 과정에서 윤활유 역할, 조력자, 관리자 역할을 했던 거죠. 다툼이 일어나면 정리하는 역할하고 인터넷을 전혀 못하는 분들도 되게 많았어요. 컴퓨터 강사 역할도 하고. 게시판에 글 쓰는 방법도 가르쳐주고. (웃음) 채팅방이 있었는데 항상 제가 방장인 거죠. 사람들이 일하다가 들어와서 대화 나누고. 소통의 공간을 관리하는 역할. 하루종일 켜져 있었어요, 그 채팅방은. 사생활이라는 것 자체가 없었죠. 명절에 사람들이 뿔뿔이 집으로 갈 거 아니에요. 저도 구미에 내려갔죠. 그런데 긴급 온라인 회의가 잡힌 거예요. 당시 시골집에는 컴퓨터가 없었어요. 차 타고 읍내 PC방에 가서 (웃음) 회의 주재하는 거예요, 채팅방 열어놓고. 엄마한테 전화 와서 왜 안 들어오냐고. (웃음) 누가 시켜서 하는 거면 못하죠.

집에서는 뭐라고 안 하셨나요.

엄마가 야당 성향이셨어요. 김대중 대통령 존경하고 어렸을 때도 언뜻 얘기했어요. 초등학교 때 뭣 모르고 얘기했던 게 있어요. 87년 대선인데, 상주에 살았거든요. 노씨 집성촌이 있었어요. 그 일대는 당연히 노태우가 되어야 하고 대통령 되는 걸로 알고 있죠. 그런데 제가 친구들한테 그랬어요. 김대중 대통령이 되는 게 맞지 않느냐고. 거의 왕따를 당했던 경험이 있거든요. 왜 그런 얘기를 했을까 생각해보니 엄마가 그 얘기 했던 것 같아요, 뉴스 보면서. 아빠는 전혀 그렇지 않고. 아빠는 박근혜까지 찍었고, 소신 있게. (웃음) 나중에 미안하다고 전화 왔어요. 생각을 잘못했던 것 같다는 이야기를 최근에 듣게 됐죠. 진주에 계신 분도 있고 대구에 계신 분도 있고 명절에 내려가면 저는 숙부님들의 타깃이 되죠. 공부시켜났더니 뭘 하는지 모르겠고 (웃음) 빨간 물 들어서 저러고 있다고 욕 많이 먹었죠. 게시판에 명절 되면 독립운동하러 내려간다고 글 남기고. (웃음) 싸워서 될 문제는 아니었던 것 같아요. 가치관 자체가 달랐으니까. 아빠 외에는 다 포섭을 했어요. 언니들 포섭해서 제 편으로 만들고. 당연히 지금도 지지하고.

당시 가능성이 전혀 없던 후보였잖아요.

가능성을 보지 않았어요. 저는 대통령 만들어야겠다고 생각한 적은 없었어요. 초기에 게시판 내부에서 토론이 크게 벌어진 몇 차례가 있는데 팬클럽이 대통령 만들려는 사조직이냐, 할 수 없다는 부류가 있었고. 지난한 토론의 결론은 '우리가 좋아하고 지지하는 사람이 하필이면 대통령을 해보려고 해, 국회의원도 아니고 시장도 아니고. 우리는 저 사람을 좋아하잖아. 우리라도 지지를 해야 되지 않을까? 되든 안 되든'. '만들어야 돼'가 아니라 '우리가 좋아하는 사람이 하려고 하니 지지해주자'. 그게 다른 지점인 것 같아요. 목적성이 다르기 때문에.

탄핵 주도하신 분들이 여전히 현직에서 활동하고 있으신데요?

지나고 나서야 유연해야겠다고 생각했던 거지, 당시에는 너무 괴로웠죠. 이명박이 대통령 되고 서울 떠났어요. 아예 정리하고 직장도 그만두고. 미친 짓을 한 거죠. 아무 연고 없는 강원도로 애들 데리고 가서 이쪽 바닥으로는 눈도 안 돌린다며 절망했던…… 우리 편이라고 하는 사람들에 대한 징그러움, 실망, 환멸. 도망쳤죠.

언제 결혼하셨어요?

2004년도 노사모에서 했어요. 2004년 11월 27일. 되게 조그마한 사무실이었는데 대선 후보가 되니까 계속 강남에 있을 수 없잖아요. 노사모도 돈을 모아 여의도에 사무실을 얻게 돼요. 대응을 해야 되니까. 근무하는 사람도 조금씩 많아지고 자원봉사자들도 오고 티셔츠 포장하고 발송도 하고. 제가 컴퓨터를 전공했지만 디자인을 전공하진 않았어요. 디자인 부분이 부족해서 요청드렸던 거죠. 누가 찾아왔어요. 쭈뼛쭈뼛하면서 현수막 파일을 주더라고요. 바로 컴퓨터 앞에 앉히고 일을 시켰어요. 그게 신랑이었던 건데. 지방 미대 나오고 서울에 사업차 올라왔다가 망해서 어떡하지 하는 와중에 노사모를 알게 돼서 필요하다고 하니 왔대요. 일거리가 있겠다고 생각했대요. 현실적인 생각을 가지고 왔는데 와보니까 난리도 아닌 거죠. 오자마자 앉혀서 일 시키고 생각할 틈도 없이 휩쓸린. 출퇴근 시간이 없었거든요. 골방 2개에 이층 침대를 놨어요. 먹고 자고 하게끔. 24시간을 같이 있다보니 그렇게 된 거죠. 나중에는 일하라 했더니 연애질 했다는 이야기도 듣고.

일과 연애 둘 다 성공하셨네요.

저는 결혼 이야기 한 번도 한 적 없거든요. 비혼주의에 가까운 사람이었는데 결혼한다 했을 때 다들 난리 난 거죠. (웃음) 일하는 것을 너무 재밌어했고. 쟤는 당연히 안 하겠거니 했는데 결혼한다 했을 때 별별 이야기가 다 있었다 하더라고요. 신랑이 경북 의성이에요. 의성과 구미의 만남도 웃긴데 그게 노사모였다는 것도 웃긴 거죠. 너무너무 웃긴 거죠. 당시 희망돼지 같은 디자인은 다 신랑이 했고. 지금은 당에서 일하고 있어요. 홍보일 하고 있고. 결국 자기 업을 그렇게 가져가게 된 거죠.

내가 만난 노사모는 어땠습니까?

노사모 사람들은 만나면 노무현 얘기 별로 안 해요. (웃음) 누가 시키지도 않았는데 오프라인에서 만나고 이야기하는 이 자발적인 힘은 뭘까? 친구를 끌고 나오고 회사 사람들을 설득하고. 재미였던 것 같아요. 나와서 매일 정치 이야기하고 이념 이야기하고 그렇게 살지 말라는 이야기 했으면 재미없어서 확장이 안 됐을 거예요. 예전에 운동하다가 노사모를 도구 삼아 사회를 바꿔야 된다고 하는 사람들이 아니었거든요. 매력적인 사람들이 많았어요. 물론 나쁜 사람들도 있었고. (웃음) 이용하려는 사람들도 있었고, 당연히. 나쁘게 보진 않았어요. 사람을 많이 만날 수 있는 공간이었으니까.

현재 노사모가 갈림길에 있는데 어떻게 해야 된다고 생각하십니까?

저는 시즌은 종료해야 된다는 쪽이에요. 예전에 노사모 (해체) 찬반 투표 했을 때 저는 반대였어요. 탄핵 겪으면서 '봐라, 이거라도 없었으면 어쩔 뻔했냐'고 하는 게 더 설득력 있는 거였죠. 그런데 지나서 생각해보면 저도 그랬던 것 같아요. '다른 가치를 부여해서 사회 활동에 더 매진해야 되는 거 아닌가'라는 생각. 욕심이었던 것 같아요. 당시 우리가 했던 활동들만으로도 충분한 가치이기 때문에 거기까지 정리하고. 계승, 발전은 내가 아니어도 상관없다고 생각해요. 이미 많이 발전하고 있거든요. 무수히 많은 시민단체들에 뛰어들어서 활동하고 정치인 준비하고 실제로 성공한 케이스들도 많고. 다만 그게 노사모여야 하는 건 아니거든요. 오히려 가둬 놓는다고 생각해요. 노사모의 이름으로 무언가를 해야 한다는 생각 자체가 자꾸 안에서 테두리를 (만들어) 가둔다는 생각이 들더라고요.

서거 소식은 언제 들으셨어요?

홍천에서 아이들 키우고 아무것도 안 하고 있었어요. 아이가 워낙 어릴 때이기도 하고. 신랑은 명짱님과 뭘 할까 쿵짝쿵짝하고 있었고. 평화로운 일상이었던 거죠, 마음은 지옥 같았지만. 뉴스를 안 보고 싶었어요. 틀면 괴로운 뉴스들이 너무 많으니까. 이명박에 대한…… 아침을 하는데 소식을 들은 거죠. 등산을 워낙 좋아하시는 분이셨으니까 '실족해서 오보가 난 게 아닐까?'라고 생각했어요. 무슨 그런 오보를 내냐. TV를 틀었는데 자막에 속보로 뜨고…… 그때까지도 안 믿었어요. 설마, 에이. 얘기 듣고 가장 처음 걱정되는 사람이 명계남 선생님이었어요. 너무 크게 충격받으실 것 같은데 빨리 전화해보라고, 무조건 잡아놓으라며 신랑 보내고. 울음도 안 나왔어요. 너무너무 큰 사건이니까…… 걱정되는 사람들 어떻게 챙겨야 되지? 그런 생각을 먼저 했던 것 같아요. 충격은 충격인 거고. 사람들이 더 걱정됐어요.

언제 생각이 제일 많이 나세요?

문득 그냥 올라오는 거죠. 아직도 당시 영상 잘 못 봐요. 심장이 아프다는 걸 그때 알게 됐거든요. 심장이 아픈 게 이런 거구나, 누가 날 계속 때리는 느낌. 누가 비아냥거리듯이, 부모가 돌아가신 것도 아닌데 뭘 그렇게 오래 힘들어하느냐고 이야기하는데. 부모님 아직 살아 계시지만 그것보다 더 슬펐던 것 같아요. 그냥 내 한 부분이 죽어버리는 듯한 상처였거든요. 말로 표현이 안 되는 상처인 것 같아요. 얼마큼 지나야 되는지 모르겠는데 지금은 조금 나아졌어요.

40대 중반의 미루가 20대 중반의 미루에게.

억만금을 내면 젊음을 준다고 하면 돌아가겠느냐는 질문 많이 하잖아요. 저는 다시 돌아가고 싶지 않다고 이야기해요. 너무너무 좋았던 시기이고. 노사모는 마음의 고향 같은 존재거든요. 심리적인 고향이 그 시점인 것 같아요, 2002년. 좋았던 만큼 아픔도 많았던. 너무 치열하게 살았고 '그 치열함을 다시 치열하게 살아볼래?' 했을 때 자신 없어요. 다 그럴걸요? '다시 할 수 있겠어?'라고 하면 다 손을 저을 거예요. 그때 미루한테 하고 싶은 이야기는 "참 열심히 살았다, 치열하게 살았다, 고생했다"고 이야기해주고 싶어요. 조금만 덜 열심히 하지, 대충 하지. 대통령도 안 됐을 거고. (웃음) 그러면 역사가 또 바뀌지 않았을까. 살아 계시지 않았을까? 원망도 하죠, 사람들이. 어째서 그렇게 대책 없이 열심히 했을까.

참여정부 시절 대통령 놀리기가 국민 스포츠였잖아요.

아무리 긍정적이고 좋은 마음을 가진 사람도 그렇게 얻어맞으면 상처가 많을 수밖에 없거든요. 시간 나실 때 점심식사를 노사모 회원이든 몇 명씩 불러서 비공개로 하셨어요. 그때가 첫애 돌잔치였는데, 초기 노사모 회원들을 청와대에서 초청했다고 하는데 저는 안 간다고 했어요. 너무 보고 싶지만 힘들어하는 것조차 보는 것이 개인적으로 괴롭더라고요. 안 간다고 했다가 설득해서 가게 됐는데 안 갔으면 어쩔 뻔했어요. (웃음) 그때 사진이라도 남아 있으니까. 가길 잘했다고 생각하지만 그때도 우셨거든요. 20명 안 되게 들어갔는데 소감, 하고 싶은 얘기 쭉 하시는데 나중에는. 너무 힘드셨구나. 저는 그때도 정책적으로 미진한 부분들 더 잘해달라고 얘기했거든요. 어유. (웃음) 저렇게 힘든 양반한테 그런 얘기 왜 했을까. (웃음) 후회가 있죠.

마지막으로 함께했던 노사모 분들에게 한말씀.

노사모 미루예요. 사회에 나와서 제 이름보다 미루라는 이름이 더 많이 불렸던 것 같아요. 어떻게 지내고 계세요? 해외 나가서 못 들어오시는 분도 있고 계속 살고 계신 분들도 있고. 그리운 사람들이 머릿속에 주마등처럼 지나가는데 어디에 계시든 건강하셨으면 좋겠고요. 우리 모두 참 고생이 많았던 것 같아요. 수고하셨고. 노짱님 사랑하는 마음은 변치 않겠죠? (웃음) 사랑합니다, 노사모 분들. 모두모두 사랑합니다. 🎤

한 장의 작은 벽돌이라도
되었으면

스나이퍼 이상만.

지금은 쉰여덟 살이고 그때는 40대였습니다. 당시 정치 상황에 한 장의 작은 벽돌이라도 되었으면 좋겠다고 생각했어요. '스나이퍼'라는 닉네임으로 가입했습니다. 저격수라는 뜻이죠. 학교에서 특수교육, 장애 아이들 가르치고 있습니다. 노무현 대통령은 진정성이 있었어요. 생각과 행동이 일치하고 책임 있는 정치 지도자의 자세를 가졌죠. 국민 경선 16부작이라 해서 주말마다 전국을 다니는데, 지역에서 국민 경선 끝나면 노무현 대통령과 권양숙 여사가 멀리서 오는 거예요. 체육관 한쪽 구석에 노사모 회원들과 시민들이 모여 있는데 항상 두 분이 오셔서 고맙다고 인사하는데 눈빛이나 행동이 참 선해요. 그 눈빛을 잊을 수 없어요. 진정성임을 느꼈죠.

18년 전에는 어떤 모습이셨어요?

다시 그 시절로 돌아간다면 그렇게 할 수 있을까 생각합니다. 그래도 올바른 사회로 가기 위해 벽돌 하나라도 쌓았다는 거에 자부심을 갖고 있습니다. 88년도에 대구에서 대학 졸업하고 전라남도에 임용고시를 같은 대학 졸업한 친구 두 명과 보러 갔습니다. 광주 시외버스터미널에서 내려서 택시를 타야 하는데, 전라도 말을 할 수 있는 사람이 있어야 택시를 탈 수 있을 정도로 지역감정이 험악한 때였죠. 승차 거부를 당할 것 같아서 대구에서부터 연습했습니다. "전남도교육청에 가주랑께" 한마디만 하고 말을 안 했죠. 뒤에 두 명은 마스크 쓰고.

정치 지도자들이 동서 갈등을 이용하고, 확대 재생산하고. 차 넘버가 경남이나 경북이면 호남에서 기름 안 넣어준다는 소문도 있었어요. 심지어는 주유구에 모래를 넣어 차가 움직이지 못하게 만든다거나 택시를 타면 다른 지역에 내려준다는 둥. 김대중 대통령이 대구에 와서 10만 군중 앞에서 연설하는데 제대로 할 수가 없었어요. 연단을 둘러싸고 있는 전대

협 학생들이 3천 명이 됐는데도 10만 명 군중이 계란이나 돌을 연단 위로 던지면서 "김대중이 빨갱이다"라고 하죠. 동원된 상대편 후보 중에서 마타도어 작전도 있었죠.

그런데 88년도에 발령받아서 여기에 살아보니까 들었던 이야기들과 너무 다른 거예요. 어느 지역이든 마찬가지지만 산업화가 덜 된 지역이 인심이 더 살아 있고 사람 사는 냄새가 나잖아요. 전남에 30년 살면서 많이 느꼈어요. 사람들 참 좋습니다. 고향이 경상도라 하면 더 잘해줍니다.

노사모는 어떻게 아시게 되셨어요?

제 고향이 경남 창원 대산면인데 그곳과 봉하마을이 붙어 있어요. 자전거 타면 15분, 20분에 갈 수 있는 가까운 거리입니다. 그 지역 정치인이라 유심히 봤죠. 제가 스무 살 때, 순천대학교에서 초청했습니다. 강연에서 국민 통합, 동서 갈등에 대해 사회에 미치는 전반적인 상황들을 조목조목 설명하는데 감동받았죠. 인터넷 검색을 통해 그분의 정치적 행보를 보았습니다. 노사모가 탄생하고 얼마 안 있어 회원으로 가입했죠. 몇 달 휴면으로 있다가 국민 경선 때부터 본격적으로 참여했고요. 그때는 토요일 휴무제가 아니라 토요일도 근무했습니다. 학교에 연가 내고 국민 경선 열 곳 이상 참여했습니다. 원래 공무원은 정치에 참여하면 안 되죠.

누가 시켜서 하는 것도 아니고 뭐가 나오는 것도 아닌데 무엇에 그렇게 끌리셨을까요?

아내와 아이들이 협조해주었습니다. 갈 때는 꼭 같이 갔습니다. 거기에 참여한 사람들과 가족이 제게 동지였습니다. 당시 사회의 부조리와 비상식에 대해 토론하고 협의할 수 있는 사람을 만나기 어려웠어요. 그런데 노사

모에서 사람들 만나고 이야기하다보니 사람들끼리 동질감을 느꼈죠. 만날 때마다 반갑고. 순천에는 반딧불 동생과 부인들까지 열여덟 명이 노무현 대통령과 함께하는 사람들, 노함사 모임을 매월 한 번씩 지금도 하고 있어요. 모여서 노짱님 이야기하고 살아생전 말씀들 되새기고. 20년 가까이 이어지고 있습니다.

노무현 대통령 많이 힘드시고 외로우셨겠죠?
저는 전교조 조합원인데, 진보 쪽에서 비난하고 흔드는 행위가 보수 쪽이 하는 것보다 더 가슴 이프고 힘들었습니다. 그렇게 활발히 활동했으면서도 어디 가서 노사모 활동 했던 사람이라고 말하기 조심스러웠어요. 매스컴이라든지 신문이라든지 팩트에 의해 비판하기보다는 융단폭격을 했죠. 그러니까 주변에 있는 사람들도 비판적인 태도를 취했죠. 부끄럽지만 강력하게 아니라고 이야기하기 어려웠습니다. 그 많은 화살을 노무현 대통령 혼자서 다 맞았어요.

노무현 대통령 가신 날이 전교조 조합원들이 서울에 시위하러 가는 날이었을 겁니다. 전교조가 1년에 한 번씩 하는 서울 집회. 관광버스에 선생님들이 40명 정도 탔어요. 아침에 순천에서 서울로 20~30분 버스 타고 가는데 TV 뉴스에서 서거 소식을 들었죠. 당시 전교조에서 노짱님에 대해 비판적 태도를 갖고 있었어요. 저는 노사모 회원이면서 전교조 조합원이니까 참 힘들었죠. 그렇게 가신 날, 버스 안에서 마이크 잡고 노짱의 인성에 대해, 전교조 선생님들이 생각하는 노짱이 아닌 그분의 본질에 대해 30~40분 동안 눈물 흘리면서 설명드렸어요. 살아생전에는 비판적인 시각을 지니셨던 선생님들도 서거 소식 듣고 숙연해지고……

노무현 대통령과 어떤 일화가 있으실까요?
노무현 대통령 재직하실 때 청와대를 한 번 방문했습니다. 그때 노짱님이 다과회 하는데 많이 우셨어요. 비주류로서 대통령의 업무를 수행하는 어려움을 설명하면서 굉장히 우셨어요. 그 눈물을 잊을 수가 없네요. 퇴임하는 날 봉하마을 오셔서 노짱님이 마이크 잡더니, "여러분들한테 한마디 해도 되겠습니까? 야~ 기분좋다". 홀가분하다는 뜻이었던 것 같아요. 다만 그 홀가분함이 오래가지 못했죠.

노무현 대통령은 부재중인데, 그렇다면 노사모는 뭘까요?
깨어 있는 시민의 조직된 역할을 앞으로도 계속해나가야죠. 노무현 대통령이 마지막에 안 좋은 과거로 돌아갈 수 없게끔 대못질해놓고 물러난다고 말씀하셨지만 10년에 가까운 정권에서 보시다시피 하루아침에 무너지지 않습니까? 노사모 회원들, 국민들이 보고 느끼지 않았나 생각합니다. 제2의 노사모, 제2의 깨어 있는 시민들이 존재해야 하는 이유겠지요. 긍정적인 것을 가슴 깊이 새기면서 발전시켜야 한다고 생각하고 전 국민이 노사모화될 때 더 좋은 사회, 뒤끝 없는 사회, 상식과 원칙이 바로 서는 나라가 된다고 생각합니다.

노사모 회원들한테 인사 한번 드리시죠.

노사모 회원님들, 반갑습니다. 언제나 처음처럼 그 마음 변치 않고 지금도 늘 따뜻한 시선, 따뜻한 마음이길 바랍니다. 우리 죽을 때까지 같이 갑시다. 이상입니다.

잘되면 나도 함께,
안되면 네 탓

김찬호 『모멸감』 저자

모멸감이라는 게 뭔지.

다른 사람이 나를 무시하거나 업신여길 때 또는 그렇다고 느낄 때 올라오는 감정이거든요. 사람은 동물과 달리 목숨보다 중요한 게 많이 있습니다. 목숨을 걸잖아요. 전쟁 때도 목숨 걸고, 돈을 위해서 목숨 거는 사람도 있고, 자살을 통해서 뭔가를 지키고 싶을 때도 있거든요. 인간은 동물과 달리 추구하는 다른 중요한 가치가 있는데, 자기 자신의 존재 가치라고 생각해요. '내가 쓸모 있는 인간이다, 괜찮은 사람이다' 하는 것을 확인받아야 하는데 다른 사람을 통해서 할 때가 많아요. 대부분 다른 사람과의 관계 속에서 존재 가치를 확인하기 때문에 다른 사람이 나를 짓밟는다, 부정한다, 나의 얼굴에 먹칠한다고 느낄 때 차라리 죽는 것만도 못하다는 느낌이 들 정도로 치욕스러운 거죠. 수치심은 모든 문화에 공통적으로 나타나는, 양육 초기 단계에 경험되는 감정입니다. 가장 일반적인 게 배변 습관을 가르칠 때예요. 똥오줌을 가린다 못 가린다 하는 것이 인간의 자존감의 기본 근거 같아요. 물리적인 것이 아니라 정서적인 문제죠. 거기서 끝나지 않고 다른 것으로 확장되는 게 인간의 성장 과정인 거 같습니다.

애기를 섞어서 했는데 모멸감과 수치심은 달라요. 누군가 의도적이든 의도적이지 않든 나를 향해 어떤 신호를 줬을 때 오는 게 모멸감이에요. 수치심은 관계없이 올 수 있고요. 예를 들어서 내가 하루종일 이상한 복장을 하고 돌아다녔는데 모르고 있었다, 집에 와서 알았다, 그때는 수치심이에요. 그런데 그걸 누가 보고 지적하면서 흉을 봤다, 그러면 모멸감까지 느끼겠죠. 수치심을 느끼지 않는 모멸감도 있어요. 예를 들어서 내가 직장 상사이고 부하한테 한마디했는데 들은 체도 안 하고 대꾸도 안 해요. 이거는 수치심은 아니라 모멸감이죠.

인간이 인간에게 의도적으로 줄 수 있는 망신 중 최악의 단계라는 말씀이시죠.

그렇죠. 사람이 누구한테 맞았다고 자살하진 않아요. 폭행이 이루어지는 맥락, 폭행을 통해서 사람의 모든 것을 다 무너뜨리고 밑바닥까지 보게 만드는 상황이 사람을 힘들게 하는 거거든요. 모멸이라는 게 모욕과 경멸이 합쳐진 말이에요. 심증은 가는데 물증이 없어요. 세상에 잘못이 드러나는데, 사실 전혀 근거 없는 건데 여론이 형성되고 사람들이 은근히 나를 외면해. 이건 모욕이 아니에요. 댓글이 올라온다든지, 그런데 차라리 댓글은 내가 반박할 수 있는 건데 그것도 아니고 흔적이 전혀 없지만 분명히 얘기를 안 좋게 하고 다니는, 그게 너무 억울하고. 내 앞에서 했으면 해명이라도 할 텐데 해명도 할 수 없는 상황에서 얘기가 오고갈 때가 경멸에서 가장 힘든 상황인 거죠.

모멸감을 받는 사람의 심리 상태는 어떤 걸까요?

자기혐오로 간다고 생각해요, 웬만하면. 남이 보는 대로 자기를 보게 되거든요. 대부분 사람은 자기한테 그런 식의 시선이 가해질 때 이것이 존재의 중심을 파괴하는 느낌으로 다가올 수밖에 없거든요. 결국 인간이 추구하는 것은 인정이에요. 그 인정 욕구를 극적으로 파괴하는 게 모욕, 모멸이죠. 다른 사람들이 나를 어떻게 보는가 하는 것이 자아의 구성물입니다. 내가 나를 알기는 되게 어려워요. 복잡하고 다면적이에요. 그런데 다른 사람들이 나를 어떻게 바라보는가를 종합하면 내가 드러나죠. 물론 전부는 아니지만 특히 한국에서는 사람들이 그걸 대단히 중요하게 생각하고요. 그렇기에 한국에서는 모멸감이 훨씬 더 치명적이고 그래서 가해자의 무기로 사용되는 사회가 돼버린 거죠.

폭력의 작동 방식과 비슷한데 모욕의 작동 방식에 단계가 있을까요?

모멸감을 받은 경우에 자기혐오와 학대로 가는 사람들이 있죠. 무너지는 폭력을 계속 받다보면 자기 목숨을 포기하는 사람이 있듯이. 모멸감을 겪다보면 응어리로 갖고 있다가 분노로 다른 사람을 공격하기도 하거든요. 공격 중에 마이크로어그레션(Microagression)이라는 표현이 있는데 미세공격이라는 거예요. 은근히 사람 긁는 거 있잖아요, 살짝살짝 갈구는. 의도가 있을 수도 있고 없을 수도 있어요. 예를 들어 명절 때 젊은이들이 받기 싫어하는 질문들도 일종의 미세공격이에요. 너 언제 시집가냐? 언제까지 그러고 있을래? 이에 대해 보복 심리가 작동할 때가 많아요. 그래서 갑질당하는 감정노동자들이 갑의 위치에 서면 자기도 모르게 갑질하는 경우가 많다고 얘기하거든요. 인간의 보편적인 반응인 거 같습니다.

상대에게 모멸감을 주는 데 특별히 힘들지 않다는 이야기.

그렇죠. 그만큼 저 사람이 어떻게 느낄까에 대해 상상을 안 하는 거죠. 마음을 살펴볼 수 있는 여유가 없어서 그렇게 되는 것도 있어요. 고도성장기가 너무 빨리 끝났는데 그 과정에서는 사람들이 이렇게까지 남을 힘들게 하지 않았어요. 2, 30년 전 8, 90년대에는 모멸감이라 말을 쓰지도 않았고. 내 것 챙기기 바빠요. 남과의 관계에서 더 올라서는 것에 에너지를 쓰느니 내 것을 많이 확보하는 게 유리했거든요. 저성장기에 들어가면 내가 아무리 해도 형성이 안 되죠. 노력해도 집 한 채 마련 안 되고 공부해도 성적 안 오르고 성적이 올라도 좋은 대학 가는 게 힘들고 좋은 대학 나와도 인생의 긴 항로에서 희망 가질 수 있는 게 없고. 그러다보면 다른 사람과의 비교에 눈을 돌리게 됩니다.

또 하나는 사람들과의 관계가 다 무너졌어요. 고도성장기 때는 마을도 있고 친척도 있고요. 학교 친구들 사이에서 이렇게까지 파편화되지 않았거든요. 인간은 누군가가 자기를 안전하게 지켜준다고 느낄 때 마음이 자랄 수 있어요. 정서적으로 성장이 이루어집니다. 그런데 지금은 다 막혀 있잖아요. 자기를 감시하거나 비교하고 공격할지 모르는 사람이 많아지면서 방어적으로 되죠. 그럴수록 약해 보이는 사람을 먼저 공격합니다. 인간의 자기 보전 방식이에요. 우리 사회는 안타깝게 그렇게 흘러가고 있는 거죠. 거기에다가 정보가 너무 많아졌어요. 정보가 많아지다보면 눈높이가 올라가요. 욕망이 상승하고요. 웬만해서는 자기가 잘났다고 느끼지 않아요. 인터넷 들어가면 잘난 사람이 너무 많거든요. 예쁜 사람, 돈 많은 사람 위주로 기사가 형성되고 먼저 클릭되잖아요. 그럴수록 자기는 별 볼 일 없는 사람 같고 미래도 불안하고 초라하게 느껴지고. 이런 환경 속에서 우리는 모욕, 모멸이라는 공격을 아무렇지 않게 겪으면서 생존하는 거 같습니다.

공인들이 공개적으로 모멸감을 느끼게 작동시키는 부분이 있을 거 같거든요.

질투심이 작동하죠. 정치인에 대해 질투심을 느끼겠냐 싶지만, 근본적으로는 어쨌든 나보다 더 영향력 있는 사람들이거든요. 내가 좋아하는 사람을 열심히 지지하고 응원하다가도 안 맞는다 싶으면 한순간에 돌아서는 게 대중이지 않습니까? 그런 걸 너무 많이 경험했고 유명한 사람일수록 큰 상처를 받죠. 원래 자기를 싫어했던 사람들이 욕하는 건 문제가 안 돼요. 그걸 각오했고 견디고 올라온 사람들이죠. 그런데 문제는 자기를 그토록 따랐고 지지했고 응원했던 사람들이 돌아설 때예요. 가장 견디기 어려운 거죠. 노무현 대통령도 문제는 진보 진영에서. 같은 편이라고 하는 사람들, 언론이 대놓고도 아니고 은근히 딴죽 걸고 무시하고. 학력이라는 변수도 있다고 봐요. 사회과학자로 검증되지 않는 얘기를 할 수밖에 없는데 이거는 (웃음) 저도 욕먹을 수 있는데 좌우를 막론하고 한국은 엘리트주의가 굉장히 강하거든요. 옛날 운동권도 마찬가지고요. 서열이 있어요, 대학별로. 경기고, 서울대 라인이 갖고 있는 파워는 좌우를 막론하고 막강하거든요. 노무현 대통령이 진보 진영 안에서도 그 자리에 오르기까지에도 많은 고초를 겪었잖아요. 당연히 대놓고 '너 고졸이잖아' 얘기하는 사람 아무도 없죠. 그런데 노무현같이 계보가 불확실한 (웃음) 사람이 갑자기 대중의 지지를 받으니까 견딜 수 없는 거죠.

결론적으로는 모멸감을 안고 돌아가셨다고 볼 수 있는 건가요?
대중들과 직접 소통하고 호흡하면서 힘을 만들었던 케이스가 처음이 아니었을까 싶어요. 그분은 새로운 나라를 위한 선한 의지와 열망을 한몸에 안고 결국 최고 권력까지 얻은 거거든요. 실현해가는 과정이 순조롭지 않았던 건데 미숙함도 있다고 봐요. 개인뿐 아니라 당이나 사회의 수준일 수도 있고요. 정치를 잘하는 것과 관료를 장악해서 나라 운영을 잘하는 거는 다른 문제니까 허점이 생길 수밖에 없죠. 그런데 비판이 아니라 비난하게 되고 본질을 의심하는 발언들이 나오게 될 때, 적대적인 사람들이 공격해올 때 함께 맞서주고 지지해주는 게 아니라 방치하는 거 자체가 진짜 모욕이거든요. 저도 그 점에서 가해자예요. 노무현 대통령 돌아가시기 전까지도 저를 포함해서 많은 사람들이 그런 느낌을 갖고 있었거든요. 내가 생각했던 그분이 아니네, 배신자까지는 아니지만 우리가 사람을 잘못 보고 있었다는 실망감도 있었고. 사회적 기류가 그렇게 흐르고 있었고 그게 문제였다고 봐요. 그분한테 방어막은 대중의 지지였는데 그게 너무 허약해진 거예요.

대통령에게 모멸감을 주려는 끊임없는 시도들을 외로움과 어떻게 연결할 수 있을까요?

그 자리에 오르기까지 힘이 됐던 기반이 굉장히 광범위한 연대거든요. 광장의 힘이죠. 그것을 한몸에 안고 권력을 행사했고. 그런데 그 과정에서 생긴 문제들을 온통 한 사람 탓으로 돌려버리는, 잘될 때는 함께하고 자기도 한 숟가락 얹으려 했다가 안될 때는 마치 타이타닉호에서 떠나가는 것과 비슷한 형국이 된 거잖아요. 잘되면 나도 함께한 거고 안되면 저 사람 탓이라고 돌려버리는. 진보 진영도 예외가 될 수 없다는 걸 말씀드리는 거예요. 그런데 그분의 극단적인 선택은 보통 모멸감에서 오는 선택만이 아니라 이 치사한 싸움을 이렇게밖에 끝낼 수 없겠구나 하는 생각. 자기 한 몸 던져서. 유서에 원망하지 말라는 말도 있었잖아요. 그 마지막 말씀을 더 깊게 해석해봐야 한다는 생각이 들어요. 맥락을 놓고 보면 그렇게 쉽게 할 수 있는 말이 아니거든요. 구체적인 상황들을 묘사하지도 않고 누구에 대한 적개심 없이 원망하지 말라고만 남긴 거는 다 넘어서려는 몸부림이었다고 봐요. 여러 가지 중첩되어 있는 선택이었을 거 같아요.

통치 수단으로서 공포가 얼마나 효과가 있을까요?

사람들이 불안할 때는 쉽게 먹히죠. 우리도 늘 길들여왔고요. 불안이라는 게 옛날에는 공산당이었고 요새는 경제도 있고. 혐오 발언에서 볼 수 있듯 사회적인 불안도 상당히 크거든요. 개인적인 차원에서도 사회적인 불안이 있단 말이에요. 자신이 굉장히 별 볼 일 없는 사람이 될 거 같은 불안. 남혐, 여혐이 다 그렇게 드러나는 건데 그런 것에 불을 지필 수 있는 게 파

시즘이죠. 집단 광기를 확 일으키면 거기에서 확 벗어나는 느낌이 있거든
요. 독일의 나치즘도 그렇게 등장한 거고. 지금 우리 사회를 걱정하는 사
람들은 그 부분을 주목하는 거거든요. 개인 차원에서의 불안과 열패감이
정치적 폭력이나 독재자에 대한 열망으로 나아갈 수 있겠다는 거죠. 그런
증후들이 다른 나라에서도 조금씩 있고요. 한나 아렌트가 『전체주의의 기
원』에서 얘기한 게 잉여인간이 많아지면 파시즘이 나온다는 건데 딱 그런
거죠. 그때나 지금이나, 그 점에서. ⬤

아무나 정치해도
좋은 정치 할 수 있는 세상

샤인 임병택(시흥시장)

닉네임은 '샤인'입니다. '빛나다'의 샤인. 당시에 〈샤인〉이라는 영화가 있었는데요. 영화 포스터에 나온 배우의 모습과 샤인이라는 단어가 너무 인상 깊어서요. 자유를 꿈꾸는 이미지를 보았거든요. 난생처음 닉네임이라는 것을 만들었는데 어떤 닉네임을 쓸까 하다가 즉흥적으로 생각했습니다. 당시 제가 고시생이었거든요. 사법시험 준비하던 법대생이었고요. 늘 일상적으로 돌아가던 고시생 생활에서 가끔 밥 먹으러 갈 때, 그때는 비디오방들이 있었잖아요. 붙어 있는 포스터 보면서 '이야, 나도 언젠가는 저렇게 자유로울까?'라고 생각했습니다. 노사모 활동하면서, 그 영화 재밌게 봤다는 분도 계시고 감명 깊었다는 분도 계셔서 한참 뒤에 비디오방에서 봤거든요. 그리 재미는 없었습니다. (웃음) 어쨌든 영화로, 영화 포스터로 얻게 된 닉네임이 샤인입니다.

고시생이셨으면 시간도 없으실 텐데 노사모 하실 생각을.

당시에 법대생 중 노사모 회원들이 몇 명 있었는데요. 비슷하더라고요. 고시 공부하고 있을 땐가, 노무현 도와야지. 저도 그런 생각 했던 것 같습니다. 2000년 부산에서 낙선한 노무현이라는 사람이 추구하는 가치가 옳은데 너무 외롭기 때문에 도와주자는 마음에 회원 한 명 늘려주자고 노사모에 가입했는데, 노사모 활동 경험하다보니 자연스럽게 이 일을 돕다가 저 일을 돕다가 결국 고시반으로 돌아가지 못하고 계속 이 일을 하게 된 거고.

지금 내가 고시 공부할 때냐, 노무현 도울 때지. 이런 거는 동정인가요, 어떤 마음인가요?

개인적으로 노무현에 대한 인식과 기대가 정말 남다른 부분도 있었죠. 성장 과정과 더불어서. 누나가 위로 네 분 계시는데, 고향은 전라도 여수인데요, 의무적으로 가듯 누나들이 중학교 졸업하고 고등학교를 부산에 있는 야간 산업체로 가셨어요. 낮에는 신발 공장에서 일하시고 저녁에 공부하는. 방학 때면 누나들 보러 부산에 종종 놀러가곤 했거든요. 부산이란 도시에 대한 아련한 정서적 그리움이 있었고요. 노무현이라는 정치인이 바로 그러한 여공들 같은 노동자들을 위해서 일했던 사람이었기 때문에 어렸을 때부터 고마움이 있었죠. 호남인으로서 영남인, 부산 사람 노무현이 단순히 어린 여성 노동자들만을 위한 노동 변호사가 아니라 지역 차별에 저항하는 정치인으로 보였기 때문에 돕고 싶다는 마음이 늘 마음 한가운데 있었죠. 결정적으로는 부산에서 낙선하고 저대로 잊혀서는 안 된다는 생각을 하게 됐고요. 왜 그랬는지 모르겠지만 도와주고 싶었습니다.

노무현이라는 사람에게 끌렸고 노사모, 당시에는 26, 27명 정도 됐을 것 같은데요. 노사모 창립 회원이 됐고 창립하다보니 사무국장이라는 자리를 맡게 됐고. 학교 휴학하고 올라와서 중앙에 노사모 첫 사무실 만들어질 때 상근자로도 활동했습니다. 운명적인 끌림이 있었던 것 같아요. 고향에 계신, 식당 하시는 어머니나 누나들은 제가 열심히 고시 공부하는 줄 알고 있었죠. 광주에 있는 전남대 법대를 다녔는데 신림동에 좋은 선생님이 계신다, 고시 공부 제일 잘 가르친다, 신림동에서 고시 공부해야 되겠다. 법대생들 상당수가 신림동 고시촌 다녀오거든요. 6개월만 신림동 가서 공부하겠다고 돈 받아서 노사모 첫 상근자가 된 거죠. 한 달에 50만 원 받고. 너무 죄송하죠. 같이 공부하던, 지금도 만나는 친구들, 선후배들 있거든요. 멀쩡한 애가 갑자기 정치에 미쳤다. 왜 노무현이냐. 이인제도 아니고. 참 맛이 갔다. (웃음)

왜 노무현이라고 하면 맛이 갔다고 이야기를 했을까요?

당시에는 노무현이라는 정치인에 대한 시기가 있었고, 아무래도 이인제, 한화갑처럼 아주 잘나가는 정치인 그룹은 아니었죠. 좋은 사람이긴 하지만 왠지 마이너 느낌이 드는 상황이었고. 광주에서는 특히나 이인제에 대한 보은론, 이인제라는 사람이 무소속으로 출마해줘서 이회창 표를 깎아 김대중 당선됐다, 이인제 빚을 갚아야 된다는 정서도 있었고요. 이인제 대세론이 있는 판에서 노무현을 선택한, 그것도 영남 사람을 선택한 것에 주위에 이해 못하는 사람들이 다수였죠. 화를 내는 선배도 있었고요. 나름 멀쩡하게 열심히 공부하던 친구인데 정치에 미쳐서 고시 공부도 때려치우고 갔구나 해서 말이 참 많았습니다. 안타까워하는 사람도 많았고.

어머님 반응은?

처음에는 모르셨고 1년 정도 지나서 말씀드렸더니 너무 놀라시고 걱정하셨죠. "대통령 선거 끝나면 2년 안에 시험 합격할 수 있으니까 걱정하지 마세요, 잠깐 도와주는 거니까"라고 말씀드린 거거든요. 가능할 거라고 봤는데요. 전남대 법대에 돌아가서 공부했는데 두 시간 딱 앉아 있고 쉬는 시간에 일어나 신문 보다가 다시 들어와보면 2시간 동안 읽었던 책이 한 장 넘어가 있거나 안 넘어간 적도 있더라고요. 신문에 노무현 대통령부터, 얼굴 봤던 사람들, 대통령 청와대 사람들이라든지. 기사들 보다가 다시 들어오는데 공부가 안 되더라고요. 정치권 와서 직장 구하라는 분들의 권유가 있어서 공부 접고 2003년 가을 무렵부터는 새로운 삶을 찾아서 올라왔습니다, 완전히.

전에 정치에 관심이 많으셨나요?

관심이 많았던 것 같아요. 차별 없는 세상을 꿈꿨다고 해야 될까요? 제 고향 여수는 비평준화 지역이었거든요. 면에 있는 중학교, 고등학교가 붙어 있는 곳을 가게 됐는데 전기, 후기 떨어진 학생들 위주로 정원을 채우는 고등학교거든요. 그 고등학교를 다닐 때 정말 재밌었습니다. 학교도 자유로웠고요. 그런데 지역 사회 분위기는 그 고등학교를 다닌다는 것만으로 패배자 낙인을 찍는 거죠. 저희 학교를 다닌다고 하면, 학교 교복을 입고 있으면 공부 못하는 애, 사고 칠 애 등 지역 사회의 인식들이 엄연한 차별이거든요. 낙인이고. 1학년 때까지는 그러려니 했는데 2학년이 됐어요. 남녀 공학이었는데 후배들이 생기잖아요. 후배들도 똑같은 대우를 받는 거예요. 이래서야 되겠냐는 문제의식을 계속 가지고 고등학교 생활을 지냈던 것 같습니다. 세상에 대한 고민도 하게 되고. 경제적으로 넉넉했더라면 문제의식이 희박했을 수도 있는데 어쨌든 경제적인 어려움을 계속 극복해나가는 과정중에서 졸업하고 대학 진학을 못했거든요. 잠시 2년제 대학에 진학했었는데 그것만으로 또 낙인찍히는. 청년 임병택에 대한 낙인, 사회적인 저평가, 저대우.

어떤 시선이었던 것 같으세요?

그냥 공부 못하는 애. (웃음) 그냥 아무것도 못할 애. 이런 이미지, 인식들이 스물한 살 된 저에게 많더라고요. 그런데 정말 놀란 건 제대하고 이런저런 아르바이트 해서 돈 벌고 공부해서 전남대 법대를 갔는데 그후로부터 인식이 너무 달라지는 거예요. 뭔가 될 놈, 시선이 바뀌어요. 그런 과정중에 차별 없는 세상, 편견 없는 세상을 생각하게 됐죠. 호남 차별에 대한 느낌을 부산 갈 때마다 받은 거예요. 터미널에 내려서 누나가 있는 사상공단까지 가려면 택시를 타잖아요. 그러면 부산 말을 써야 됩니다. 전라도 고등학생이 부산말을 써서 택시를 잡고 부산말로 이야기해야 됩니다. 안 그러면 잡아가는 줄 알았어요.

누구도 그렇게 하진 않았는데?

실제로 그런 일도 있었죠. "니 전라도가?" 이런 반응이 있었죠. 청소년기에는 더 위축되고. 호남에서 태어났다는 이유만으로 차별을 받았던 거죠. 호남에 대한 차별은 분명한 역사적 사실이죠. 호남 차별에 가장 저항했던 정치인이 노무현 아니었습니까? 저로서는 너무 고마운 거죠. 노무현이라는 사람이 차별받는 노동자를 위해서, 차별받는 호남인들을 위해 편을 들어줬다면, 나도 청년이 됐으니 노무현을 도와주자는 생각을 자연스럽게 하게 됐어요. 그렇게 해서 노사모에 가입하면서 고시 공부보다 이 일이 더 의미 있지 않겠냐고 스스로도 생각하게 됐고 그렇게 활동하게 됐죠.

회원 한 명 늘리자는 동기가 어쩌다가 지금 이 지경까지 된 걸까요?

(웃음) 그러게 말입니다. 제가 본격적인 정치를 하게 된 가장 결정적인 이유는 노무현 대통령 서거시죠. 2009년에 서거하실 때 너무나 큰 충격을 받아서, 2010년도인가 지방선거에 첫번째 출마를 하게 됩니다. 아, 두번째 출마를 하게 됩니다. 도의원으로 당선돼서 지금까지 도의원 두 번, 시흥시장이라는 정치인의 길을 가고 있습니다.

서거는 모든 노사모 분들에게는 엄청난 충격이었을 것 같아요.

평생 잊을 수 있겠습니까? 〈노무현과 바보들〉이라는 이 다큐의 콘셉트가 정말 고마웠던 게, 이순신 장군 대장선 지하에서 노를 젓던 격군들의 이야기를 다루는 다큐라고 생각했어요. 너무나 의미 있는 기획이다. 그리고 그분이 간절히 원하셨던 겁니다. 스타들에 의한 정치가 아니라 정치 참여하는 민생, 민초의. 노사모에 대한 애정이 정말 강하셨어요. 저는 노사모 회원 중에 혜택받은 회원이고요. 노무현 대통령께서 대통령으로 계실 때 청와대에서 일하고 국회의원 보좌관도 할 수 있었던 특혜받은 노사모 회원도 있었지만, 정말로 이름 없이 사라진 노사모 회원님들이 너무 많으시거든요. 그걸 너무 가슴 아프게 지켜봤던 당사자 한 사람이었고요. 이와 같은 사람들의 이야기를 다큐로 다뤄주신다고 해서 너무 감사했고요.

봉하마을로 퇴임해서 가신다고 얘기 들으셨을 때 어떤 생각이 드셨어요?
노무현다운 결정이라고 생각했죠. 20대 때부터 노무현이라는 사람을 봤지 않습니까? 그리고 30대를 계속 지켜봤는데 노무현이라는 사람을 해석하는 게 100이면 100 다 다릅니다. 문재인 대통령께서 해석하는 노무현이라는 사람이 있고 임병택, 샤인이라는 사람이 해석하는 게 있을 거고 또다른 누군가가 있고. 저는 스스로를 철저하게 역사의 도구로 쓰이기 원하셨다고, 역사를 위해서 자신이 사용되는 것을 운명이라고 받아들였던 분이라고 생각했어요.

　봉하로 내려가시는 것도 그래요. 영남이라는 곳에 자기라도 내려가서 민주주의자들을 다시 교합하고 그곳에서 민주주의 하는 사람들에게 힘이 되고 연계되지 않겠냐? 그분으로서 당연히 그러실 수밖에 없겠구나, 라고 생각했고. 가서서 좀더 자유롭게 시민들을 만나고, 깨어 있는 시민들을 조직화하고, 조직된 힘으로 대한민국 정치를 바꾸고 싶어하셨다고 저는 믿습니다. 2009년도 서거하시기 바로 전, 글이나 말씀들을 보면 스스로 운명을 각오하고 계시지 않나 하는 느낌을 받아요. 2008년도 6월에 경남 양산이라는 곳에서 노사모 총회를 했거든요. 생전 마지막 노사모 사람들과의 만남이 경남 양산에서 있었거든요. 그때 하셨던 말씀도……

똑같은 정치 분야니까 영감을 받거나 되새길 때가 있으시겠죠?
거의 모든 순간 생각하죠. 정치가 정말 버겁고 힘든 과정이거든요. 정치하지 말라는 글을 쓰셨을 때의 심정을 매일매일 느껴요. 정치 자금 회유, 거짓말 회유, 사생활 회유, 위험. 얻는 것에 비해 잃는 게 너무 많다고 말씀하신 글을 늘 가슴에 담고 살아요. 그럼에도 누군가는 이어달리기를 해야 되잖아요. 아직도 대한민국 정치는 본질적으로 바뀌지 않았습니다. 노무현 대통령 서거 전후가 바뀌지 않았어요. 대통령께서 대한민국 정치를 바꾸기 위함이라고 쓰셨던, 정치하지 말라는 글에 담겨 있는 것들이 아직도 현실에서는 정치인들을 옭아매고 있어요. 가장 큰 게 정치 자금 문제죠. 돈없이 어떻게 정치가 가능합니까? 문제가 풀리지 않았기 때문에 노회찬 대표님의 안타까운 서거도 이어진 거예요.

2008년도에 '부족한 대로 동지가 됩시다'라는 글을 올리세요. '정말 나는 부족한 사람입니다. 내가 부족한 사람이라는 걸 여러분들도 알아주셨으면 좋겠습니다. 내가 부족한 사람이라는 걸 알아주지 못하는 분들을 보면 겁이 납니다'라는 표현도 있습니다. 결점 없고 순수 결정체 노무현으로 바라보는 지지자들의 시선들이 부담스러우셨던 거예요. 겁이 난다는 표현까지 쓰실 정도로. 언젠가는 정권의 탄압이 있을 것이라는 걸 예견하지 않으셨을까요? 자기와 관련된 모든 사람들을 뒷조사하고 감옥에 가두고 정권의 힘으로 압박해오는 과정중에 언젠가는 본인에 대한 이야기도 전면에 나오리라는 걸 느끼셨을 거예요. 본인을 지지해주시는 분들도 겁이 날 때가 있다는 표현. '나 부족한 사람이었습니다. 그러나 최선을 다해 살

아왔으니 여러분…… 저 노무현 이해해주세요'라고 말씀하고 싶었던 게 아니었을까? '언젠가는 그런 때가 올 것입니다. 이 노무현이라는 사람을 정권이 다 발가벗길 것입니다. 그럴 때 여러분들, 저 좀 도와주세요.' 이런 마음이 아니셨을까 하는 생각을 요즘에 와서 하게 됩니다.

노사모 분들 만나면 자랑처럼 샤인님 이야기를 하시더라고요.
그때는 그랬죠. (웃음) 정말 아무것도 없던 무에서 만났던 사람들끼리의 끈끈함이 있고요. 제가 힘이 없고 가진 게 없어서 당시에 노사모 활동했던 사람들을 돕거나 하진 못했죠. 그럼에도 그분들이 당시 했던 일들이 얼마나 소중한가에 대해서는 저도 증언해야 하는 입장이 온 겁니다. 노무현 대통령께서 말씀하시고자 했던 것들을 현실 정치인 임병택으로서 계속 이야기할 겁니다. 그럴 각오로 정치를 하게 된 거고요. 지금 시흥시장으로 일하고 있지만 참여하는 시민들이 바꿔내는 세상을 계속 말씀드리고 싶어요.

노무현 대통령의 뜻을, 바통을 이어받아서 달리고 있다고 생각하고 계시나요?

아무래도 노사모 처음 만들어질 때 시작해서 정치적으로 살아남은 사람으로서는 제가 1번이어서 기대감을 더 주시는 것 같아요. 그래서 더더욱 실수하면 안 되고 더더욱 실력으로 증명해야 되고. 부담감도 큽니다. 돌아가신 노무현 대통령께도 저 이만큼 잘하고 있다고 말씀드리는 것일 수 있어서 매일 각오를 새롭게 하면서 일하고 있습니다.

정치하시는 분으로서 노사모 같은 지지자들이 어느 정도 힘이 되나요?

거의 90%죠. 7명의 후보가 치열히 경쟁했습니다. 제가 가장 젊은 후보였고요. 저와 가치와 뜻을 같이하는 시민 그룹이 정말 헌신적으로 도와줬습니다. 그분들이 없었더라면 저처럼 나이도 젊고 경제력도 약한 사람이 그험한 경선을 이겨내지 못했을 겁니다. 꿈과 가치와 목적을 같이하는, 참여하는 시민 그룹들이 저를 지켜주셨기 때문에 기 안 죽고 어깨 쫙 펴고 경선이라는 정치에 임할 수 있었고요. 그래서 더 당당히 승리할 수 있었습니다. 2001년도에 노무현 대통령께서 노사모 모임에 와서 하셨던 말씀인데 아직도 선명합니다. "저 노무현은 공장에서 예쁘게 뽑아내는 기성복이 아닙니다. 맞춤복입니다. 여러분들이 저를 맞춰주세요." 그런 말도 있잖아요. "여러분들께 나눠드릴 전리품은 없습니다, 자부심 외에는." 늘 말씀하

섰거든요. 저도 지지자들에게 그런 이야기를 안 할 수 없는 거예요. 시장이 된다고 해서 한순간에 어떻게 여러분의 경제적인 삶을 바꿔드리겠습니까? 불가능합니다. 여러분들께 드릴 수 있는 건 자부심밖에 없다고 말을 하면 웃으시죠. 그래도 그런 분들이 계셔서 힘을 내고. 그게 바로 노무현 대통령께서 모든 정치인과 정치인 지지자들에게 해주시고 싶었던 말씀 아니셨을까요? 가장 큰 역할을 한 게 노사모라는, 대한민국 정치사 최초의 자발적 시민 지지자 그룹이었잖아요. 본인이 그걸 증명해내신 거예요. 민주당 경선에서 승리하고 대통령 되심으로 인해서. 저는 그분처럼 새로운 사람들이 뜻을 계속 이어가야 한다고 생각하는 겁니다.

당시의 노사모가 지금 시장님 곁에 있다면 시장님은 어떻게 대하실 것 같아요?

대통령이 되셨을 때 조중동으로 불리는 거대 언론과 정치권에서는 노사모로 비롯되는 시민 그룹과 노무현 대통령을 철저하게 분리하려고 했어요. 아주 악의적인 프레임을 짭니다. 노사모는 누구나 가입의 자유가 있거든요. 인터넷 가입만 하면. 그런데 어디서 노사모 회원 출신 누가 사고를 치면 신문에 대서특필됩니다. 국민들이 노사모 하면 왠지 철없는 사람들, 위험한 사람들, 자유한국당에서 홍위병이라는 딱지를 붙이잖아요, 과격한 사람들이라는 이미지가 있는 거죠. 노무현 대통령의 힘의 원천이 시민 참여 세력이었는데 삼손의 머리카락이 잘리듯이 결국은 그것조차 잃어버리신 거예요, 임기 중반에. 노사모 사람들, 시민 참여 그룹들은 자기들끼리 힘들어하고 자부심에 상처받고 대통령은 고립무원 되시고. 그러다가 2007년도 되면서 본인께서 꾸준히 노사모 사람들 찾으셨고 퇴임 이후에 다시 한번 해보자고 말씀하시면서 봉하로 내려가 본격적으로 하시려던 것 같죠. 저는 한 번 학습 효과가 있잖아요, 지켜봤기 때문에. 기존 정치 문화에서 시장에게 요구하는 시장상이 있던 거예요. 시장에게 길들여진 인식이 있는 거죠. 그걸 바꿔보고 싶은 겁니다. 부딪히면서, 그러나 최대한 충격은 드리지 않고요. 저는 쿨하게 극복할 자신은 있거든요. 과격하고 급하게 하진 않고요. 순리대로 자연스럽게 시흥이라는 도시에서 참여하는 사람들이 보람을 느끼고 참여하는 시민들이 주인 대접 받는 자치 정부를 만들어가고 싶은 겁니다.

노사모가 큰일을 했어요. 역사적으로도 보기 드문 대통령을 만들었으니까.
노무현 대통령께서는 노사모가 정당 문화의 대안 세력이 될 수 있다고까지 생각하셨던 것 같아요. 자발적인 지지자들이기 때문에요. 자발적으로 돈 내고 밥 먹고 스스로 생각하고 움직이면서 행동하는 시민 그룹이었기 때문에 이런 사람들이 정당에 들어간다면. 하지만 여전히 1인 지배 정당 체제예요.

노사모는 지금 뭐하고 있나요? 노사모 이제 어떻게 해야 되나요?
2002년 대통령 선거에서 승리하고 나서 노사모 해체 논쟁 있었을 때 그 느낌 그대로입니다. 노사모라는 이름을 가지고 활동하는 것에 대해서 그렇게까지 찬성하지는 않습니다. 다른 분들 인터뷰할 때도 한번 물어보십시오. 2000년부터 지금까지 거의 20년 동안 회비를 내고 있는 사람이 유일하게 제가 아닐까 싶습니다. 노사모 활동하지 않지만 회비는 내고 있습니다. 저의 의무기도 하고요. 새로운 노무현과 같은 꿈을 꾸는, 당장 문재인 대통령이라는 분을 선택하고. 그분들을 위해서 모두가 각자 최선을 다하지 않았을까요? 지난 지방선거에서도 내가 살고 있는 마을의 도지사 후보, 시장 후보를 넣기 위해 각자 또 최선을 다하지 않았어요? 마찬가지로 우리의 도구가 되어줄 정치인이 있다면 그 사람 중심으로 모여서 그 사람과 함께 끊임없는 이어달리기를 해나가야 되지 않을까 생각합니다. 그런 과정에 이름은 전혀 중요하지 않다고 생각합니다.

노사모조차도 노대통령에게 아주 엄격한 잣대를 들이댔던 것 같거든요.
경선에서 승리하시고 지지율이 폭등했다가 김영삼 시계 하나로 지지율이 폭락했잖아요. 내가 이러려고 노무현 지지했냐는 노사모 사람들의 극렬한 비판 의식도 있었죠. 엄청난 반발이 있었습니다. 정치를 너무 최선만 요구하고 천사와 같은 정치를 요구했던 엄격한 잣대 아니었나 생각해요. 그럼에도 부족한 부분을 그대로 믿고 따라줬던 그룹도 있거든요. 마찬가지로 모든 정치인들에게는 정치인의 선의를 믿어주는 지지자들의 존재성이 절실합니다. 저 또한 그렇고요.

노사모 하다가 네가 정치하면 어떡하느냐는 비난도 받으셨을 것 같은데요?
정치 하면 대통령, 국회의원만 생각하는 분들도 많이 계시는데 시장도 정치인이고 시의원들도 정치인들이거든요. 우리의 삶을 직접적으로 바꾸는 가장 중요한 결정을 하는 사람들이 정치인들입니다. 정치인들의 결정이 오차가 적고 현명할수록 세상은 더 좋아지는 거거든. 4대 강을 선택할 것이냐, 말 것이냐의 문제도 같다고 봅니다. 이데올로기적인 문제가 아니고요. 그 재원을 민생 경제에 부었으면 어떻게 되었을까 판단의 문제죠. 마찬가지로 정치란 삶을 바꾸는 너무나 중요한 영역입니다. 그래서 정치하는 사람들의 중요성을 알고 좋은 정치 하겠다는 사람들을 발굴해내 도와주는 문화가 정착되었으면 좋겠고요. 정치인에게 너무 과도하게 기대하는 것 또한 정치를 무너트리는 역할일 수 있다고 생각합니다.

'정치를 아무나 합니까? 그냥 하던 일이나 하시고 사셔야지, 정치는 아무 나 해요?'라고 이야기하면.

아무나 해야 되는 게 정치인 세상이 와야 되지 않을까요? 절절한 삶을 통 해서 체화된 사람들이 아무나 정치해도 좋은 정치 할 수 있는 세상이 정말 우리가 바라는 세상 아닐까요?

노사모 분들에게 한말씀.

안녕하세요. 노사모 샤인입니다. 벌써 20년이 흘렀네요. 살도 찌고 또 많 은 부분이 달라졌지만 마음은 똑같습니다. 어딘가에 계실 우리 노사모, 추 억을 함께하시는 모든 분들. 더 좋은 세상 만드는 데 큰 역할 하고 계시리 라고 믿고 있고요. 저는 지금 정치를 하고 있고 시장으로 일하고 있습니 다. 20년 전에 만났던 첫 마음 간직하고 열심히 선한 정치 하도록 하겠습 니다. 열심히 하겠습니다. 고맙습니다. 🎤

4부

퇴임

退任

민주주의에 완성은 없을 것입니다. 그러나 역사는 끊임없이 진보합니다. 우리 민주주의도 선진국 수준으로 가야 합니다. 그리고 거기에 만족하지 않고 성숙한 민주주의를 이뤄가야 합니다. 민주주의의 핵심적 가치인 대화와 타협, 관용, 통합을 실천해야 합니다. 미래를 내다보고 민주주의의 완전한 이상과 가치를 실현하기 위해 끊임없이 노력해나가야 합니다. 민주주의 최후의 보루는 깨어 있는 시민의 조직된 힘입니다. 이것이 우리의 미래입니다. 우리에게 역사의 과제가 남아 있는 한 노사모는 끝날 수 없습니다. 노사모는 노무현을 위한 조직이 아닙니다. 세상을 사랑하는 사람들이 보다 나은 세상을 만들기 위해 만든 모임입니다. 한국 민주주의, 새로운 역사를 위한 모임입니다.

저도 임기를 마치면 노사모가 될 것입니다. 여러분의 친구로 돌아갈 것입니다. 그때까지 저는 대통령으로서, 여러분은 깨어 있는 시민으로서 최선을 다해 나갑시다.

_'제8회 노사모 총회 축하 메시지'에서(2007년 6월 16일)

오늘 이 자리에 와서 보니까, 대통령 5년간 가장 보람된 시간이 무엇이냐 혹시 누가 묻는다면 저는 이렇게 대답할 랍니다. 마치고 고향 내려가서 고향사람들하고 그리고 내보고 잘했다 말하는 사람들하고 다 함께 모셔놓고 귀향보고 했던 순간이라고 말하고 싶습니다. 고맙습니다. 저는 실패할래야 실패할 수가 없습니다. 여러분이 계신데 제가 어떻게 실패할 수가 있습니까.

제가 당선될 때 제가 받은 표가 전체 유권자의 34%였습니다. 3분의 1이지요. 3분의 1 플러스 눈꼽만큼 그게 제 표였습니다. 그러니까 3분의 1만 저보고 잘했다고 하면 본전이지요. 5년이 지났는데 본전 안 잃고 다시 이 자리에 와서 이렇게 보고할 수 있다는 것이 얼마나 행복합니까. 참으로 행복합니다. 제가 5년 전에 여러분께 공약했던 내용을 기억하고 계십니까. 개혁한다고 했지요. 했지요? 했으면 됐지. 그치요? 제가 경제 살리겠다고 말이나 했습니까. 말 안 했지만 당연히 잘해야요. 당연히 잘해야 하는데 7% 못해서 죄송합니다. 7% 못했으면 65%라도 해야 하는 거 아닙니까. 죽을똥 살똥 했는데 안 됩디다. 이 순간 어찌하면 되겠냐고 아무리 가르쳐달라고 해도 아무도 안 가르쳐줍디다. 투자를 많이 하게 해라. 그래서 어떻게 하면 투자를 많이 하겠습니까 물었더니 출총제 폐지해라. 그런데 자세히 연구해보니 출총제와 관계가 없다고 합디다. 이것저것 있는데 다 짚어봤습니다. 다 짚어봤는데 투자를 잘하게 하는 방법은 제가 지금까지 했던 방법. 혁신, 개방, 균형, 사회투자, 사회적 자본, 그리고 평화. 한 개 빠졌네요. 교육. 잘된 것도 있고 안 된 것도 있지만 원칙대로 했습니다. 그래서 6% 못했지만 여러분 정권을 넘겨줄 때 오르막 경제를 넘겨준 최초의 대통령이 되었습니다. (…)

가장 어려울 때 저를 지켜주었습니다.
여러분이 그랬듯이 어려울 때 친구가 친구고,
어려울 때 견디는 정치인이 진짜 정치인입니다.
여러분 제가 말 놓고 한마디 할까요.
제가 오늘 딱 말 놓고 하고 싶은 말 한마디 하겠습니다.
야~ 기분좋다.

_'봉하마을 귀향 환영행사'에서(2008년 2월 25일)

바보를 좋아하는
바보

경주아빠 박태균

닉네임은 '경주아빠'입니다. 제 아들 이름이 경주입니다. 아들을 낳기 전에 이름을 지어놓고 노사모를 시작해서 경주아빠라고 닉네임을 지었고, 우리 아들이 노대통령같이 되기를 원하는 마음으로 경주아빠라고 했습니다. 대통령같이 불의에 항거하고 자기 소신이 뚜렷한 사람이 되기를 바라는 마음에서 그랬습니다. 노마아빠, 홍진아빠 등 여러 아빠들이 닉네임으로 사용하는데 아빠라는 단어를 닉네임으로 쓴 건 제가 처음입니다. 다른 분들이 저보고 제 이름을 부르는 게 아니라 '경주야' 부릅니다. 제 닉네임이 경주아빠인데 경주아빠라고 부르는 것보다 '경주야' 부릅니다. 아들 이름이 많이 불림으로써 더 잘되길 바라는 마음도 있겠죠. 아들도 가입한 걸로 보면 노사모 초창기에 최연소 회원이죠. 낳은 지 일주일 만에 가입했어요. 그뒤로는 많이 늘었는데 아들 낳고 며칠 만에 주민등록번호 나오니까 아내의 동의하에 가입했습니다. 아들을 낳고 가입했다고 또 얘기도 했고, 아들 돌잔치에도 노사모 회원들이 와서 축하해주기도 했어요. 당시 노사모의 자랑이 아니라 제 스스로한테 좋아하는 노무현 대통령 노사모의 회원으로 가입한 걸 자랑스러워했습니다. 노사모 회원들이 2000년 초창기에는 많이 없었습니다. 한 명이라도 더 늘리고 또 가입한 사람들이 주변 지인들에게 전화해서 배가운동을 했습니다. 집행부에서도 그렇고 목표를 세웠죠. 인원을 많이 늘려서 뭐 하려는 게 아니라 노무현이라는 사람을 알리려면 어느 정도 인원이 확보가 돼야 게시판도 활성화되고 우리가 하고자 하는 걸 원해서 인원배가운동을 많이 했었죠.

주변에서 아이를 노사모 회원으로 가입시킨다고 했을 때 뭐라고 들으셨어요?
저희 애기 엄마는 공무원이다보니까 반대는 안 했어요. 뭐 지금도 노사모

하는 걸 나쁘게 생각 안 하고 그렇다고 자랑스럽게 생각하지도 않습니다. 공무원이다보니까 의견 표현이 적어서요. 하지만 충분히 논의를 했고 가입한다고 얘기를 했고 잘했다고 얘기를 들었죠. 처가나 우리집에도 다 얘기를 했고요. 그때는 노사모라는 것 자체가 많이 알려지지 않을 때여서 2000년, 2001년도에는 경선이 없었으니 사람들의 관심이 많이 없었죠. 가입했다고 해도 그냥 그런가 보다 하셨어요. 제 장인이 교장 출신이다보니 그런 색깔을 표현하는 걸 별로 좋아하지 않으셨지만, 이 단체가 그냥 그저 그런 단체로 있을 때라 관심이 별로 없었죠.

미장원에서 잡지를 보다가 노사모를 시작하셨다고요?

그때 2000년이면 군대 제대하고 대학교 3~4학년 때라 미장원에 다닐 땐데 노무현 대통령의 기사가 좀 났었어요. 5공 청문회에서의 노무현 대통령이 강렬하게 각인이 돼 있었는데. 어떤 잡지인지는 기억이 안 나요. 노사모에 대한 게 나와서 당장 가입을 했죠. 온라인 오프라인 통틀어서 모임을 지금도 딱 하나, 노사모 이외에는 하나도 하는 게 없습니다. 노사모가 처음이자 마지막으로 하는 모임입니다. 근데 거기 대통령의 그 청문회 때 그 봤던 게 너무, 제가 군대 내에 있으면서 너무 강렬했던 게 기억에 남아 자극이 많이 됐었죠. 잡지에 노무현이라는 정치인이 선거에 떨어졌는데 그를 좋아하는 사람들이 노사모라는 모임을 만들었다고 나왔었어요. 제가 원래 잡지를 잘 안 보는데 게다가 여성지라서 안 봤는데 대통령, 그때는 노무현, 그 노무현씨라고 했나. 노무현 변호사에 대한 내용이 나온 거예요. 밑에 짧막하게 좋아하는 사람들이 만든 게 노사모라고 나오더라고요. 그걸 보고 커뮤니티에 가입을 하게 됐죠.

노무현 대통령의 어떤 점이 끌리셨어요?

지금 생각해보면 돌직구? 밀어붙이는 불도저 같은 그게 저하고 코드가 맞는 것 같아요. 타협하지 않고 정도라고 생각이 들면 과감하게 밀고 가는, 그런 게 제 마음에 와닿았던 것 같아요. 지금은 나이가 50이 넘어가니까 잠시 뒤돌아보지만 30대에는 정말 그게 먼저였던 것 같아요. 그 강연에 항상 하시는 게 이렇게 먼저 나와서 부딪히고 올바른 길이면 끝까지 나갈 수 있는 그런 걸 많이 얘기하셨거든요. 논리정연하게 말할 수 있는 정치인은 노무현 대통령밖에 기억나지 않습니다. 왜냐하면 제가 좋아해서 또 그렇게밖에 안 되는가 모르겠는데. 광주의 아픔에 대해 직접 목격했던 사람으로서 청문회에서 그렇게 질문을 하고 논할 수 있다는 게 감명이었죠. 광주 국회의원이 그랬다고 하면 당연히 광주 사람이니까 했다고 하겠지만 노무현 대통령은 지역이 이쪽이 아니지 않습니까? 그 아픔을 모르심에도 불구하고 그걸 논리정연하게 얘기를 하고 '원칙과 상식이 아니다'라고 얘기를 했다는 게 기억에 많이 남았죠.

아이는 별말 안 하나요? 이제 좀 꽤 컸을 것 같은데.

지금도 노사모 회원인 것을 알고 있습니다. 이제 고2거든요. 대통령 퇴임하시고 오실 때도 제가 봉하마을에 데리고 갔습니다. 훌륭하게 끝내고 고향으로 귀향하시는 모습이 정말 자랑스러웠죠. 끝나시기 전에는 청와대 가서 개인적인 건 아니지만 면담하면서 같이 사진도 찍고 손도 한번 잡아주셨기 때문에 더욱 데리고 가고 싶었죠. 어렸을 때부터 계속 얘기했어요. 중학교 때부터 얘기한 것 같아요. 초등학교 때는 잘 모르니까. "너는 노사모 회원이다. 아빠가 가입했다." "왜 했어?" "내가 좋으니까 너도 하라고 해서 내가 했다." 편하게 얘기했습니다. 이해하기에는 아직 어려서. 저는 그냥 있는 대로 얘기하는 성격이라. 훌륭한 대통령 앞에 이름이 들어갔다는 걸 영광으로 생각하라는 이야기를 했어요. 봉하마을 박석에 애들 이름, 경주, 주영을 넣었지, 제 이름이나 애기 엄마 이름은 없습니다. 쟤들이 커서 결혼을 할 거 아닙니까? 자식 낳으면 자식들도 데리고 와서 내 엄마 아빠 이름이 여기 있다는 걸 보여줘라. 저는 그렇게 얘기했었습니다.

박석을 특별히 계속 보라고 하는 이유가 어떤 건지.

글쎄요. 뜻은 모르겠어요, 이제. 일단 애들이 여기에 참여했다는 것에 의미를 첫번째 뒀고요. 애들이 대통령이 되는 걸 바라는 건 아니지만 대통령이 추구했던 것, 지역감정 해소, 동서 화합을 배우기 바랐어요. 옛날부터 제일 좋아했던 게 대통령이 생각했던 동서 화합이었거든요. 이 작은 나라에서 동서로 나뉘어서 사는 걸 저는 굉장히 싫어합니다. 아들한테 당장 설명하는 건 참 어렵습니다. 이렇게 훌륭한 대통령 박석에 아빠, 할아버지, 할머니가 너희들도 이렇게 훌륭하게 되라고 이름을 넣었다고 제가 얘기를 한 걸 자식들한테 얘기하길 바라는 거죠. 그런 마음으로 아들하고 딸 이름을 넣었죠.

노사모에서 주로 무슨 일을 많이 하셨어요?

허드렛일을 많이 했습니다. 인원이 많다보니까 회원들 간의 트러블이 많았습니다. 또 여자 회원들이 젊은 친구들이 많아서 애로 사항도 들어주고 문제되는 회원들 정리도 해주고. 실례로 고문만 한 2년 한 것 같아요. 이제 집안의 일 때문에 도저히 대표를 할 상황이 없었고 하게 되면 몰입을 해야 돼서 뒤에 남아서 부족한 부분만 하겠다. 이렇게 노사모 활동을 하게 됐습니다.

제일 기억에 남는 활동이나 순간이 있으신가요?

대통령께서 서거하시고 봉하마을에 1주일 있었습니다. 토요일 출근하는
데 라디오에서 서거 소식이 나오는 거예요. 광주에 있는 친구와 통화해서
봉하에 가자. 바로 1시경에 출발해서 1주일을 있었습니다. 그 친구는 하
루만 있다 오고. 그때가 아무 생각이 없었던 것 같아요. 지금도 어떻게 일
주일 있었는지 기억이 안 나요. 아무 정신 없이 그냥 차 사이에서 일주일
을 잤으니까요. 노사모 하면서 좋았던 일도 많았지만 좋았던 일은 남들한
테도 좋았던 일이기 때문에, 저한테 가장 충격이고 기억에 남는 건 서거였
다고밖에 말씀드릴 수가 없어요. 못 지켜드려서 안타까울 뿐이죠. 제 개인
역량으로 할 수 있는 게 아무것도 없다는 게 참 슬펐죠. 노사모 회원들 모
두 마찬가지였을 겁니다. 노사모가 대통령을 만드는 데는 일조했다고 보
지만 그 이후로는 노사모 내부에서도 노사모가 대통령한테 부담이 되진
않아야 한다는 의견도 많았습니다. 그래서 노사모 하면서 권력의 핵심에
간 사람이 아무도 없었습니다. 또 원하지도 않았고요.

노사모에서 제일 기뻤던 건 언제예요?

대통령 당선이죠. (웃음) 그런데 대통령 당선보다는 3·16 광주 경선이 정말 전율이었죠. 현장에 노사모 분들이 많았지만 저한테도 정말 가장 기쁜 날이었어요. 만약에 대통령이 안 되셨어도 광주에서 1등 한다는 거는 정말 기적에 가까운 일이었거든요. 제가 그 앞에 앉아 있었는데 그게 기억이 나는 거예요.

탄핵 당시 노사모 분위기는 어땠나요?

노사모도 성향으로 보면 2000년, 2001년 초, 대통령 후보 경선 전, 경선 후, 대통령 당선 후, 이런 식으로 나눠진다고 봅니다. 3·16 경선 후 급격하게 늘어났거든요. 그래서 대통령의 속뜻을 이해 못하시는 분들이 있다고 보거든요. 파병도 정치적인 고려지만 대통령이 혼자서 할 수 있는 게 아무것도 없잖아요. 하시고 싶어서 한 건지 아닌지를 모르는 거예요. 사람들이. 그걸로 데모하고 대통령 시켜놨더니 파병시킨다. 그래서 노사모를 지지했던 사람들이 비판 글을 올리고 등돌린 분들이 참 많았죠. 초창기 멤버들에서는 거의 없었습니다. 이탈도 없었고요. 그런데 대통령 당선 후 가입하신 분들이 좀 많았어요. 경선 과정에 들어와서 목소리를 높이신 분들이 계셨고 정치적인 성향이 강하신 분들이 많았습니다. 초창기 멤버들은 정치적인 성향보다는 노무현이라는 정치인이 불쌍해서 들어오는 분들이 많았어요. 대통령이 저렇게 지역감정 타파하다, 저렇게 좋은 분이 이런 말도 안 되는 걸로 떨어지니까 모여서 한번 응원하자. 이 개념이 노사모가 된 거거든요.

덕평에서 노무현 대통령이 "나는 청와대 들어가면 노사모 여러분들이 뭘 하시겠습니까?"라고 물으셨죠?

'감시'라고 답했죠. 그러니까 "여러분 말고도 감시할 사람 많습니다"라고 말씀하시더라고요. 노사모가 그렇게 순수하다는 거죠. 바로 감시라고 말하는 건 정말 대통령 지지했던 사람들다운 답변이라고 생각해요. 만약에 지금 상태에서 우리가 이런 걸 겪어왔다면 "무조건 지지할 겁니다"라고 했을 수도 있겠죠. 그런데 그때는 처음으로 모임이 만들어졌고 대통령한테 바라는 게 너무 많았었죠. 원리 원칙, 동서 화합, 이런 게 많았으니까 더더욱 그렇게 얘기했을 수도 있었겠죠. 저 같아도 감시라고 얘기했었을 수밖에 없었으니까요.

문대통령도 만약에 바꿔서 했다고 하면 그렇게 얘기를 안 했겠죠. 대통령의 힘이 필요한 걸 이젠 알잖아요. 그래서 문대통령한테 절대적인 지지를 실어주는 거잖아요. 당시에는 그걸 몰랐죠. 우리가 뽑아놓은 대통령이 정말 잘하기를 바라고 정말 깨끗한 정치를 하길 바랐는데 너무 앞서갔던 거죠. 너무 빨리 나타나신 거라고 저는 봐요. 그런데 희생을 했기 때문에 또한 바뀌었다고 볼 수 있는 거죠.

광주 지부 경선 1위 하면서 어깨에 힘이 좀 들어가진 않았나요?

바로 다음 경선이 있잖아요. 정신이 없었죠. 나중에 끝나고 자부심은 있었지만 노사모의 특징이 그걸 자부심으로 생각하고 어깨에 힘줄 사람은 아무도 없었어요. 시스템이 또 그렇게 안 됩니다. 광주 사람만 하는 게 아니라 전국에서 다 모였었어요. 그 한 사람 한 사람이 다 밀알이 돼서 일을 하게 만든 거지, 광주 사람 몇 명이 한 건 아니거든요.

요즘 정치인 팬클럽이 많은 것 같습니다.

저는 노사모 했던 게 자랑스럽습니다. 옛날에 대통령이 잘못했다고 해도 저는 당당하게 노사모 하고 있다, 노사모 한다고 얘기했습니다. 저희가 잘못한 게 없으니까요. 시작이 좋았으면 끝도 참 아름답게 마무리됐으면 역사의 큰 틀로 남았을 건데, 아직도 존재하면서 다른 아류의 문팬, 박사모가 나왔던 게 좋은 쪽일 수도 있지만 한편으로는 나쁜 선례가 되는 것도 안 좋습니다. 정치인들이 무조건 만들어버리고 보니까. 노사모는 대통령이 세력화하려고 만든 게 아니었거든요. 정말 순수하게 자발적으로 개인들이 만든 건데 지금은 보좌관들이, 일반인들이 만들고 이용하는 것 때문에 노사모하고 다르다고 봅니다.

노사모 시절 뜨거웠던 자신에게도 좋고 노사모 회원들에게 한마디.

가장 어려운 질문인 것 같습니다. 그냥…… 노사모 회원들에게 한마디요. 서로 이해하고 대통령의 뜻…… 뭐라고 해야 될까, 서로 사랑하고 행복하게 했으면 좋겠습니다, 싸우지 말고……

마지막으로 노사모 가입 시기가 점점 다가오는 딸 주영이에게 한말씀.

주영아, 너는 노사모 가입 안 해도 되는 좋은 나라에 살게 해주고 싶은데 그게 어려울 것 같다. (웃음) 미안하다. 아직도 노대통령이 꿈꾸는 사회가 안 됐지 않습니까. (웃음) 저는 그게 더 미안합니다. ◾

저는 여러분을 배반하지 않습니다. 여러분들께서 제게 사랑을 주시기 전부터 저는 여러분들 편에 섰습니다. 거기 금배지 달기 쉬운 자리라서 선 것도 아니고 거기 돈이 생겨서 선 자리도 아닙니다. 서야 할 자리 우리가 차별 없이 모두 하나로 뭉쳐서 화합해야 될 자리이기 때문에 저는 거기에 섰습니다. 그렇게 하면서 이제 십수 년이 지났고 이제 여러분들이 저를 대통령 후보로 만들어주셨고 또 대통령까지 만들어주시는데 제가 왜 여러분들을 섭섭하게 해드리겠습니까? 정말 저는 꼭 빚을 갚겠습니다. 꼭 보답을 하겠습니다.

_'전북 선대위 발대식 연설'에서(2002년 11월 11일)

시키면 시키는 대로 하지,
말이 많노

아기물고기 조희정

'아기물고기'란 닉네임을 쓴 조희정입니다. 이름도 여자 이름이고 다들 여성 회원으로 인식하고 있었으나 보시다시피. (웃음) 예전엔 덩치가 더 컸거든요. 지금 많이 슬림해진 상황이고요. 첫 등장부터 다들 뜨악했었고 활동하면서도 유별나다는 이야기를 많이 들었었습니다. 그런 이야기 많이 하지 않습니까? 낚시를 안 했으면 빌딩을 샀을 거다. 그런 정도로 열심히 낚시하러 다니다보니까 결국에 베이트피시, 아기물고기들이 많이 있는 곳, 그런 환경적인 어떤 것들이 필요하다. 그래서 평소에 다른 커뮤니티, 낚시 카페나 이런 데서 아기물고기 닉네임을 쓰다가 그대로 가져온 거죠.

주로 오프라인 활동을 많이 하셨죠.

제가 처음 온라인에서 오프라인으로 넘어왔던 계기가 광주 경선 날이었습니다. 제가 운동권 출신도 아니고 제 생에 첫 광주를 가본 날이고요. 여기도 갔다 저기도 갔다 두리번두리번하고 있는데 저를 알아보는 사람도 없고 제가 아는 사람도 한 명도 없고. 사람들이 많이 모여 있는 공간이 아니라 주차장 가는 외진 곳에 어떤 한 분이 팸플릿 하나를 들고 막 우시는 거예요. 제가 지금 그 얘기만 하면 목이 메거든요. 그러니까 다른 지역 분들은 사회에 관심이 있고 운동권 마인드가 있으신 분들이 그런 얘기 많이 하시잖아요. 광주에 대한 부채의식. 어쨌든 이 영남 정권에 부산에 산다는 것. 저로서는 광주에 대한 부채의식 이런 게 있었던 것 같습니다. 그 양반이 제가 그날 뵙고 그 이후로 뵌 적은 없어요. 노무현 그 팸플릿 하나를 들고 그냥 펑펑 울면서 "노무현 한 표 부탁드립니다" 하는 거예요. 동원된 아줌마들, 광주 아줌마들, 한복 입고 올라온 아줌마들이 이 사람을 보면 좀 이상하잖아요. 찌라시 하나를 들고 그것도 울고 있다. "아저씨 왜 우는교?" 이렇게 했겠죠. "내 부산 사람인데 광주 오면 이렇게 눈물이 납니다." 거기 계신 아주머니들이 같이 우시는 거예요. 수십 명이 부둥켜안고. 그 장면을 본 사람은 저밖에 없는 것 같아요.

비현실적인 이야기입니다.

제가 뭐라고. 노가다 해서 돈 잘 벌고, 그런 활동 해본 사람도 아니고 경험도 없어요. 왜 뉴스에 관심 있고 노무현을 좀 좋아하는 정도 수준이고 내면에 이제 세상이 바꼈으면 좋겠다고 하는 뭔가는 있었겠지만, 그 장면이 없었으면 사실 그날로 끝냈을 거예요. 아니면 광주터미널 가서 버스 타고 부산 내려왔든지. 노무현 잘돼서 좋겠다 하고 박수치고 부산 내려왔을 건데, 그때 그 장면을 보고서 결과적으로 인생이 많이 바뀌었죠. 그날 결국에는 구호를 하게 되더라고요, 자연스럽게. 얼마나 큰 샤우팅을 했으면 한 일주일 동안 말을 못했어요. (웃음)

어쩌다가 가입하게 되셨어요?

저는 건설업자인데요. 형님이랑 동업해서 사업하는 상황이었고 여러 현장을 관리하다보니까 운전하는 시간이 많고 라디오를 항상 켜고 다녔어요. 그 라디오에 노짱님이 나왔는데 앵커가 물었죠. "팬클럽 있다면서요?" 근데 그전의 목소리 톤이랑 팬클럽 이야기가 나왔을 때 목소리 톤이 달라지시더라고요. '세상에 희한한 사람들이 있더라, 자기 돈 내고 정치 이게 뭐라고 모여가지고 자기들끼리 지지고 볶고 싸우기도 하고 내 말도 안 듣고……' 그 이야기를 듣고 노사모가 있다는 걸 알게 됐고 그게 광주 경선 1년 전쯤이에요. 그때 가입하고 눈팅만 1년 했지요.

그 경선 때 밴드 연습실 이야기를 좀 해주시겠습니까?

밴드 연습실이 없어서 뭘 못하겠다고 하니 그럼 내가 (웃음) 다 필요 없고 당장 만들어줄 테니까 해라. 합시다. 이렇게 된 거죠. 하여튼 뭐 어찌어찌 해서 한 분이 공간을 구했어요. 지하 연습실에 가보니까 정말 뭐 다 썩어 있고 엉망진창인 거죠. 그래서 누구를 부르고 자시고 할 만한 시간적 여유도 없고 당일 철거를 시작해서 혼자서 원맨쇼로 (웃음) 자재 시키고 사람 부르고 한 3일간에 걸쳐서 연습실을 만들었죠. 노사모를 하면서 우리가 뭔가 좋은 일을 하자고 하는데 욕 들어선 안 된다는 기조가 있는 거죠. 드럼이나 앰프 소리에 민원 걸리면 안 되니까. 인터넷 찾아서 방음을 어떻게 가장 저렴하게 할 수 있는지 그 짧은 시간에 연구해서 계란판 붙이고 뭐 샌드위치 패널에 회원들한테서 집에 안 쓰는 담요들까지 다 공수해와가지고 붙이고 해서 큰돈 안 들이고 몸으로 때워서 연습실을 만들었던 기억이 있습니다.

아무것도 모르고 그냥 해야 된다 해서 했다.

저는 고졸입니다. 고졸이고 운동권 논리나 학습에 대한 과정이 없었습니다. 제가 현장맨이기 때문에 고2 때부터 저는 소위 말하는 노가다판에서 빡세게 일을 하는, 거기에서는 노가다 천재 소리를 듣는 정말 잘나가는 노가다꾼이었습니다. 돈도 잘 벌고. 그런데 현장이라는 게 치열하지 않습니까? 그 안에 모순도 보이고 대기업이 이윤을 다 가져가고 3차, 4차 하도급 정도를 제가 하는 거니까, 제가 가져오는 예산은 한 절반 이하에서 단가 맞춰 먹는…… 맞춰 먹을 때는 어떻게 요즘은 아니지만 새벽 5시 출근해서 저녁 7시 퇴근해요. 6시쯤 작업 시작을 해서 해가 넘어가는 한 7시, 8시까지 해가 긴 날은 작업을 더 해야 경쟁력이 있는 업자가 되는 거죠. 쉬운 일이 아니잖아요.

제가 왜 이렇게 말씀드리느냐면 게시판 이야기로, 그러니까 학습되어 있지 않은 시민들이 모여서 그냥 상식과 원칙이라는 단어 두 개만 붙잡고 노무현에 투영해서 뭔가 해보자고 한 거죠. 그래서 거기서 운동권의 용어라든지 논리라든지 전략을 이야기하는 사람들이 많았었거든요. 내가 학생운동 할 때 이렇게 했다. 인문학 책들, 뭐 사회 공부한 책들에 나온 이야기들을 하면 다 까이는 거예요. 먹히질 않는 거예요. 시시족이라는 이야기도 많이 했거든요. 시키면 시키는 대로 하지, 말이 많노. 실전이 우선이고 경선이나 이럴 때는 '노무현의 가치가 정치에 어떻게 투영되고 어떤 방식으로 펼쳐질 거다'라는 논리보다, 당장 내 이웃들, 내 친구들, 내 주변 사람들에게 경선 참여 용지를 어떻게 전략적으로 받을 건지에 대한 논의. 어차피 총회는 동의하니까 왔던 사람들인데 잔소리 필요 없다. 종이 쪼가리 많이 모아오고 많이 써내는 사람들이 이기는 구조, 게시판에서 박수받는 구조. 거기에서 자타 공인한 최고봉이 미키루크형인 거고, 저는 흉내내는 사람이고, 그런 거죠.

자기 돈 들어가고 자기 몸 들어가는 데잖아요. 왜 그렇게.

내가 노사모나 노무현을 위해서 뭘 한 게 아니라 내가 노무현을 당선시키고 싶으니까 내가 세상을 바꾸고 싶으니까 내가 우리 회원들을 이용하고 노사모를 이용하고 노무현을 이용한 거죠. 그래서 내가 도와주고 헌신했다고 이야기하지 않는 겁니다. 너 인생에 가장 중요한 시점이 언제냐? 농담처럼 제가 요즘 그런 얘기 몇 번 해봤는데요. 초등학교 6학년 주번을 처음 한 날이다. (웃음) 실내화를 신고 들어가는 학교여서 실내화를 안 가져온 애들은 신발을 들고 맨발로 들어가야 돼요. 주번이 월요일 아침에 그거

지켜보라고 있는 거예요. 그런데 어느 총각 선생님이 구둣발로 들어가시더라고요. 저한테 주어진 임무가 있으니까 구두 벗고 들어가시라고 했는데 "뭐야?" 무심결에 툭 치고 들어가시더라고요. 제가 교무실까지 따라가서 말했죠. 그래서 쥐어박히고 손 들고 벌서라 해서 벌서고 있는데 속으로 '이 새끼들 봐라'. 선생님에 대한 존경심이 아니라 이런 생각을 제가 제대로 한번 했었던. 그날의 기억이 강하거든요. 이제 그것이 사회생활 하든, 학교생활 하든, 사업을 하든, 노사모 활동 하든, 그 기조를 제가 벗어나지 않는 것 같아요. 그러니까 이건 뭐 논리로 얘기할 필요가 없이 그냥 제 스타일인 거죠.

부모님이나 형님이랑 같이 사업을 하셨다고 하셨는데 반대나 이런 건.
어렸을 때부터 나름 독특한 캐릭터여서 그런지는 모르겠는데 제 어머니가 이제…… 어릴 때부터 공부하라는 소리를 안 하셨고 한 백만 번쯤 하시는 말씀이 하나 있어요. "네가 싫으면 남도 싫다. 그런 거 하지 마라." 제가 뭘 하는 것에 대해서 반대하거나 일절 그런 거 없으셨어요. 사업하다가 접어도 저희 형이 얘기를 한 번도 안 했어요. 그러니까 결국에 제가 총선, 대선 끝나고 이제 돈 벌러 가려고 했는데 미키루크 형이 또 총선까지 해야 된다고 해서 총선 끝나고 이제 회사로 돌아가니까 (웃음) 부도가 20억이 나 있던데요. (웃음) 근데 그 지경이 날 동안 형이 '회사가 어려우니까 너 돌아와야 된다' 이야기를 안 했었어요. 이 양반은 부도가 나서 다 떠내려간 상황이었어도 어른들 생활비 한 달에 백만 원씩 못 넣으면 죽는 거예요. (웃음) 저희 형 같은 경우는 원래 둘째인데 어릴 때 형이 물놀이 사고로 먼저 가서 아주 특유의 장남 트라우마가 있는 양반이에요. 자기가 안 짊어져도 되는 짐을 짊어졌다고…… 하여튼 과하게 뭘 하는 양반이에요.

부산에서 친구도 있을 거고 또 사업하려면 한나라당.

일단 돈 버는 데 가서 정치 얘기는 안 하는 게 기본 상식이니까 별문제 없었는데 친구들이 문제가 좀 있었죠. (웃음) 제 주변에 있으면 주변 사람들이 참 좋습니다. 온갖 뒤치다꺼리를 제가 다 하는 굉장한 오지라퍼이기 때문에 어릴 때부터 친구들이 사고를 치면 수습을 제가 합니다. 과한 상황이긴 한데 신혼인 친구 집에 보일러가 고장났습니다. 그러면 새벽에라도 공구 들고 보일러 고쳐주러 가는 거예요. 그렇게 친구들하고 제 관계가 세팅돼 있는데, 정몽준 뜨고 나서 친구들 곗날에 모였는데 축구 좋아하는 녀석이 "이번 대통령 정몽준 해야 되는 거 아니야?" 이렇게 말하더라고요. 거기서 "야이씨, 그래도 희정이가 노사모 하는데 노무현 한다는데 그런 말 하면 안 되지"라고 말하는 녀석이 한 놈도 없었고요. 다 정몽준 하면 좋겠다고 호응하더라고요. 그날이 제가 그놈들 본 마지막날입니다. 네. (웃음) 제 결혼식 때도 왔었던데. 이제 노가다를 하고 고졸이고 한데 〈한겨레〉을 들고 다니고 〈말〉지를 읽고 뭐 이런 거예요. 이제 그걸 친구들이 잘 알아요. 사회에 대해서 늘 그런 얘기만 하는 친구니까. 그런데 내 앞에서 그 시기에 정몽준을 이야기했는데 호응한다, 저는 내가 이 인간들을 다시 보면 안 된다. (웃음) 시간 아깝다. 이게 결론인 거죠.

노사모에서 만난 커플이죠. 사모님 이야기를 잠깐 해주실 수 있나요?

대선까지 한 번도 얼굴 본 적이 없어요. 저는 동래, 금정, 양산에 이제 지역장 대표 일꾼으로 지역에서만 열심히 했었고. 부산대학을 끼고 있다보니까 다른 지역하고 좀 다르게 2030이 주류인 아주 재미난 지역이었고요. 아내는 북구 쪽에 있어서 소나무님과 포장마차나 이런 활동으로 나름 열심히 했던 친구인데 얘기만 알고 있었지, 엮일 일이 잘 없었습니다. 대선 끝나고 광주 5·18 행사에 갔었거든요. 다들 슬픈 일로 가지만 당선 이후의 대통령 얼굴을 본다고 들뜬 마음을 하고 갔었죠. 2002년에 광주 경선 때 가고 망월동을 처음 간 날. 주변에 있는 회원들은 소풍 온 느낌으로, 근데 한 사람이 딱 울더라고요. 그게 아내입니다. 망월동 묘에서 막 울음을 못 참는 한 사람. 뭐 그게 가장 인연이 됐던 계기인 것 같아요.

광주에서 우는 분을 좀 좋아하시는 것 같아요. (웃음) 퇴임도 하시고 다시 봉하마을로 돌아오시고 그럼 서거 날 기억나십니까?

서거 날…… 이렇게 얘기하면 주변 사람들한테 제가 맞아 죽을 것 같긴 한데 저는 혼자 그런 생각을 좀 했었어요. 선택하실 것 같다는 생각을 했었고요. 정말 외람된 말이지만 집에 상복을 준비하고 있었어요. 뭐 상복이라 봐야 검은, 검은 재킷이죠. 장례식이 한창이던 일요일 정오 무렵에 폭우가 엄청 쏟아졌는데 그 줄이 흐트러지질 않는 거예요. 그날 비 온다고 예상을 못했거든요. 아무도 우산 들고 있는 사람 없었어요. 그 상황에 제 눈에 꽂힌 장면이 있습니다. 뭐냐면 참여정부 때의 청와대 관계자들이 처마 밑에 비를 피하고 자기들끼리 표정이, 제가 볼 때는 '와, 대박이다. 사람이 어떻게 이렇게 많이 오나' 이런 표정. 제 공감의 영역에서 생각한다면 참여정부의 녹을 먹었던 사람 정도라면 처마 밑에 있을 수 없고요. 또 아이든 여자든 비를 피할 만한, 뭐 하다못해 신문 한 장이라도 전하려는 그 몸가짐이, 마음가짐이 있어야 된다고 생각하거든요. 수십, 그 수만 명이 폭우를 피할 공간이 없는데도 조문하는 줄이 흐트러지지 않는데 관계자란 사람들은 비를 피하고 있다는 거죠. 저는 참여정부의 끝을 알리는 딱 한 장면을 그렇게 규정하고 있어요.

많은 노사모 동지들, 한말씀.

아기물고기입니다. 부산 진보 동부의 대표 일꾼이었던 아기물고기입니다. 우리 지역에 선배 분들도 많이 있었지만 당시에 대학생이었던 그때의 친구들 보고 싶네요. 그날 이후 한 번도 본 적이 없는 것 같은데 어떤 마음으로 노무현을 대통령을 만들었는지 내가 잘 아는데 그 이후의 세상이 당신들이 바랐던 세상이 만들어지지 않은 그 회한이 너무 컸던 것 같고 당신들이 지금 어떻게 다들 살고 있는지 많이 궁금하네요. 보고 싶습니다. 네. 미안합니다. 💬

여러분 정말 감사합니다.
뭐라고 말로 다 표현할 수가 없습니다.
여러분들께서 저를 자꾸 울립니다.
오늘은 저 울지 않습니다.
그러나 가슴속으로 눈물이 흐릅니다.
_'국민참여운동본부 광주전남지역 발대식'에서 (2002년 10월 13일)

더러운 정치판에 대한
부끄러움, 미안함

21세기 민호영

노사모 닉네임 '21세기'입니다. 올해 쉰하나고 민주당 당직자로 3년째 근무하고 있고요. 노사모는 경선 시작할 때 2002년 1월인가 2월에 가입했습니다. 서른에 대학을 늦게 졸업하고 학원을 운영하면서 자리잡아가던 시기였어요. 어느 정도 안정되니 바깥을 보게 되더라고요. 주말 봉사 활동을 찾으려고 했어요. 2002년 어느 날 신문을 보는데 〈중앙일보〉 사회면에 노무현이 나온 거예요. 잊고 있었어요. 처음 본 건 88년 청문회였어요. 정의롭고 협심이 강한 정치인인 것이 생각나서 주말에 한번 가서 밀어준다는 마음으로 노사모 가입하고 경선장에 갔습니다. 당시 아이는 없었고 아내와 같이 가입했습니다.

노사모 가입 전에는 어떤 일을 하셨어요?

직접 학생운동을 하지는 않았습니다. 응원하거나 지원할 수 있는 일 있으면 했고요. 졸업 후 대선 때는 DJ보다 이해찬에게 호감이 있었어요. 청렴한 이미지가 강했거든요. 학원은 97년도에 시작해서 4, 5년 운영했죠. 2000년에는 학원의 정점을 찍었을 때예요. 제일 잘될 때 노사모 시작한 거고요. 2003년에 내리막길 걷기 시작해서 2006년에 문을 닫았죠. 그후에는 독서실 하고. 계속 노사모 활동하고 노무현 지지하기 위한 일환으로 정당 활동도 했죠. 열린우리당의 마산 사무국장을 맡았어요. 서른다섯, 여섯일 때예요. 열린우리당이 없어지고 노무현 대통령이 당을 나가면서 저도 당을 나왔습니다. 2008년에는 광우병 관련 이명박 정부 촛불시위 하면서 유시민 대표가 만든 국민참여당 창당하는 데 올인했어요. 국민참여당 경남 준비위원장 맡아서 작업했습니다.

선택하신 거지만 후회하는 것도 있나요?

노무현 대통령을 지지하면서 정치 활동한다고 생각한 적은 없어요. 팬으로서 서포트한다고 생각했죠. 주류에 안 섰고 받은 게 없더라도 아쉽거나 후회하지 않습니다. 다만 나이들고 생각해보면 정치적으로 주류에 편입될 수도 있었겠구나 생각하죠. 지금 당직 생활을 하고 있으니까 그런 생각이 들더라고요. 2006년 지방선거에 출마 권유를 많이 받았어요. 노사모 활동도 하고 경남 대표 일꾼도 했으니까. 그런데 제가 선거법 위반으로 벌금 백만 원 받은 적이 있어요. 희망돼지 할 때 사무실 얻어서 노무현 사진 붙이고 플래카드 걸어서 우리끼리 모였는데 유사기관 설치로 선거법 위반인 거예요. 전혀 몰랐죠. 정치인에게 벌금 백만 원은 무서운 숫자잖아요? 5년 동안 출마를 못하죠. 별생각 없었는데 출마하려니까 생각이 나더라고요.

노사모 활동 중에 기억나시는 에피소드 있으신가요?

2002년 대선 때 시군마다 도는 유세차가 있어요. 그런데 마산 인근에 선거 유세차가 놀고 있는 거예요. 지구당 사무실 가서 한판 싸우고. 가짜로 올려놓은 선거운동원들이고 중앙에서 봉투 하나씩 받던 거예요. 김백찬이라는 형님과 제가 차를 달라고 했어요. 함안이니까 낙동강 주변을 다 찾아다녔어요. 유세문도 저희가 써서 읽고. 시골이었으니까 비닐하우스에 세워두고 유세했죠. 노무현 사진 있는 어깨띠 매고 하는데 할머니는 얼굴을 모르는 거예요. 인사드리고 찍어달라고 말씀드리고 그렇게 돌아다녔어요. 법 안에서 할 수 있는 것들을 코치해주고 관리해주는 사람이 없었어요. 우리끼리 한 거예요. 그래서 범법으로 노사모 사무실도 열었던 거죠.

노사모 활동하는 것에 가족들은 어떻게 생각하셨나요?

아버지는 원래 반골 기질이 있어서요. 반대까지는 아니고 학원에 집중했으면 좋겠다고 하셨어요. 학원이 무너질 때는 아버지가 원망을 많이 하셨죠. 노무현 대통령 시계를 아버지한테 드렸는데 1, 2억 되겠다고 하시는 거예요. 제가 까먹은 돈과 앞으로 더 벌 수 있었을 돈. 등한시하다가 결국 망한 거였죠. 아파트도 팔고 아내와도 갈라섰어요. 당시 학원 안 나가면서 열린우리당 사무국장을 2, 3년 했어요. 무급이거든요. 2010년에는 국민참여당 만들고 창원시장 출마도 했어요. 문성현 민주노동당 대표, 황성구 지금 시장과 저 3인이 단일화해서 문성현 민주노동당 대표가 후보로 나갔어요. 출마 준비하고 학원 망하니까 아내가 많이 지쳤더라고요.

노사모 활동이 세상을 바꾸는 데 어떤 영향을 줬을까요?

특별한 사람만 정치하는 거 아니다. 정치 아무나 할 수 있다. 이전보다 정치를 맑고 투명하게 만들어 장벽을 낮추었다고 생각합니다.

지금 대통령이 시즌 2라고 많이들 하시던데.

그렇죠. 문재인이라는 이름을 부산에서 시민 활동 하는 분들 외에는 몰랐습니다. 저도 노무현을 통해 들었어요. 자기 친구라며 얘기하셨죠. 그런데 노무현의 친구 문재인이 아니라 문재인의 친구 노무현이었어요. 노무현 대통령께서 문재인을 중심에 두더라고요. 2012년에 문재인 후보 경선할 때 제가 경남 실무 총책임을 했습니다. 당시 경남에는 김두관 지사가 대권 주자로 나왔기 때문에 경남에서 줄 서는 사람들은 다 김두관한테 붙었어요. 그런데 결국 문재인이 이겼고요. 문재인이 시즌 2라고 하는데 맞는 것 같습니다. 노무현한테 갇혀서는 안 된다는 것도 기억해야 되고요.

노사모가 세상을 바꿨다고 생각하시나요?

일단 저를 바꿨습니다. 돈만 벌고 살았다면 가치를 추구하며 살 수 있었을까. 잘살 수는 있었겠죠. 여행 다니고 가끔 봉사도 하고 기부도 하고. 노무현 종교는 아니지만 항상 고맙게 생각하죠, 속물 안 된 것에.

재임 당시 노무현 대통령에 대해 판사였습니까, 변호사였습니까, 검사였습니까?

노사모는 기본적으로 변호사죠. 언론들이 노무현에 대해 떠드는 것 중 잘못 알려진 것, 부당한 공격에 항변했죠. 방법은 다양했어요. 술 먹는데 옆자리에서 얘기 나오면 멱살잡이하는 사람들도 있었지만 저는 그러려니 했어요. 친구들이나 지인들한테는 적극적으로 대응하지만 술 먹는데 옆자리에서 영감님들이 한마디씩 하세요, 들으라는 식으로. 대신 말이 통하는 사람들끼리 만났어요. 우리끼리도 치열히 논쟁하죠. 같은 사안에 대해서도 생각이 모두 다르니까. 그래서 노사모는 만나면 시끄럽다고 했죠.

서거 소식 들으셨을 때 기억나십니까?

그날이 2억짜리 시계를 차고 다니시는 아버지 칠순이었어요. 아버지 고향이 하동이에요. 기차 타고 나오시면서 아버지가 뉴스를 들은 거예요. 마전역에 내려서는 "아이고, 오늘 안 되는 거 아이가?"라고 말하셨어요. 아버지는 아신 거예요, 아들이 적어도 당신만큼 좋아하는 줄을. 부모만큼 좋아하는 사람이 돌아가셨는데 자기하고 있을 수 있느냐고 하시더라고요. 오셨으니까 점심은 먹고 가겠다고 했어요. 점심 먹고 나머지는 동생들, 가족들과 계시고 저는 봉하에 갔죠.

노대통령 언제 제일 생각나세요?

시도 때도 없이 생각나고 문대통령 활동하시는 거 보면 오버랩되고요. 평양 간다고 하면 노무현 대통령이 평양 넘던 시절이 떠오르고. 노대통령이 경선장에 애들 데리고 오면 참 좋아하셨는데 하루는 부담스럽다고 말하시더라고요. 부산 경선 때였는데 끝나고 나면 노사모 모여서 인사하고 대화 나눴거든요. 보통 가족 단위로 오니까 애들도 많이 와요. 안아주시고 사진 찍어주시는데 언젠가 안 데리고 왔으면 좋겠다고 하시더라고요. 더러운 정치판에 깨끗한 애들이 오는 것에 대한 부끄러움, 미안함이었던 것 같아요.

내가 만난 노사모는 어떤 사람들이었습니까?

가슴이 시키는 대로 하는 사람들이죠. 바르고 옳다고 믿으면 다 내주는 사람들. 노무현을 만나서 깨어난 것보다는 어느 정도씩 부정의와 불의에 대해 거부하는 마음을 가지고 있던 것 같아요. 노무현이 그것을 끄집어낸 거죠. 노무현은 사람 사는 세상을 만들기 위한 수단. 노무현 대통령이 하셨던 말들 중에 가장 기억에 남는 것은 "새 시대의 첫 대통령이고자 했으나 구시대의 막내였다". 그런데 그후에 둘이나 더 있었죠. 문재인 대통령이 새 시대의 첫 대통령이 됐고요.

노사모가 반성해야 할 부분이 있을까요?

지못미라고 많이 하죠, 지켜주지 못해서 미안합니다. 사실 지킬 수가 없었어요. 노사모 기껏해야 몇만인데. 구시대 마지막 대통령의 운명이었던 것 같아요. 결국 유일한 카드는 본인만 쥐고 있을 텐데, 2002년 당시에 언론에서 노무현을 승부사라고 많이 표현했어요. 그런데 노무현 대통령은 원칙적으로 하는 거지, 베팅을 하거나 이기기 위해 모든 걸 걸고 싸움하는 분은 아니었어요. 하지만 진짜 마지막은 승부사였던 것 같아요. 보수의 탈을 쓴 거대한 악과 마지막으로 싸우며 부엉이바위에서 자기를 던지는 것.

노사모 회원님들께 한말씀.

닉네임 21세기입니다. 노무현 때문에 참 많이 웃고 운 우리 동지들 여전히 잘살고 있을 거라 생각합니다. 살다보면 만날 수도 있고 또 그렇지 못한 채로 살아갈 수도 있을 텐데 그래도 우리가 노무현 때문에 한 가족이고 동지였다는 것을 잊지 말고 삽시다. 감사합니다. ☻

반대와 비판은 사물을 명료하고 균형 있게 볼 수 있도록 도와주는 중요한 기능을 가지고 있습니다. 그러나 반대와 비판일수록 공격이 아니라 상대의 동의를 끌어내기 위한 차분하고 겸손한 설득이어야 합니다. 그렇지 않고 승부에 집착하거나 감정싸움에 매몰되면 결국은 사람관계마저 상하게 됩니다. 그러면 이를 지켜보는 사람들은 중재를 하는사람, 재판을 하고 나서는 사람들이 함께 뒤엉킵니다. 자연 사람들은 떠나게 되는 것이지요.

_ '사람 사는 세상' 칼럼에서 (2009년 2월 22일)

반칙이 패하고
원칙이 승리하는 세상

희망천사 정해철

희망천사 정해철

초창기에는 '희망천사'로 활동했고 나중에는 '홈클라우드넷'이라는 닉네임을 사용했습니다. 노사모는 서로 닉네임을 부름으로써 누구나 의견을 개진하고 반대할 수 있는 소통의 공간 속에서 길을 찾았습니다. 희망을 갖고 참여하다보면 바꿀 수 있지 않을까 해서 희망천사라고 했습니다.

노사모를 시작한 계기가 있을까요?

정치에 관심이 없었는데 국회의원들이 한나라당에 차떼기로 망명해서 노무현 대통령을 비판하고 결국에는 탄핵까지 하는 걸 보고 노사모에 가입했습니다. 저는 경남에 있다보니까 보수 텃밭이고 김영삼 3당 합당 후에 바뀌지 않은 곳이기 때문에 노무현 대통령이 말씀하신 지역주의 타파에 목말라 있었거든요. 87학번 386세대 막내로서 대학 다닐 때 데모의 끝물에 몸담으면서 사회 부조리에 전부터 관심이 있었습니다. 군대를 흑산도 쪽 해군으로 근무했는데 당시 제 상임 기수가 조선대에서 국문학 전공했는데 고등학교 때 배우는 시인들이 모두 친일파라고 말하시는 거예요. 저는 몰랐는데 찾아보면서 충격을 받은 거죠. 학내 집회하다가 쫓기듯이 군대를 갔던 건데 전역하고 돌아왔는데도 여전히 바뀐 게 없더라고요. 복학하고 91년도에는 학내 집회 많이 주동했죠.

노사모 활동하기 전에는 어떤 분이셨어요?

대구에서 대학 다녔는데 졸업 무렵 교수님께 물어보는데 부담스러워하더라고요. 추천도 안 해주고. 고향에 와서 알음알음 알아보고 취업을 했죠. 노사모 전까지는 평범한 직장인이었습니다. 결혼은 아직도 안 했고요. 노사모 분들 중에 두번째입니다. 한 분 더 있더라고요. 당시 직장 생활 하고 지금은 18년째 개인 사업을 하고 있는데 업을 놓아본 적이 없습니다. 사업하면서도 쫓아다녔어요.

2003년 국민 스포츠가 노무현 대통령 놀리기였는데.

당시 경남에서는 노사모 하면 빨갱이 소리 들었거든요. 길거리에서 민주당 후보 명함 주면 바로 구겨서 버릴 정도였어요. 빨갱이들이 왜 이쪽에 왔냐고. 경남에서는 자신의 정치 성향을 드러내지 말라고 많이 하는데 저는 그러지 않았습니다. 회사일을 확실하게 했거든요. 지금도 거래하는 사장님들 있지만 저는 처음부터 노사모라고 하고 그분들과 허심탄회하게 이야기하고. 부딪힐 때도 있지만 그분들도 인정해주고 저도 그렇게 살았습니다. 친구들도 마찬가지예요. 동창회 모임에 자기네들끼리 있으면 야당 비판하는데 제가 있으면 절대 못하죠. 제가 반박하면 시끄러워지니까. 다른 지역에서는 모르겠는데 경남에서는 유독 밴드에서 정치 이야기, 종교 이야기 하지 말라고 해요. 그런데 시민들이 깨어 있으려면 서로 의견 개진하면서 허심탄회하게 이야기할 수 있어야 되거든요. 거기에서 길을 찾고 옳고 그름을 따져야 사회가 성숙해진다고 생각합니다. 정치라는 건 결국 사람이 하는 것이기 때문에 당을 넘어서야 한다고 생각합니다. 그리고 경남 노사모 분들은 평범한 사람들입니다. 정책이 좋아서든, 인간이 좋아서든 노무현이 좋아서 모인 사람들입니다. 자기 생활이 척박하고 어렵지만 노무현 대통령의 사고가 좋아서 지지하시는 분들이 많아요. 그게 정치를 변화시킨 또다른 원동력이라고도 생각합니다. 많이 배운 사람들만 참여했다면 이런 구조가 형성되지 않았을 거라고 생각합니다.

노대통령이 이야기하신 '깨어 있는 시민의 조직된 힘'과 연관이 있을까요?

그렇죠. 노무현 대통령의 어록까지 나올 정도로 주옥같은 말들이 많거든요. 특히 깨어 있는 시민의 조직된 힘. 저도 시민 스스로가 각성하거나 깨어 있지 않으면 사회 구조를 바꿀 수 없어요. '깨어 있는'을 생활 정치라고 생각해요, 자기가 생활하는 데서 참여하는. 노무현 재단도 강연을 많이 하는데 왜곡된 역사와 정치 역사를 공부한다든지 자기 지역구에 문제가 있으면 의원한테 전화해서 물어본다든지 하는 거죠.

노무현 대통령은 언론에 많이 시달리셨죠.

열린우리당 시절에 청년 대표를 모집해서 청와대에 초청된 적이 있습니다. 초청 날짜가 일주일 연기되면서 공교롭게 노무현 대통령 생신과 겹친 거예요. 경남에서 청년들 모여서 생신 케이크, 미역, 멸치를 들고 갔죠. 그런데 사전에 신고가 없으니까 청와대 정문에서 압수됐어요. 또 현수막 펼치려니까 비서관들이 말리더라고요. 유치원생들이 관람 왔다고. 노출되면 언론에 또 씹히니까 그만큼 위축되어 있던 거죠. 조금 뒤에 회의 마치고 걸어나오시더라고요. 그때 현수막 펴고 비서관한테 선물 얘기하니까 케이크는 고정 핀이 있어서 안 되고 미역, 멸치만 받아서 드렸습니다. 생신 축하 노래도 불러드렸습니다.

그런데 제 목적은 분명했습니다. 노무현 대통령은 소통하기 좋아하고 권력을 갖고 계신데도 얼마나 많은 언론에 시달리는 건가, 그렇게까지 힘 없이 해야 되느냐고 묻고 싶었어요. 권력을 정당히게 쓰면 되지 않느냐. 질문하려고 마음잡고 있는데 걸어오시는 거예요. 얼굴을 보고 포기했습니다. 대통령 되시기 전에는 항상 밝으시고 의욕 넘치셨는데 거기 계신 대통령은 기가 다 빠지셨더라고요. 왜 그런지 너무 잘 알겠는 거예요.

대통령의 배려심이 또 한번 느껴졌던 건 사진 찍을 때였어요. 다 모여서 단체 사진 찍으려니까 사람이 조그맣게 나와 표가 안 나는 거예요. 대통령이 지역별로 찍자고 제시하셨죠. 대통령 옆자리가 비어 있었어요. 그래서 제가 가서 "여기 앉아도 되겠습니까?" 물었습니다. 대통령이 저를 보시더니 명쾌하게 말씀하시더라고요. "자리에 임자 있나? 앉아라." 대통령 옆자리에 일반인이 앉는다는 것이 부담스러울 수 있는데 그러지 않으셨어요. 집에 그 사진이 있습니다. 가보로 물릴 겁니다. 끝나고 나서 악수를 시작했는데 대통령이 제 앞에 오시더니 농담을 던지셨어요. "아까 내 옆에 앉았으니까 악수는 통과다." 다들 한바탕 웃고. 대통령의 배려를 몸소 체험하는 시간이었습니다.

서거 소식 들으셨을 때 기억나십니까?

거래처에 가기 위해 차 몰고 가는데 거래처 사장님한테 전화가 왔습니다. 대통령 돌아가셨다고 라디오 틀어보라고 하시더라고요. 서거 소식이 나왔어요. 일단은 거래처로 갔죠. 사장님이 배려해주시면서 빨리 가라고 하셨어요. 봉하마을과 가까웠어요. 제일 처음 갔습니다. 또하나 에피소드가 있는데 승용차 한 대가 봉하에 왔는데 문 열어놓고 사람 둘이 자고 있더래요. 기자같이 생긴 거예요. 알아볼 방법이 없으니까 주민 한 분이 뭐하는 사람들이냐 물으니까 기자라고 해요. 어디 기자냐고 물으니까 얼버무려요. 몸싸움하면서 ID카드 보니까 〈조선일보〉 기자였던 거죠. 난리가 났죠. 쫓아냈어요. 그때 내부 치안은 노사모가 맡고 외부 경계는 경찰들이 했어요.

100일 동안 업을 전폐하셨다고요? 손해가 있었을 텐데.

그렇죠. 하지만 대통령이 서거하셨잖아요. 내가 존경하고 사랑하는 분이니까 당연하다고 생각했어요. 그 조그만 동네에 150만 명이 왔다갔다하고 언론도 오고. 셔틀버스조차 움직이지 못할 정도고 늦게 오신 분들은 참배

5분 하려고 3, 4시간 줄을 서야 됐어요. 처음에는 영정 사진도 준비가 안 되어서 봉하에 있는 노란 기념관에서 사진 가져와 임시로 분향 받았어요. 제가 담당이었고요. 열 명씩 줄 세우고 질서 유지하고, 1분도 쉬지 못하고. 쓰러져 죽는 줄 알았습니다. 나중에 노사모 회원들 충원되면서 교대했죠.

당시 타살 의혹이 불거졌어요. 문의를 노사모 기념관에 하는 거예요. 제가 받았는데 울기부터 하죠. 화장한다는데 진짜냐? 타살 의혹 있다던데 더 알아봐야 되는 거 아니냐고 물으세요. 그러면 제가 '시민님의 생각 이해하나 여기 여사님과 가족들 있고 비서진도 있다, 확인하시고 진행한 거라 무를 수 없다'고 말씀드려요. 그렇게 끊으면 다른 분한테 전화 오고.

또다른 에피소드는 당시 서거하시면서 준비가 안 되어 있으니까 후원 계좌를 열자고 논의해서 노사모 후원 계좌를 잠시 열었습니다. 권양숙 여사가 국민들한테 그러면 안 된다고 하셔서 1시간 반 뒤에 닫았는데 그동안 시민들이 보내준 돈이 1억 5천만 원입니다. 그만큼 열기가 뜨거웠죠. 살아생전에 그렇게 많이 비판받았는데 그렇게 많은 사람들이 올 거라고 생각 못했어요.

언제 생각이 제일 많이 나세요?

정치가 왜곡되거나 시달릴 때 제일 많이 생각납니다. 노무현 대통령이 꿈꾸시고 노사모의 슬로건이기도 한 '반칙이 패하고 원칙이 승리하는 세상, 사람 사는 세상', 이것이 아직도 안 됐기 때문에 문득문득 생각이 납니다. 그때와는 많이 바뀌긴 했습니다. 지금처럼 시민들이 더 깨어나고 주변의 사소한 것부터 참여하며 목소리가 반영될 때 비로소 사람 사는 세상, 왜곡되지 않은 세상이 올 거라고 생각합니다.

재임 기간 동안 노무현의 정책에 대해 판사였습니까, 변호사였습니까, 검사였습니까?

노무현 대통령을 좋아하게 된 계기가 정책이거든요. 사람이 좋다는 건 나중에 접하면서 알게 된 것이고. 저는 검사에 가까웠죠. 노사모 내에도 치열한 의견 투쟁이 많았습니다. 대표적인 것이 FTA와 파병 문제. 노무현 대통령은 대통령으로서 어쩔 수 없는 선택이었다고 말씀하셨지만 저는 반대했거든요. 당선되시고 말하셨죠. 여러분이 저를 당선시킨 것처럼 당으로 들어가서 당도 변화시키고 저도 감시해달라고. 하지만 그건 오기였던 것 같고 저희 없어도 감시가 넘쳤죠. 노사모 내부에서는 당선 후 '없어져야 한다, 존재해야 된다'로 치열하게 싸웠습니다. 노사모에 분쟁이 생길 때 노무현 대통령은 방향 제시한 적, 한 번도 없습니다. 집단 지성을 믿었거든요. 관찰자로서만 계셨어요. 저도 그게 맞는다고 생각해요. 노사모가 발전적 해체보다는 시민의식을 가진 단체로 발전적으로 전화했으면 좋겠습니다.

지금은 노무현 재단이 생기고 몇몇 사람들이 개입하면서 노사모를 아주 폄하하고 있어요. 잘못됐다고 생각합니다. 노무현 이전에 노사모가 있는 거예요. 노사모 없이 어떻게 노무현 같은 정치인을 탄생시킬 수 있었겠느냐는 거죠. 노무현 대통령이 유언처럼 남기신 게 깨어 있는 시민이 되라는 말씀이었어요. 시민단체와 폭넓게 교류하면서 가치를 전파하고 노사모가 살아남아서 원동력이 되길 바랐던 뉘앙스가 분명히 있거든요.

준비한 질문들 모두 했는데 혹시 하고 싶으신 이야기 있으신지.

노사모의 한 일원으로서 깨어 있는 시민의 역할을 하고 있습니다. 이번 촛불 2주년 때도 경남에서 모임 했는데 상도 하나 주더라고요. '올해 우리 시민단체상'. 시민의식이 많이 성숙했지만 아직은 갈 길이 멀다고 생각해요. 시민들이 원하는 정치인을 아직 발굴하지 못했거든요. 정치가 바람에 의해 움직이고. 노무현 대통령이 원했던 핵심은 사람다운 정치인을 뽑아야 한다는 거죠, 보수든 진보든. 잘 배우거나 돈 많은 사람들이 아니라 우리 주변의 깨어 있는 시민을 국회로 보내는 것이 노무현 대통령이 꿈꾼 최후의 모습이라고 생각합니다.

같이 활동했던 전국의 노사모 동지들에게 영상 편지 한번.
노사모 동지 여러분, 반갑습니다. 희망천사입니다. 세월이 많이 흘렀습니다. 격변의 시대를 살아왔고 경남도 지역 정서가 타파되고 많은 변화가 있습니다. 하지만 여기가 끝이 아니라 노무현 대통령이 꿈꾸셨던, 반칙이 패하고 원칙이 승리하도록 사람다운 사람을 정치인으로 뽑아 사회 전반을 바꿀 때 사람다운 세상이 온다고 생각합니다. 논란도 많고 가치와 사고가 달라서 싸웠지만 올바른 길을 걸어왔다고 생각합니다. 앞으로도 노사모 정신을 가지고 두 눈 부릅뜬 채 반칙이 패하고 원칙이 승리하는 세상을 위해 끝까지 가기를 희망합니다. 고맙습니다. 🎙️

새 시대의
맏형이고 싶었지만
결국 구시대의 막내

B29 한종수

닉네임은 'B29'인데요. 폭격기 이름으로 알고 계신데, 학교 다닐 때 하도 당구를 못 쳐서 "너는 30도 안 된다, 29다" 하는데 빌리어드잖아요. 그래서 B29라는 닉네임을 썼어요. 설명해주면 사람들이 머리에 잘 박힌다고. 첫 노사모 수도권 모임에 참석했어요. 날짜는 5월 초로 장소는 지금은 재개 발돼서 없어졌는데, 종로1가에 소꿉친구와 불알친구라는 민속주점이었습니다. 서른 명 정도 모였습니다. 그때부터 다양한 사람들이 모였다는 생각이 들어요. 민노당 계열 두 분이 있고 골수 DJ 지지자들도 두세 분 있었어요. DJ 후계자는 노무현이라고 생각하고 모이셨던 거죠. 나중에 노사모가 싸움도 많고 분열도 많았는데 처음부터 그런 요소를 갖고 있지 않았을까. 2000년 5월에 모였던 분 대부분, 저도 마찬가지였는데, 88년 청문회를 여태 잊지 못해서. 그때 한 작가분이 청문회 장면을 황야의 한 마리 사자 같다고 묘사하더라고요. 주위 사람들한테 비판도 받았어요. 사람 때문에 왜 모이느냐는 거죠. 사상이라든가 이념이라든가 정책이든가로 모여야지, 어떻게 사람 때문에. 저는 이렇게 반박했어요. "성공한 혁명과 실패한 혁명의 차이는 간단하다. 혁명가가 있어." (웃음) 사람들은 혁명을 따르는 게 아니라 혁명가를 따르는 거죠. 무엇이든 인격화된 사람이 있어야 따르지, 사상이나 이념만 따르지 않는다고 생각했거든요.

30대 초반이시던 그때 뭘 하고 계셨어요?

여행사에 다니고 있었죠. 청문회가 뇌리에 강력히 박혀 있었거든요. 잘되셨으면 했는데 계속 낙선하시더니 부산까지 내려가시니까 참을 수가 없더라고요. 노사모 이름은 6월 6일에 생겼는데, 이 얘기 하신 분은 없었을 텐데, 후보가 두 개였어요. 바보사랑하고 노사모. 당시에는 투표 기능이 없어서 댓글로 투표했는데 노사모로 정해졌어요. 인터뷰하신 신규 형이라고 있지 않나요? 첫비라고. 홈피 디자인을 다시 했는데 내가 그 얘기를 하니까 큰일날 뻔했다고, 바보사랑 했으면. 왜? 노사모면 영문 여섯 글자로 끝나는데 바보사랑 하면 엄청 길어진다. (웃음) 이름은 6월 6일 첫 총회 전 댓글로 투표해서 정해졌죠.

노사모 활동 하기 전 B29님은 어떤 분이셨어요?

인생을 즐기고 살자는 주의였어요. 보고 싶은 책 보고, 가고 싶은 여행 다니면서 살자. 저 같은 사람이 노사모에 적다고는 생각 안 하는데 그렇다고 많지는 않은. 학생운동 했다 해도 맨 뒤에나 있었고 한때 집회 참석하는 정도였지. 결국은 마음속에 있던 빚이라든가 우리가 바라는 세상을 만들고 싶은 사람이 노무현이 제일 가깝고 그걸 인격화했다고 봐요. 어떤 상징이었고. 그래서 사람들이 따랐고. 나중에 지나서 얘기하니까 많이들 동의하시더라고요.

2002년이 한창 경선으로 노사모 활동이 제일 빛나던 시기 아니었나 싶은데 기억나는 에피소드 있을까요?

경선 때 서울 남부 대표였어요. 포청천이라는 분 있었죠? 그분이 초대 대표고, 그때 저는 부대표, 그리고 제가 2대 대표였습니다. 그때는 서울을 한강으로 남북 나누었어요. 노사모 하면서 제일 억울했던 게 광주 경선을 못간 거였어요. 승부가 그렇게 빨리 날 거라고 상상 못했어요. 2002년 국민경선 때 제일 아쉬웠던 게 선거가 서울까지 왔으면 했던 것. 호주식 선호투표제라는 것이 각광받던 때인데, 후보 7명을 다 찍는 거예요. 1, 2, 3위 선호 별로 7명 다 찍는 겁니다. 과반이 나오면 끝인데 안 나오면 7등 표를 깝니다. 7등의 2등 표가 나머지 6명으로 들어가는 거예요. 또 과반이 안 나오면 6등의 2등 표를. 결국은 과반수 득표가 나오지 않겠습니까? 자기가 제일 선호하는 후보가 아니더라도 2, 3위 후보가 될 수 있다는 거죠. 당내 선거로 아주 합리적인 방법이죠. 그때 저희 선거 전략이 2등 표를 많이 받아서 서울에서 뒤집자, 수도권에서 뒤집자. 그런데 너무 일찍 끝나버린 거예요. (웃음) 노사모에서 가장 드라마틱한 장소에 제가 없었던 거죠. 되게 억울하더라고요. 놀아서 안 간 것도 아니고 노사모 일로 바빠서 못 갔는데 사진에 못 찍혀버린 거죠. 선호 투표제 했으면 우리나라 선거 문화에 많이 도움됐을 거예요. 그런데 끝나버려서 호주 선호 투표제가 의미 없어져버렸거든요. 유야무야 끝나서.

개인의 일에는 소홀할 수밖에 없었을 거 아닙니까?

아무래도 그랬죠. 아버지한테도 소리 많이 듣고. 얘기 들으셨겠지만 노사모에서 이혼한 분들 많거든요. 그래도 2002년을 후회하는 사람은 단 한 명도 없을 거라고 하데요. 뒤돌아봐도 자기의 일생에서 그렇게 찬란한 순간이 없는. (웃음) 한 번씩 꿈꾸잖아요. 세상 한번 바꾸고 싶고, 물론 자기 이름으로 나가서 한 건 아니지만. 어쨌든 그 일원으로 주역이 된다는. 누구나 주역이었거든요.

　서울 남부 노사모 때인데 여의도 노사모를 제가 직접 관리했어요. 대부분 회사 주소로 가입하셨는데 놀기도 좋아요, 다 모여 있어서. (웃음) 모회사인데 한 30명이 가입되어 있는 거예요. 깜짝 놀라서 갔는데 사장님이 IMF 때 퇴출된 모 은행의 전산실장님이셨어요. 그분이 전산실 데리고 벤처 차려서 꽤 성공하신 거예요. 여의도에 빌딩 3개 층을 쓰고 계셨거든요. 거기에 30여 명이 가입한 거예요. 경선 때 돈이 필요하거든요 어쩔 수 없이. 그래서 "지원 가능하시겠습니까? 액수는 제가 요구할 입장은 아니니까 주는 대로 받겠습니다". 알겠다고 전화를 끊으셨어요. 일주일 후에 전화 오는데 어느 일식집으로 오라고, 비싼 일식집이었거든요. (웃음) 대접을 해주시더니 딱 주시더라고요. 자기가 부산 출신인데 노무현 대통령 진짜 존경하고 이 돈 갖고 잘 쓰라고 하시면서, 300만 원이었어요. 잘 썼죠. 영등포 사무실 하나 얻고, 두 달짜리. (웃음) 그러니까 석 달 치 돈 미리 주시고. (웃음) 나중에 경선 준비 작업하는데 민주당원들도 가끔 만나요. 민주당원들이 어떤 돈으로 움직이느냐고 해서 (웃음) 모임 해서 한다고. 황당해하더라고요. 그래도 여러모로 힘든 건 있었어요.

찬란했지만 힘들었던 시기였을 텐데.

고통들이 더 많았죠. 그래도 어쨌든 대통령까지 잘되셔서. 농담 삼아 이 얘기까지 해요, 노짱 그 양반은 자기 지지자 노는 꼴 못 본다고. 힘들여서 후보 만들었더니 흔들려, 겨우겨우 대통령 만들었더니 탄핵당해. 노사모 어떤 형이 "그 말 진짜 맞는데 그 양반은 보나마나 이런 얘기 할 거여. '뭐요? 언제 지지해달라고 했습니까? 니들이 좋아서 했지'". (웃음) 결과 하나만으로 단순하지 않잖아요. 저도 글 쓰는 사람이지만, 사실이라는 거는 빙산 위에 떠 있는 것밖에 안 되는. 그 밑에 진실이 어마어마하게 많거든요.

대통령 되기 전이지만, 유명한 말씀 하셨잖아요. "여러분들 아니어도 감시하는 사람 많은데." 그런 계기가 있었음에도 열혈 지지자들, 요즘 박근혜 지지하는 느낌처럼, 그게 왜 없었을까요?

그렇죠. 그런 게 없었죠. 노사모 회원이 할 말이 아닐지 모르겠지만 성공한 대통령이라고 생각하지는 않습니다. 다만 대통령이 되신 것 자체가 역사죠. 정확하게 표현하신 게 자기는 "새 시대의 맏형이 되고 싶었는데 결국 구시대의 막내였다"라고 하신 적이 있어요. 지금 제 인생 목표 중 하나가 노무현 평전 쓰는 건데 (웃음) 부제로 쓰려고 해요. 구시대의 막내. 새 시대의 맏형이 되고자 했지만 구시대의 막내로 끝난.

대통령 되고서도 지위를 인정받지 못했고 탄핵도 당하고.

부산 출신이고 서울도 아니었고. 노대통령이 마흔두 살 국회의원 당선될 때까지 부산에만 사셨잖아요? 국회의원 당선돼서 서울로 처음 이사 오셨는데 여의도에 아파트 전세를 얻으셨어요. 건호씨가 당연히 따라왔죠. 여전히 여의도 부촌입니다만 당시에는 더 부촌이었거든요. 여의도 중학교, 고등학교가 여의도 애들로 다 못 채워요. 영등포나 대방동, 신길동에서 학생이 채워지거든요. 건호씨가 왔는데 부산 사투리 찍찍 쓰죠. 완전 촌놈이잖아요. 왕따당했대요. 신길동, 대방동 애들하고 놀았대요. 노대통령이 자랑한 적이 있어요. "우리 건호는 여의도 살면서도 신길, 대방동 애들하고 친했다." 그런데 알고 보면 친할 수밖에 없던. (웃음) 김대중 대통령도 비주류라고 하지만 정치를 굉장히 오래 하셨던데다 이희호 여사님은 이화여대 나오셨잖아요. 여러 가지 요소들이 주류들이 받아들이기에 힘들었던 거 같아요.

9년 정도 지나서 냉철해지고 자료를 모으다보니까 그런 생각도 들더라고요. 얼마나 힘드셨을까. 유시민씨가 추모 시에서, 자기 몸밖에 가진 게 없었는데 가장 높은 곳까지 올라갔던 사람, 그런데 또 떨어졌던 사람. 그것을 극복 못하신 건 결국 구시대의 막내였기 때문이 아닐까. 그것조차도 매력이죠, 인간적인 매력. 제일 멋있는 말이 그거였잖아요. 장인이 좌익 빨치산이었다고 하니까, "그러면 마누라 버리라고, 이 새끼야?" (웃음) 한마디로 죽여버리잖아요. 노무현 외에는 생각할 수 없는 어법이고 인간적인 매력에서 나오는 힘이었다고 생각해요.

서거 소식 들었던 날 기억나세요?

당연하죠. 잊을 수가 없죠. 토요일이었어요. 마포에서 소식을 들었죠. 멘탈이 나갔죠. 다들 봉하 가자고 하고. 가서 상황을 보자고 해서 갔는데, 노사모 하는 형 중 치과 의사 형이 하나 있는데 닛산 인피니티를 가지고 있었어요. 거의 300으로 밟으면서 갔죠. 3시간도 안 돼서 갔고요. (웃음) 중간에 전화드렸죠. 물건을 사오래요. 닥치는 대로 다 사오라는 거예요. 여기 아무것도 없다고. 봉하마을 그땐 더했거든요. 구멍가게 한두 개밖에 없었기 때문에. 진영쯤 오면 무조건 편의점 들어가서 라면이건 물이건 휴지건 사람 쓸 수 있는 물건이면 집히는 대로 다 사오라고. 시간 개념도 없고 공간 개념도 없고 일주일을 그렇게 보냈어요.

일생에 대단한 경험이 두 번 있는데 한 번은 시청 광장에서 어마어마한 사람들이 모였을 때 장례식이 중계되고 있었잖아요. 그때 김대중 대통령이 무너지시는 장면이 중계되는데 그 많은 사람들이 숨을 다 멈추고 있더라고요. 진짜 조용했어요. 시간과 공간이 의미가 없을 정도로, 다른 세계에 가 있지 않나 생각했을 정도로. 80년대 광장 경험 그때도 있었나 생각해봤거든요. 비슷한 느낌이 한 번 있었어요. 이한열 열사 돌아가셨을 때. 연세대에 사람들이 어마어마하게 모였는데 문익환 목사님이 나오셨어요. 그날 출소하셔서 집에서 옷만 갈아입고 오셨는데 길이 쫙 나뉘었거든요. "전태일 열사여!" 하면서 이한열 열사까지 스물여섯 명을 울부짖는데 사람들이 거의 숨을 못 쉬었어요. (웃음) 백만 명 사람들이 숨도 못 쉬고 아주 조용했습니다. 그 두 감정이 비슷한 느낌이 들더라고요. 김대중 대통령이 워낙 고난을 많이 겪어서 냉정하신 분인데 대중 앞에서 우신 게 딱 세

번 있었어요. 귀국하셔서 망월동 가셨을 때, 문익환 목사님 장례식 때. 세 번째가 아까 그때였죠. 언젠간 글로 써보려는데 지금은 감정이 식은 상태라. (웃음) 그런 의미에서라도 역사적인 순간이 아니었나 생각 들어요.

어떤 걸 깨어 있다고 말을 해야 될까요?

세상 흘러가는 대로 사는 게 아니죠. 노짱님은 그렇게 안 사셨잖아요. 노 대통령한테 충성을 바치게 된 이유 중 하나가 경선 치르고 서울시장 선거가 있었잖아요? 영등포을 자리가 비어서 바로 보궐선거가 있었어요. 그때 놀랐던 게 당시 김민석이면 서울시장은 낙선해도 다른 지역구 얼마든지 옮겨가서 당선될 수 있는 브랜드가 있었고, 대선도 얼마 안 남았으니까 선거만 이기면 최연소 장관도 할 수 있고 청와대도 얼마든지 갈 수 있는데 선거를 안 도와줬어요. 지역구에 미련이 남아서, 김민석이. 그걸 보니까 노짱이 종로 지역구 버린다는 게 얼마나 대단한 건지 피부로 깨닫게 되더라고요. 아시다시피 종로가 1번으로 나오는 곳인데 그곳을 버리고 부산에 출마해서 낙선한다는 게 진짜 대단하다는 걸. 전에도 머리로는 알고 있었는데 피부로 알게 되는 거죠. 이분을 꼭 대통령 만들어드려야겠다. (웃음)

그때 그 찬란한 순간을 같이했던 동지들께 한말씀.

B29 한종수입니다. 노무현 팬클럽 만들자고 하고 벌써 18년이나 됐네요. 이미 세상을 떠난 분들도 많고 많이 어려워진 분들도 많고 잘된 분들도 많고. 그렇지만 그때 그 순간만은 우리 일생에서, 아니 대한민국 역사에서 지울 수 없다고 생각합니다. 같이했던 모두들 정말 사랑합니다. 🎤

작은 바보들이
큰 바보가 나타나니까
따라갔다

지친어깨 김상수

2003년도에 가입한 것 같고요. 닉네임은 '지친어깨'를 쓰고 있습니다. 우리나라 민중들은 다들 어깨가 지쳐 있죠. 먹고살기 바쁘고 힘드니까. 어깨를 펴고 사는 세상이 왔으면 좋겠다는 생각에서 지금까지 사용하고 있습니다.

어떻게 하면 지친 어깨가 펴질까요?

불합리하고 반칙하는 것이 오히려 살기 편하지만 그렇지 않고 노짱님처럼 원칙과 상식, 양심을 가진 사람들이 많아져야 되고. 자기 것을 양보하는 사람들이 많아지면, 요즘 이슈인 최저 임금 반대라든지 그런 건 안 나올 것 같아요. 그래야 사람다운 삶을 살 수 있는 세상이 되지 않을까. 그렇게 되면 어깨가 지쳐 있을 이유가 없을 거라고 생각합니다.

노사모를 가입하시게 된 이유는 무엇일까요?

유년기에 힘들게 살았어요. 고등학교 때 월급이 4만 7천 원인데 〈한겨레〉돌리면서 건사하고. 도시락도 못 싸갔어요. 학교 선배가 광주민주화항쟁에 대한 화보를 보여주고. 노동운동도 하고 세상을 바꿔야 되겠다는 생각은 가지고 있었는데 어떻게 실행할지 고민이 있었습니다. 그 와중에 노무현 대통령의 삶, 말씀하시는 것을 보고는 저분이 나서준다면 나도 적극적으로 동참해보자는 생각으로 희망을 가지고 노사모에 가입한 겁니다.

노사모 가입하기 전에는 어떤 일을 하셨어요?

평범한 사람이고요. 어떻게 보면 가정을 지키려고 노력한 사람이고. 세상이 불합리한 거는 알겠는데, 과거에 노동운동을 했는데 계속하다보면 가정을 못 지킬 것 같아요. 전태일 열사도 저항하다가 죽음으로써 표현하시고…… 저도 그런 두려움을 가지고 있었어요. 되게 망설였죠. 어느 길로 가야 되는지, 나름대로 정체성을 가지기가 굉장히 힘들었습니다. 비겁해도 어쩔 수 없이 받아들여야 되고. 그렇지만 노짱님이 계시면서부터 같이 할 수 있겠다는 꿈을 보게 됐죠.

가정을 지켜야 되는 사람이 노무현을 보고 어떻게 용기가 생기셨을까요?
조선 시대든 고구려든 동학혁명이든 민중들이 한 번씩 일어나잖아요. 리더가 확고한 의지를 가지고 정말 바꿀 수 있겠다는 믿음이 있을 때 민중이 일어선다고 생각합니다. 저도 용기 내고 밖으로 나온 것 같아요. 고등학교 때 전두환 욕을 하면 부모님이 조용히 하라 그러거든요. 큰일난다고. 제가 자영업을 하고 법인 공장을 운영하는데 혹시라도 타깃이 돼서 세무 조사가 나온다든지 두려움이 있죠. 괜히 나서서 피해 받는 건 아닌가?

2003년에 가입하셨으면 경선 이후 당선되시고 가입하신 건가요?
정확한 기억은 없습니다. 대통령 당선되시고 가입한 거는 같아요. TV에서 보다가 정말 괜찮으신 분이라는 생각을 가졌습니다. 그래서 노사모가 어디 있는지 확인해보니까 김해 노사모가 있더라고요, 초창기 멤버들이. 당시에는 정말 괜찮으신 분들이 많았거든요. 제가 노동운동 했을 때의 뭉클함이 있었어요. 이분들도 세상은 잘못됐다, 바꿔야 되지 않느냐는 확고한 신념을 가지고 있었거든요. 그런 분들을 만나니까 저도 힘이 생기는 거죠.

동질감을 가지고 있는 사람이 있는 것과 없는 건 어떤 차이가 있을까요?
무리가 있는 것도 권력이거든요. 그런데 불합리한 거를 바꿀 수 있는 힘이라면 져도 동기가 되고, 반대로 그런 게 없으면 두려움이 있는 거죠. 더 큰 반대 세력들한테 무참히 짓밟혀도 어디 가서 호소할 수 있는 힘이 하나도 없는 거죠.

노사모 활동 중 어떤 것을 제일 많이 하셨어요?

저는 노사모에서 많이 싸운 것 같아요. 지금은 월 600만 원 정도 자발적 회비로 운영되는 걸로 알고 있어요. 그런데 2003년, 2004년만 해도 한 달에 6천만 원, 9천만 원 이상씩 회비가 걷혔고. 저같이 희망 때문에 가입하신 분들이 많은데 당시 집행부 사람들은 원칙, 절차를 많이 무시하고. 보여주려는 전시 행정이라고 해야 될까요? 그런 거를 많이 했어요. 그래서 잘못됐다고 이야기했고. 또 노사모가 세상을 바꿔야 되는데 노짱이 교주인 거예요. 그 사람이 그냥 좋은 거예요. 물론 그거를 부정하지는 않는데 우리가 먼저 나가야 될 길은 정체성이거든요. 노사모가 어떤 길을 가야 될지 먼저 정체성을 확립하고 거기에 맞춰서 실천해야 되는데, 구미에 박정희 동상을 차려놓듯이 노짱을 신격화하는 부분에 전 불만이 많았습니다.

주변에 노사모라고 얘기하면서 홍보하고 권하신 적 있으신가요?

당시에는 노사모 같이하자고 이야기 많이 했죠. 노짱께서 대통령이 되려면 다수의 사람들이 동의해야 되는 거예요. 많은 사람이 똑같은 생각을 가지고 있다고 생각합니다. 노사모라고 해서 배낭 메고 어디를 다녀야 되고 생업을 포기하고. 저는 그런 노사모 굉장히 싫어하고요. 그렇게 해서 바뀔 세상 같았으면 벌써 바뀌었다고 생각합니다. 자기 업을 하면서, 직장을 다니면서 바뀔 수 있다는 생각을 가지고, 주변 사람들이 혹시 잘못된 생각을 가지고 있으면 논리적으로 잘못됐다 설득하고. 시간이 걸리지만 결국은 그렇게 해서 많은 사람들이 원칙과 상식을 지켜나가면 노짱이 생각하는 목표에 맞지 않나 생각합니다.

그 많던 노사모는 다 어디로 갔을까요?

노사모 회원들이 많을 때는 10만이 넘었고, 지금 선거인 명부에는 3만 명 정도가 실명 인증된 걸로 알고 있습니다. 실제 투표하면 400명 정도고요. 제가 볼 때는 1,000명 이하라고 생각합니다. 노사모가 싫어서 가는 것보다는 전쟁터에 장수가 없으면 졸들이 어떻게 하겠습니까? 어차피 노짱님도 민중과 똑같은 생각을 가졌기 때문에 저희가 노사모를 만들고 노사모에서 활동한 것이고요. 또다른 리더가 있으면 희망을 가지고 가겠죠. 문재인 대통령을 지지한다든지, 유시민 전 장관님을 지지한다든지 곳곳에 가 있겠죠. 그렇지만 노짱이 계셨을 때 노사모 가입했던 마음이나 지금 마음이나 똑같다고 생각해요.

노사모는 노무현이 없는데 있어야 하나요?

내년에 전국 대표 일꾼 선거를 나가보려고 합니다. 노사모 해체를 주장하고 나갈 겁니다. 이제는 해체되는 게 맞다고 생각합니다. 이번 지방선거도 마찬가지지만, 보는 사람의 시각에 따라 다를 텐데, 정치인들도 추종 세력들도 노짱님한테 빨대 꽂고 있는 것 같아요. 선거 나가기 전에 봉하마을에서 시작하고 선거 홍보물에 노사모에서 뭐뭐 했다 하는 양아치들에게 저는 불만이 많습니다. 노짱님은 우리 대장이잖아요. 세상을 바꾸어보려고 하셨거든요. 우리는 거기에 동의하고 같이 움직였단 말이에요. 권력을 잡으려는 사람들이 노짱님에 대한 민중들의 선의에 비비려는 거죠. 그런 꼬리표 하나 정도 달고 가는 것이 이득이라고 생각할 수도 있겠죠. 그런데 노사모가 그렇게 해서는 안 되지 않나요? 노짱님도 가시면서 비석 하나

외에는 하지 말라 그랬잖아요.

노사모 해체한다면서 왜 대표로 나가려고 하시는 거예요?

대표로 나가서 해체하려고요. 누군가는 정리해야 될 것 같아요. 나간다고 제가 되는 건 아니니까요. 반대가 많아서 해체가 안 될 수도 있겠죠. 그런데 노사모에 실제 관심 가지고 있는 사람들 100명도 안 돼요. 인천 노사모가 활동하고 있고 김해 노사모도 조금 있고요.

당시에는 노무현 대통령 흔들기가 심했지요.

한나라당인가, 그 당과 연정 문제. 지금도 마찬가지로 진보적인 세력들이 일을 하려고 하면 반대쪽에 있는 세력들은 언론을 이용해서 계속 무너트리려고 하죠. 잘못된 정보도 흘리고. 민중들은 그걸 받아들이고. 대통령이 된다고 해서 모든 것을 내 마음대로 할 수 있는 세상이 아니잖아요. 국민들 동의를 얻어야 되는데 아마 벅차지 않았을까 생각이 들었습니다.

노사모는 그때 뭐하고 있었을까요?

정신 못 차렸죠. 노사모가 하나의 권력이었어요. 그런 게 상당히 문제이지 않았나. 요즘이야 SNS가 있어서 더 많은 회원들이 있는 곳이 있겠지만 온라인, 오프라인 모임에서 10만 명 회원은 상당히 많은 회원이었고 정치권력을 가지고 있는 사람들한테는 굉장히 힘이 되겠죠. 또 노사모를 통해서 정치를 나가려는 사람들도 있었죠. 노사모가 아주 좋은 힘이 되겠다고 생각했겠죠. 그래서 방향성을 잃었던 것 같아요.

시민들의 현실 정치 참여가 필요한가요?

당연하죠. 특권층이 가장 두려워하는 게 관심을 갖는 거거든요. 무관심하게 살아라, 이거죠. 전에 교육부에 있는 사람이 민중은 개돼지라고 말했잖아요. 개돼지는 아무 생각이 없잖아요. 그런데 아이러니하지만 교육부에 있는 그런 사람들, 자기만 잘살면 된다는 특권층에 있는 사람들이 오히려 더 문제가 있다고 생각하고요. 많은 사람들이 정치에 관심을 가지면 세상은 훨씬 빨리 좋은 세상이 될 것 같습니다.

노무현과 노사모의 닮은 점이 있을까요?

닮은 부분도 있고 그렇지 않은 부분도 있다고 생각합니다. 노짱님도 편하게 사실 수 있는데 포기하셨잖아요. 사법고시 패스하고 변호사 하시고 얼마든지 편하게 사실 수 있는데. 보통 사람들은 포기 안 하잖아요. 그러니까 바보죠. 노사모도 그렇고요. 자기가 피해를 볼 수 있거든요, 자기 것을 내놔야 되니까. 작은 바보들이 큰 바보가 나타나니까 따라간 것 같아요. 노사모라는 조직이 생겨나고 10만 회원이 형성되고. 노사모에 가입은 안 했지만 노짱을 지지하고 응원했던 사람들이 있었던 것 같아요. 닮지 않은 점은 노사모를 이용하는 사람들이죠. 세상을 바꾼다는 것은 상당히 힘들고 양심적이고 청렴해야 되고, 기준이 까다롭죠. 사람들은 당연히 그럴 것이라고 기대하는데 나중에 비리, 안 좋은 모습들이 밝혀지면 동력들을 굉장히 빨리 잃어버릴 수 있거든요. 예를 들어서 수구 세력들하고는 싸울 수 있지만, 리더라고 하는 사람들을 따라갔는데 실망을 줬을 때는 빨리 포기할 수밖에 없거든요. 그래서 위험한 거라고 생각합니다. 그분을 정치적으로 이용하고 권력을 이용하기 위해 노사모에 있었던 사람들도 있었다고 생각합니다.

노사모가 여전히 슬픔에서 헤어나지 못하고 있다는 느낌을 받거든요.

슬픔은 있죠. 모르겠습니다. 노짱님도 중요하지만 세상의 민중들은 지금도 힘들게 살아가고 있고 자기 의지로 열심히 하면 잘살 수 있지 않느냐 얘기하지만 그렇지 못한 게 현실이거든요. 제2의 노짱, 제3의 노짱 리더가 나타나야 되는 거고. 그런 면에서 문재인 대통령이 제2의 노짱이라고 생각하고 있고 민중들은 믿고 따라가야 되는 거고. 제3의 어떤 분이 나타나면 가면 되는 거고요. 노짱님은 가슴에 묻어놓는 게 맞는다고 생각합니다.

당시에 인상적이었던 지역이 있으셨나요?

노사모 내에서 한번 탄핵이 있었습니다. 대표 일꾼을 탄핵하고 시스템을 바꾼 적이 있어요. 정확한 연도는 기억 안 나는데 2008년도 정도. 당시 대표 일꾼이 마음대로 한 거죠. 그런 과정들이 계속 되풀이되니까 생각 있었던 사람들이 대전에서 모였어요. 소나무님이라든지, 닉네임은 정확히 기억 안 나지만, 80여 명 정도인 것 같은데 모여서 현재 시스템으로 바꾼 거죠. 대표 일꾼이 모든 의사를 결정하는 게 아니고 지역 대표 일꾼을 중앙 위원회로 만들고 중앙 위원회에서 국회처럼 한 거죠. 대표 일꾼이 어떤 일을 하고 싶으면 중앙 위원회에서 결정해서 시행될 수 있도록. 시스템을 만들 때 혼란이 있었습니다. 아무래도 당시 현 대표 고유권을 지지하는 사람들과 그것을 뒤집어야 된다는 사람들 간에 분쟁이 있었습니다.

고졸 대통령이라서 되게 무시당하셨거든요. 노사모는 10만. 대체 뭘 하고 있었을까요?

〈조선일보〉든 당시 검찰이든 특권층이거든요. 자기네들의 특권을 뺏길 수가 없으니까 적극적으로 내려앉히려고 하겠죠. 답답한 거는 있죠. 그래도 행정부 수장인데 검사들과 그렇게까지 대화하면서 존중할 필요가 있었을까. 오히려 강하게 나가셨으면 더 낫지 않았을까. 대화하고 설득하고 기다리는 성향이셨기 때문에 그런 것 같아요. 나는 선의를 베풀었는데 상대는 악의로 들어온 것뿐이지. 그렇다고 해서 노짱님이 잘못했다고 생각하지는 않습니다.

나중에 유행어가 만들어졌어요. 이게 다 노무현 때문이다. 그때 심정이 어떠셨어요?

저는 크게 문제삼지 않았습니다. 어차피 그들은 우리의 반대에 있고 그렇게 나올 수밖에 없는 상황이고. 다수가 공평하게 가져간다면 자기 것을 뺏겨야 되기 때문에 저항할 수밖에 없었을 거고. 저는 왜곡이라 생각하고요. 초등학생 아이들이 당시 정치 환경을 알 수 없다고 생각해요. 관심도 없고. 아이들이 노무현 탓이라고 얘기했다는 거는 어차피 있지도 않은 이야기를 조중동 같은 사이비 언론에서 얼마든지 생산해내는 거거든요. 굳이 민감하게 반응할 필요는 없다고 생각한 거죠. 네거티브도 하는 이유가 있잖아요, 관심을 끌기 위해서.

싸웠어야 되는 거 아닌가요? 터무니없는 건데.

싸우려면 그렇게 싸우면 안 되죠. 노짱님이 왜 연정을 이야기하겠어요, 한나라당하고요. 지지했던 사람들은 깜짝 놀랐죠. 저 사람들하고 무슨 대화가 되느냐? 그런데 크게 봤을 때, 욕심도 있지만, 생각이 조금 다른 것뿐이거든요. 그러면 설득해서 양보를 해낸다면 더 영구적인 세상을 만들 수 있는 거죠. 노짱님은 항상 아이들이 살기 좋은 나라를 만들고 싶었거든요. 그런데 적이 있고 내가 있고는 아니잖아요. 대장이 저런 마인드를 가지고 있으니까 우리도 무조건 싫어할 게 아니고, 무조건 타도와 싸움의 대상이 아니죠. 그들을 설득하고 깨어 있지 않은 시민들을 깨우고. 그것이 노짱님이 갔던 길인 것 같아요. 저희도 그 길로 가야 되는 게 맞는 것 같고요.

노사모가 한 실수 혹은 패착이 있었다면 어떤 점이 있을까요?

노사모란 단체가 노짱이 좋아서 만들어졌어요. 그리고 당선됐습니다. 그러면 우리는 방향 설정을 정확히 했어야 된다고 생각해요. 주변 시민 사회 단체와 연대를 했다면 노짱님이 힘들지 않았을 거라고 생각합니다. 대선 과정에서 주변 정치인들한테 실망도 많이 했고 당선되고서도 많이 힘드셨거든요. 노사모가 노사모 안에만 있지 않고 주변 진보 세력들과 연대해서 노짱님을 더 지지해줬다면 좋지 않았을까. 현재 문재인 대통령도 지지율이 높으니까 다른 세력들이 그렇게 하지 못하는 거거든요. 우리가 더 했어야 되지 않나 아쉬움은 있습니다.

전교조가 비판했었고 그다음에 파병 문제로.

진보 세력들이 반대하는 것이 나쁘다고 생각하지 않습니다. 노짱을 좋아하지만 노사모도 노짱의 정책이 다 맞는다고 생각하진 않거든요. 생각이 다름을 얘기할 수 있고 정부에서도 그렇게 해주는 것을 원하고 있었을 수도 있다고 생각합니다. '정치·외교적으로 볼 때 이라크 파병을 미국이 요청하는데, 나는 하고 싶지만 우리나라 국민들은 반대한다. 그래서 나는 전투병까진 못 보낸다. 안 그러면 탄핵당한다.' 진보 세력들이 하는 얘기를 충분히 들을 필요가 있다고 생각하고 그것 때문에 지지율이 낮아진다고 생각 안 합니다. 지지율이 낮아지는 것은 왜곡된 정보 때문인 것 같아요.

노무현 대통령에게 미안한 점이 있다면, 혹시 다시 만나면 해주고 싶은 말이 있다면?

끝까지 좀 계셨으면 훨씬 더 낫지 않았을까…… 민중을 위해서 그렇게 선택하셨지만 그래도 계셨으면. 우리가 조금 후퇴했겠지만 현재를 봤을 때는…… 그분이 계시면 지금 또다시 좋은 세상을 만들기 위해서 천천히 가는 걸음에 말 한 마리 더 생겨서 더 빨리 갈 수 있는 큰 힘이 되지 않았을까 생각합니다.

어떤 세상을 만나고 싶으세요?

전까지만 해도 북한과 굉장히 극단적으로 치달았고. 미국은 자기 나라를 위해서라면 전쟁이 나든 안 나든 상관없기 때문에. 북한 주민들도 동포고 전쟁은 굉장히 비참하잖아요. 수구 세력들은 관심 없거든요. 오로지 자기 권력만 가지면 된다는 생각. 그런데 노짱이 이야기했듯 깨어 있는 시민들이 많아지고 사람들이 원칙을 지키고 상식적으로 이야기하게 된다면 제 아이들이 살아가는 세상이 지금보다는 훨씬 낫지 않을까.

그래서 노사모에서 지금 뭘 하고 계신가요?

개인적으로 조그마한 공장을 하고 있습니다. 직원은 18명 되지만 직원들한테 얘기할 때 항상 희망을 주려고 노력하거든요. 작은 실천을 하는 거죠. 누가 보든 안 보든. 외국인 근로자가 6명 있는데 그 친구들한테도 인격적으로 대하고. 직원들 중에는 욕도 하고 폭력을 가한 적도 있어요. 그런 부분들이 있으면 얘기해서 작은 실천을 하는 거죠. 라오스라든지 물품이 귀한 나라에는 옷이나, 제가 취미로 배드민턴을 하고 있는데, 배드민턴 라켓들을 걷어서 직접 갖다준다든지. 주변 사람들과 얘기하다보면 저는 노사모라고 지금도 얘기하거든요. 얘기를 했기 때문에 더 조심하죠. 실수하지 않도록. 그렇게 살아야 되고. 그런 노력들을 하는 게 제가 할 수 있는 최선이 아닌가 생각합니다.

그런다고 세상이 달라질까요?

뒤로 가는 것보단 나은 것 같아요. 한 사람의 삶을 볼 때도 고민하고 고뇌하며 사는 삶이 편하게 사는 것보다 나은 것 같아요. 저도 고등학교밖에 안 나왔지만 예전에 읽었던 책 중에서 '몸이 편하고 좋은 음식 먹으면 아무 고민 없이 살기 때문에 육체적으로는 보상을 받겠지만, 고생하고 남을 생각하며 살면 생각이라는 것을 담고 가기 때문에 불평할 필요는 없다'고 했어요. 어깨를 펴고 살 수 있는 세상이 노짱님이 원하시는 세상이니까. 저는 온다고 생각합니다. 여기서도 어떤 메시지를 주기 위해 영화를 찍는 것 같거든요. 그렇지 않은 친구들도 있지만 생각이 올바른 친구들도 많이 있습니다. 노짱 같으신 분들이 또 나오실 거고 그러다보면 좋은 세상은 올 거라고 생각합니다. 확신합니다. ◑

노사모는 살아 있는
노무현이 되면 됩니다

송전탑 지창영

닉네임은 '송전탑'입니다. 송전탑은 제 첫 시집의 이름입니다. 시를 쓰게 된 가장 큰 동기가 송전탑이거든요. 고속도로로 여행하다보면 송전탑이 산마루에 문득 서 있는 것이 보입니다. 하늘과 땅의 중간 매개자로서 메시지를 전달해주고 싶은 간절함이 느껴졌고 그걸 표현하려다보니 '송전탑'이라는 시가 나왔고요.

원래 노사모 가입을 할 생각이 없었어요, 2011년까지. 그전까지는 노사모 활동하는 것을 한 발 떨어져서 보면서 대단하다, 나도 하고 싶지만 이미 잘하고 있으니 굳이 할 필요 없겠다고 생각했어요. 그런데 서거 후 활동하다보니까 인연이 돼서 인천 노사모 활동하시는 분들을 알게 되고, 활동할 거면 회원으로 가입하는 게 좋지 않겠냐고 여러 차례 권유받고 해야겠다는 생각이 그때 들었어요.

제가 노무현 대통령을 만났다고 감히 얘기하는 것은 2012년 7월 15일이에요. 그전까지는 가까이서 뵌 적이 한 번도 없습니다. TV나 신문 말고는. 2012년 7월 15일에 대통령을 뵀다고 제가 말씀드리는 거는 굉장히 신기한 체험을 했어요. 처음으로 봉하마을에 갔죠. 인천 노사모 팀들하고. 참배하려고 도열하고 있는 때였어요. 참배 인도하시는 분 있잖아요? 해설도 하고 절차를 진행하시는 과정에서, 저는 다른 인천 노사모 회원들하고 도열해 있는데 뭔가 일종의 전기를 느꼈어요. 오른쪽 뺨을 어떤 기류로 감싸는 거예요. 얼굴 전체를 감싸고 한동안 머물러 있다가 지나가는 걸 느꼈죠. 이건 노무현 대통령의 손길이다. 이 사연을 노무현 재단 누리마루 이야기에 쓴 적이 있습니다. 그날을 기억해요. 2012년 7월 15일, 봉하마을에서. 노무현 대통령께서 돌아가신 지 3년 후에 만나게 됐다고 고백합니다.

노사모에 가입하시기 전 송전탑님은 어떤 분이셨나요?

제가 65년생인데 70년도 말, 80년, 90년도에 이르는 동안 굉장히 외롭게 지냈습니다. 사회 활동에 참여해서 함께하고 싶은데 제 처지가 그럴 수 없었어요. 방송통신대학이라든지 이런 데서는 학우들과 어깨 걸고 어울릴 수 있는 환경이 아니었기 때문에 혼자서 이한열 열사 장례식 따라다니고. 소속이 없었죠. 마음은 함께하고 싶지만, 사회활동 하는 사람들이 야외에 모이고 거리에 나서면 뒤꽁무니에서 멀찌감치서 응원하고 때로 군중 속에 뛰어들기도 했죠. 그러다가 95년경 서대문 마포 민주시민회에 가입해서 회원들과 활동했습니다.

다른 지역의 노사모와 인천 노사모의 활동에 차이가 있는 이유는요?

이전까지 활동하시던 선배님들이 큰 역할을 해주셨고요. 그 역할이 있었기 때문에 노무현 대통령이 계셨을 수 있었고. 다만 노무현 정신을 우리 사회에 어떻게 구현해낼 것인가 하는 고민이 인천 노사모의 다른 점을 만들어내는 요인이라고 생각합니다. 사랑비님이 대표 일꾼을 맡으면서 본격적으로 행보하게 됐고요. 내부적으로도 결속을 위해 여러 활동을 하고 있죠. 노무현 대통령 인천 벚꽃길을 조성한 것도 그런 노력의 일환이라고 볼 수 있고요. 그 밖에 봉사단 활동, 글쓰기 모임 활동 등을 통해 계속 움직이는 모습을 보여주는 것이 인천 노사모의 특징이라고 할 수 있습니다.

조사하다보니 인천 노사모만 활동이 튀더라고요.

이와 같은 모델을 가능한 지역부터 같이 활동했으면 좋겠어요. 비슷한 활동을 할 수 있는 범위 내에서. 예를 들어 인문학 모임은 지금도 시작할 수 있다고 생각합니다. 가끔 또는 정기적으로 모이는 지역이 있다고 들었는데요. 모여서 추억을 다시 한번 되새기는 것도 좋지만 거기에 더해 책 읽고 토론하고 이야기하고. 그렇게 지속하다보면 회원이 한 사람, 한 사람 늘 거라고 생각합니다. 인천에서는 그렇게 자연스럽게 늘어난 회원들을 봤습니다.

백남기 농민 사건에 인천 노사모 이름으로 참여하셨잖아요.

'여기에 참여하자'라기보다는 여러 사회 참여 활동 중 자연스럽게 연결된 거죠. 노무현 대통령 서거 이후 말도 안 되는 정권의 비리와 탄압. 퇴행적인 행보를 보여왔는데, 노사모로서 분개하고 시위에서 깃발을 들고 지속적으로 참여했죠. 그 와중에 백남기 농민이 돌아가신 거고요. 서울대학교병원 인근에 추모 현수막도 걸고 했습니다.

특별히 인천 노사모만의 활동들이 있다면?

참살이문학. 회원들이 인문학적인 공부와 글쓰기를 실제 해보는 겁니다. 제가 강의도 하고 습작품을 코칭해드려요. 또 노사모 봉사단이 있습니다. 노인문화센터를 방문해서 식사를 만들어서 제공해드리고 있고요. 그 밖에도 여러 가지 봉사활동. 평화 바람이라는 소모임도 있어요. 광화문에서 통일부가 주최하는 행사에 부스 신청해서 참여한 적도 있습니다. 그때 부스에 노란 바람개비를 문 전체에 장식하고 노무현 대통령의 방북 활동, 10·4선언이 있기까지의 여러 가지의 전후 활동들 전시하고 노무현 대통령의 가치를 통일과 연관해서 얘기할 수 있었던 것이 보람된 활동이었습니다. 벚꽃길 활동은 가능한 회원들 오셔서 잡초도 뽑고 꽃도 기르고 명패석도 손질하고. 그 과정 속에서 노사모와 노무현에 대한 생각을 되새기는 활동을 하고 있고요.

개인적인 요즘 저는 평화협정 쪽으로 올인해서 활동하고 있고요. 노무현 대통령이 충분하게 하지 못하신 일이 통일 쪽이라고 생각합니다. 2007년 에이팩 정상회담 때 정상회담 후 부시 대통령과 기자회견 하는 모습이 유튜브에 남아 있습니다. 거기에서 부시 대통령이 극구 말하지 않으려고 하는 것을 여러 차례 다그치시다시피 입을 열려고 했던 장면이 있습니다. 북에서 뭔가 조치하면 미국은 평화협정 맺겠다는 약속이었습니다. 그러나 부시가 기자 회견에서는 얘기를 안 해요. 당시만 해도 한미 관계 정치 지형적으로 자주를 얘기할 수 없었습니다.

노무현 대통령이 답답해한 면 중 하나가 자주적인 면이었다는 걸 저는 절실히 깨닫고 있고요. 자주국방 연설 같은 데서 잘 나타납니다. 미국 말만 따라가는 것이 아니라 우리 힘으로 국방을 이룩해야 북에 대해서 더 잘 대화할 수 있지 않겠냐는. 그리고 이라크 파병을 요청받았을 때 거절하고 싶으면서도 응할 수밖에 없었던 상황. 고민 끝에 파병은 하되 규모는 줄여서. 전투병이 아니라 건설병으로, 평화를 위한 군대를 파견한다는 꼬리표를 붙일 수밖에 없던. 자주적인 힘이 부족했기 때문이죠. 노무현 대통령이 자이툰 부대 방문하고 오시면서 차 안에서 눈물을 훔치시는 장면. 유명한 사진이죠. 그것이 한미 관계의 불평등을 단적으로 보여주는 것이라고 생각합니다. 노무현 대통령의 못다 하신 자주, 통일에 대한 사업에 대해서 관심을 가져야 하고. 노무현 정부의 뜻을 이어받은 문재인 정권의 통일 행보를 밀어줘야 한다고 생각합니다. 노사모가 전국적으로 강력하게 문재인 정권의 통일 행보에 힘을 실어준다면 좋겠지만 현재 상황으로서는 노사모에 그런 동력은 없다고 저는 봅니다. 안타까운 점이죠.

노사모 내에서 인천 노사모에 대해 반응이 어떻습니까?

노사모 내에서 어떻게 보는지는 모르지만 가끔 듣는 얘기가 있어요. 인천 노사모가 그래도 노사모의 자존심을 지켜주고 있는 거 같다. 대표 일꾼으로 나오려면 50명 이상의 추천을 받아야 되는데 추천의 글에 인천 노사모의 활동에 대해 본인들이 느낀 것을 구체적으로 쓴 게 있는데 감동받았어요. 이 사람들이 나름대로의 깊은 생각을 갖고 지켜보고 있었다는 것. 예를 들어 인천 노사모는 살아 있는 노사모 조직인 것 같다는 이야기, 인천 노사모에 노사모의 미래가 있다는 얘기. 그런 평가를 들을 때 보람을 느끼고 감사하죠. 물론 걱정하는 분들도 있지요. 어디서 비롯됐는지는 생각을 해봐야 된다고 생각합니다. 인천 노사모가 활동하는 것을 직접 보지 않고 누군가 하는 얘기를 듣고 판단해버리느냐.

노무현에 대한 판단도 똑같은 맥락에서 봐야 된다고 생각합니다. 노무현에 대해 악의적인 생각을 갖고 비방하는 사람들이 있죠. 메이저 언론에서도. 적어도 노사모인이고 노무현 정신을 따른다면 판단하기 전에 진실이 뭔지 봐야 된다고 생각합니다. 보고 우려스럽다면 그 점을 공개해야 한다고 생각합니다. 과거에 열심히 활동하시던 분들의 시각으로 한 발 떨어져서 인천 노사모의 실체를 직접 보지 않은 채 생각하시면 그런 우려도 가질 수 있겠구나 하는 생각도 듭니다. 과거에는 노무현 한 분을 중심으로 모든 것을 바치던 분들이죠. 그분들에 대한 존경심은 누구라도 다 가져야 된다고 생각합니다. 그분들이 계셨기 때문에 오늘날의 인천 노사모가 있는 거고요. 다만 저희는 노무현 대통령 서거 후기 시대입니다. 과거의 패턴으로 현재 인천 노사모를 보면 경계하실 수도 있을 거 같습니다.

노사모 내부에서 걱정들이 있다고 하는데.

놀란 것이 저에 대한 염려가 있으신 거 같더라고요. 아주 명확하게 확인한 것이 지난 대표 일꾼 선거 때 아내인 사랑비가 대표 일꾼 후보로 출마하게 되니까 질문이 나왔어요. '송전탑님은 통진당원 아니십니까? 통일 활동을 열심히 하는 걸로 아는데.' 정확한 문구는 생각이 안 나지만 너무 급진적이지 않으냐는 것이 요지였어요. 저는 통합진보당에 가입한 적이 없으니까 통진당원이 아니라고 얘기하면서 제 입장을 설명했습니다. 급진, 좌익, 좌파라는 용어가 노사모 내부에서 나온다는 거에 대해 의아했어요. 한편으로는 반성도 해보고요. 저는 당연하다고 생각하는 것을 다른 회원들은 걱정하시더라고요.

그래서 제가 활동하고 있는 것에 대해 가만히 분석해봤습니다, 평화협정을 위한. 제가 평화협정운동본부의 집행위원장을 맡고 있으니까 평화협정이라는 것이 노사모인으로서 해서는 안 될 일인가? 아무리 생각해봐도 아니에요. 노무현 대통령도 평화협정을 원하셨던 분이고요. 김정일 국방위원장과 만나 나누었던 대화가 공개된 대화록 전문에 나와 있습니다. 국방위원장한테 얘기하셨어요. "나는 북한을 위해 세계를 돌아다니면서 대변인을 했다. 때로는 얼굴 붉히면서 북을 옹호했다." 저에 대한 우려는 지나친 우려라고 생각하고요. 한국의 보수적인 성향이 그대로 투영된 것이라고 생각합니다.

1950년, 한국 보수층의 미국에 대한 인식이 1950년 6월 25일로 바뀌었습니다. 미국은 한국을 공산화로부터 보호해준 은인이에요. 그러나 미국의 실체를 놓고 볼 때 그런 면만 있느냐? 아니라는 거죠. 가쓰라 태프트 조약, 일본과 미국의 밀약입니다. 공개된 거에 따르면 미국은 필리핀을 먹고 일본은 한반도를 먹는 데 서로 동의한다. 일본의 한반도 지배를 용인해준 겁니다. 또 거슬러올라가면 신미양요, 병인양요. 미국은 무력으로 한반도에 들어와 통상을 요구하면서 인명을 살상하며 조선의 군대를 초토화하고. 그런 점을 같이 봐야 한다고 생각합니다. 이익과 손해를 같이 생각해야 하는데 보수 쪽에서는 전혀 생각 안 해요. 역사를 왜곡하려고 하는 것이 바로 그 점입니다. 노무현 대통령은 그것을 다 알고 계셨어요. 자주국방 연설에서도 나타났듯 '미국이라면 우리가 사족을 못 쓰는 민족이어서야 되겠느냐? 이런 국내 상황으로 내가 어떻게 외교를 하겠느냐'는 말씀을 토로하셨습니다.

노무현 없는 노사모를 어떻게 받아들여야 합니까?

어차피 노무현은 하실 만큼 다 하시고 보여줄 만큼 다 보여주셨습니다. 노무현이 없더라도 노사모는 살아 있는 노무현이 되어야 하는 거죠. 우리가 진정으로 좋아한 것은 그분이 내세운 가치죠. 사람 사는 세상, 민주주의, 원칙과 상식. 그것을 계속 붙들고 나갈 때 노무현이 없는 노사모 시대를 이끌어나갈 수 있다고 생각합니다.

서거 당시 기억나십니까?

당시 저는 국내 어딘가 여행하고 있었어요. 지인으로부터 문자 메시지가 왔어요. 노무현 대통령께서 투신하셨다고. 처음에는 이게 무슨 이야기인가 믿기지가 않았죠. 서둘러서 언론을 보니까 사실이더라고요. 믿기지가 않았어요. 충격이 점점 커가는 것을 느꼈어요. 서거 후에도 2년 정도는 노사모에 가입할 생각 자체를 안 했어요.

마지막으로 노사모 분들께 한말씀.

인터뷰하는 동안 왼쪽 갈비뼈 안쪽이 결리고 내장이 아팠어요. 이제는 익숙한 현상인데 노무현 대통령에 대해 길게 생각하면 으레 나타나는 현상입니다. 인터뷰 말기에 힘이 들어오는데요. 바로 이런 점이 초기 활동하시던 노사모 선배님들과 후기에 활동하는 저희의 다른 점이 아닌가 생각합니다. 선배님들은 노무현 대통령이 언급되면 눈가가 젖어옵니다. 금방 우시고. 지난번 영화 보면서도 많이 느꼈는데요. 저는 조금 다른 거 같습니다. 서서히 올라오는 아픔. 초기 노사모와 요즘 노사모 간 차이점의 상징적인 현상이라고 생각해요. 송전탑이 너무 과격하다고 걱정하시는 분들이 있는데 걱정하실 거 전혀 없습니다. 저도 노무현 정신과 가치를 깊이 탐구하는 사람이고요. 그 정신에 입각해 생각하고 말하고 행동하려고 노력하는 사람입니다. 인천 노사모 역시 마찬가지입니다. 노무현 대통령을 생각할 때 느껴지는 아픔을 역동적인 힘으로 바꿔 지속적으로 우리 사회에 노무현 정신을 어떻게 실현할 수 있는지 계속 고민하고 있고요. 전혀 걱정하실 거 없고요. 오히려 많이 도와주십시오. 지지해주십시오. 지켜봐주시고요. 함께 새로운 노사모 시대를 열어갔으면 좋겠습니다. ◖

아이가 살아갈 세상이
이대로는 아닌 것 같아

사랑비 옥효정

'사랑비'라는 닉네임 쓰고 있는 옥효정입니다. 노사모에서 활동하고 있고요. 시도 써서 작가회의 회원이기도 합니다. 한 아이의 엄마이기도 하고요. 대부분 가수 김태우의 〈사랑비〉를 생각하시더라고요. 전에는 '부메랑'이라는 닉네임을 많이 썼어요. 그런데 트위터에 가입하려니까 부메랑이 있더라고요. 그후로 사랑비 쓰기 시작해서, 노사모도 사랑비라고 쓰고 있고요.

노사모에 어떻게 가입하게 되셨어요?

어렸을 때부터 부모님 영향으로 김대중 대통령, 노무현 대통령에 대해 알고 있었어요. 노무현 대통령이 경선 바람 일으키는데 그냥 좋은 거예요. 응원도 하고, 그러다 당선되고. 이후에도 노무현 대통령 탄핵 때 한 사람의 시민으로 참여했고요. 서거했을 때 둔기로 맞은 것 같은 각성이 일어났고. 뭔가 해야겠다는 생각이 들더라고요. 국민의 명령 활동을 트위터에서 하고. 서울에서 문성근 대표님과 시작하다가, 중앙이라고 하면 웃기지만, 인천에 지원 나왔고, 당시 인천 시민의 명령을 이끄는 주축들이 노사모 분이셨고. 그때까지만 해도 노사모에 가입한다는 게 내키지 않았어요. 내가 열심히 하면 되지, 굳이 필요한가. 그러다가 2011년에 간곡한 가입 권유 받아서 가입하게 됐고 쭉 이어지고 있습니다.

사랑비님은 어떤 분이셨습니까?

소극적이고 내성적인 성격이고요. 경상도에 살았지만 부모님 영향으로 야권 성향이었는데, 87년 항쟁 현장에 있었지만 사정이 있어서 적극적으로 하지 않았고요. 그래서 거기에 대한 구체적 의식들이 계속 있던 거예요. 직장 생활 할 때도, 노조가 87년 이후 많이 창립되고 탄압받았지만, 같이 시작하고서 나중에는 저만 홀로 투쟁했고 집회도 다녔지만 적법적인 사람이 아니라 뜻에 동조한다는 정도의 소신으로 살았습니다. 그러다 노무현 대통령 서거가 계기가 돼서. 나오기까지 정말 큰 용기가 필요했어요, 저같이 소극적인 사람한테는. 아이가 있으니까 생각이 달라지더라고요. 아이가 살아갈 세상이 이대로는 아닌 것 같아 친구 엄마들이랑 유모차 부대로 참여하기 시작했습니다.

이 지역 노사모는 다른 지역과 뭐가 다를까요?

두 개 모두 복합적인 것 같고요. 정말 '우리가 노무현입니다'라고 할 수 있으려면 노무현 대통령의 뜻을 이어받아야 한다고 생각했어요. 회원들에게 제안하고 회원님들도 동의해주셨고. 하다보니까 연결돼서 인천 시민 사회에서 같이 활동하게 되고 많은 분들이 지지해주시고요. 자발적으로 후원하시는 분도 많으세요. 처음에는 노사모가 팬클럽으로 인식됐잖아요. 팬클럽인데 연대하겠다고 오니까 의아해하셨어요. 지속적으로 하니까 달라지셨고. 또 규약으로 선언했던 게, 팬클럽을 벗어나서 시민 사회 단체로 전환해야 한다고 했고, 동의가 돼서 활동하고 있고요. 이제는 연대하자고 제안이 들어오기도 하고, 같이 적극적으로 하고 있습니다.

노사모 내부에서 어떻게 받아들이시는지?

저희는 서거 이후에 활동한 세대라서 초기 활동하신 분들과 교류할 수 있는 방법이 없었어요. 섬처럼 활동해왔고. 중앙에 있는 집행부에서 인정해주시고 지원해주기로 했는데, 어떻게 평가받는지는 몰랐어요. 노무현 대통령 벚꽃길이 조성돼 노무현 재단을 통해 알려지면서 관심 받는 정도였는데, 어느 순간 보니까 저희가 너무 강하다, 왜 그렇게 열심히 하느냐, 의도가 무엇이냐는 소문들이 생기더라고요. 그럴 때는 속상하고, 우리의 얘기를 하고 싶어도 방법도 없고요. 온라인상으로는 한계가 있더라고요. 전달이 잘 안 되더라고요.

노무현 대통령의 유지와도 같은 "민주주의의 최후의 보루는 깨어 있는 시민들의 조직된 힘이다" 여기와 맞닿아 있어서 그런 활동을 한 건지?
노무현 대통령은 약자를 위해서 사셨고요. 약자와의 연대를 중요시했기 때문에, 약자와의 연대하고 사회의 부조리에 저항하는 것이 저희가 해야 될 일이라고 생각했고요. 혼자서는 하늘의 촛불로 꺼지고 더이상 발전할 힘도 없더라고요. 조직이 되면서 목소리를 낼 수 있고 사회 변화를 일으킬 수 있다는 기대를 가졌고요. 친목 모임이 아니라 우리 각자가 리더가 돼 지역에 들어가 활동해야 된다고 생각했고요. 그게 노무현의 정치를 실현하는 일이라고 생각합니다. 작은 역할을 해서 지역이 변하면 사회가 변하고 나라가 변하지 않을까요? 희망이고요. 지역에서 학부모들, 지역 이웃들, 같이 사는 주민들과 작은 변화들을 직접 느끼니까 맞다고 판단되더라고요.

선거 에피소드 이야기해주십시오.
다른 분들도 거론돼서 조심스럽긴 한데요, 초기에 활동하셨던 분들과 연결될 수 있는 기회가 많지 않았어요. 연결된 분은 저희랑 같이 활동하시다가 저희랑 맞지 않아 따로 하시면서 저희에 대해 전국적으로 얘기했어요. 강성이라는 등 정치적이라는 등 퍼뜨리면서. 초청하지도 않고 대변하지도 않는 지역에서 뿔 달린 도깨비가 되는 경우가 있고요. 올해 초 전국 대표 선거 때 직접적으로 많이 느꼈어요. 저는 대표 일꾼 선거에 나갈 역량도 안 될뿐더러 생각도 없었어요. 어떤 분이 인천에서 사랑비가 인천 노사모를 잘못 이끈다고 소문내셨다고. 제가 인지도는 있으니 나가보라 해서 등 떠밀려 후보로 나갔는데요. 등록하고 너무 스트레스를 받아서 4일 동안 밥도 못 먹었어요. 잠도 못 자고, 살도 빠지고. 내가 해야 될 일도 아니고, 내가 하고 싶지 않은 일을 하는 게 얼마나 힘든지 그때 겪었고요. 특정 당에 가입되어 있지도 않은데 노사모 전체를 당원으로 만들려고 한다는 얘기도 들었고요. 우리 중에 빨갱이가 있다는 얘기도 들었고. 이게 후보에 대한 공식 질문으로까지 올라왔어요. 예전에 인천 대표 일꾼 하면서 같이 중앙위원을 하셨던 분이고 합리적으로 말씀하시길래 괜찮은 분이라고 생각했던 분이 그런 질문을 하는 걸 보고 자괴감이 들었고요. 내가 여기서 뭐하고 있나? 과연 옳은 길인가? 굉장히 힘들었어요. 남편은 평생 해야 될 일이고 이런 거 하나로 그만둘 거면 시작도 하지 말았어야 하지 않느냐, 일희일비하면 안 된다고 하는데 당하는 당사자로서는 힘들더라고요. 스스로 진보라고 하면서 빨갱이라고 하는 건 뭔지. 스스로의 트라우마인가 했고요. 저를 알지 못하는 사람이 대놓고 얘기했을 때 쉽게 받아들여지지 않더라고요.

서거 당시 기억나십니까?

여행중이었어요. 남편 지인으로부터 문자가 왔는데 장난인 줄 알았어요. 아무 생각이 안 나더라고요. 아버지와 남동생을 갑자기 잃은 경험이 있고, 그게 겹치면서 굉장히 충격받았어요. 끈이 끊어지는 기분? 뭘 어떻게 해야 될지 모르겠고. 급히 집으로 올라왔고, 분향하러 서울 가 긴 행렬 기다리고 기다리다가 자정 넘어서 내려왔어요. 인천에도 곳곳에 분향소가 있었거든요. 내려오는 길에 계산역 분향소에서 분향하고. 지금도 사실 믿어지지가 않아요. 갑작스러운 죽음이었고, 기대의 표상이었기 때문에.

낙관적인 노사모 회원들한테 한마디 해주십시오.

안녕하세요, 인천 노사모 사랑비입니다. 올해 초 전국 대표로 선거하면서 인사드리고요, 오랜만에 인사드립니다. 우리는 노무현 대통령을 사랑한다는 공통점이 있습니다. 노무현 대통령의 가치를 계승해야 한다는 공통점을 갖고 있습니다. 다만 그걸 실현하는 방법에 생각의 차이가 큰 것 같습니다. 진정성 있게 만나다보면 우리들의 간격도 좁혀지지 않을까 생각하고요. 만나지 못해서 온라인으로 대화하다보니 감정의 골만 깊어지고, 공통점을 찾기보다는 차이점을 찾는 데 혈안 되어 있어 많이 안타깝습니다. 보시다시피 머리에 뿔 달린 괴물 아니고요. 한 아이의 평범한 엄마입니다. 자주 만나 허심탄회하게 얘기하면서, 노무현 대통령을 사랑하는 사람으로서 자랑스러운 사람이 되는 데 저도 여러분도 다 같이 함께했으면 좋겠습니다. 감사합니다. ◐

끝까지 발전의 대해를
함께합시다

난어용시민 노동천

인천에 사는 노동천입니다. 이름에 노동이 들어가고 노동자로서 살고 있습니다. '짤찌다'라는 닉네임 사용하다가 최근에 '난어용시민'으로 바꿨습니다. 노무현 대통령을 지켜야 된다는 의무감 없이 언론에 휘둘려 같이 비판하던 과오가 있습니다. 문재인 정부 들어서고 문재인 대통령의 진정성을 지지하겠다는 뜻에서 난어용시민이라 정해서 활동하고 있습니다.

노사모에 언제 어떻게 가입하셨습니까?

적극적으로 활동하는 분들에 비하면 늦게 합류했는데요. 노무현 대통령이 2009년도에 가시고 바로 노무현 재단의 회원이 됐고요. 박근혜 당선되고부터 오프라인 활동 적극적으로 하면서 인천 노사모 활동했던 분들 접하고. 2014년쯤으로 기억합니다.

노사모 가입 이전에는 어떻게 살고 계셨습니까?

87년 6월 항쟁 무렵에 노동 현장에서 노동조합 활동 열심히 했고요. 사회 현실에 대해서 늘 관심은 가지고 있었지만 2002년에 열심히 활동했던 노사모 분들을 마음으로 응원했을 뿐 활동하지는 않았습니다. 박근혜 대통령 당선된 후에 적극적으로 활동했고요. 현재 대표 일꾼 맡고 있습니다.

강조하시고 싶은 내용, 활동들 있으시다면.

심오한 철학이나 깊이 있는 식견을 가지고 있지도 않고 현실 정치에 늘 끈을 가지고 있었고요. 백남기 어르신 참사 때도 지근거리에 있었죠. 전문가가 아니더라도 사인이 뚜렷한데 당시 집권 세력들을 왜곡하려 했지 않습니까? 이슈가 있을 때마다 현장에 있기는 했는데 인천만의 특별한 상황은 기억나지 않습니다. 촛불집회 당시에 매주 부평역 맨 앞칸에서 수십 명이 모이는 전통이 있었습니다.

일반 시민들은 인천 노사모에 대해 어떻게 생각하는 거 같습니까?

지금 노무현 정신이 대세지 않습니까? 친문이지만 친문이 친노고, 친노가
친문이다. 노무현 정신은 이제야 빛을 발하고 있습니다. 노사모는 홈페이
지에 적을 둔 회원들뿐 아니라 촛불을 들었던 민주 시민들의 것이라고 생
각합니다. 촛불혁명 이후 문재인 정부 들어서고 시민들의 눈빛도 호의적
으로 바뀌지 않았나. 실제로 행사나 집회 현장에서도 노사모 깃발 들고 있
으면 음료수 사오셔서 격려해주시는 시민들도 가끔 접하고 있습니다.

그 많은 노사모 회원들이 다 어디로 갔습니까?

이슈가 있을 때 동력이 생기고 활화산처럼 타오르지요. 동력은 꾸준하고
길게 가지 못합니다. 정치권도 마찬가지고요. 노사모도 활화산처럼 타오
를 때에 비하면 동력이 많이 떨어졌는데, 어쩔 수 없는 현상이 아닐까
생각합니다. 사회에 조금이라도 발전되고자 하는 의식 가진 분들이 꾸준
하게 활동하는 것이지. 홈페이지 접속자가 하루에 불과 몇십 명인데 지금
도 후원해주시는 분들의 선의로 굴러가지 않나 생각합니다.

노무현 대통령이 돌아가셔서 동력을 잃어버렸다고 봐도 되겠습니까?

그렇게 생각하지 않고요. 저같이 서거 후에 노사모 회원이 된 사람도 있지
않습니까? 노사모가 중앙에서, 지역에서 제 역할을 충분히 하고 꼭 필요
한 활동을 열심히 하면 신규 회원은 계속 유입되리라고 생각하고요. 열심
히 하셨던 초기 노사모 분들 존경합니다. 말없는 다수 분들. 그런데 일부
어떤 분들은 노사모가 초기에 적극적으로 활동했던 분들의 전유물인 것

처럼 생각하시지 않나 판단하고 있습니다.

혹시 서거 당시 기억이 나십니까?

뚜렷이 나지요. 제가 지방 다니면서 일하는데 서거 당시에 전라북도 진안군에서 있었습니다. 못 듣고 있다가 아내 전화 받고 무슨 소리냐고, 장난하느냐고 그랬지요. 라디오를 틀었죠. 충격이었어요. 울었습니다. 자동적으로 눈물이 나더군요. 그날 밤 진안에서 가까운 전주 민주당 빈소 가서 조문하고. 그해에 봉하도 찾아뵙고. 당시 노사모 회원 아니었지만 1주기 때 봉하마을 가서 많이 울고. 뚜렷이 기억납니다, 2009년 5월 23일.

노사모라고 하시는 분들은 서거가 각성의 계기가 됐다고 하시더라고요.

미처 깨닫지 못했던 것을 깨달으면서 사는 게 삶인데 현재 시민들이 그걸 깨닫고 있지 않나. 한미 FTA라든가 이라크 파병이라든가 노무현 정부를 탄생하게 했던 민주 시민들조차도 참여정부에 반대하는 시위에 참여했습니다. 깊이 생각하지 못했죠. 정부에 힘을 실어줬어야 했는데 깨닫지 못했던 거고요. 지금은 많이 깨닫고 있어요.

전국의 노사모 회원들에게 영상 편지.

안녕하십니까? 인천의 노동천입니다. 닉네임은 난어용시민이라고 합니다. 참 민주주의는 지난한 거 같습니다. 끈기가 있어야 된다고 생각합니다. 문제가 있으면 문제 있다고 지적할 줄 알아야 되고요. 꾸준하게 계속해야지, 힘들다고 지치고 주저앉으면 바꿀 수 있는 건 없다고 생각합니다. 우리 같이 끝까지 발전의 대해를 함께합시다. 저도 끝까지 함께하겠습니다. 고맙습니다. 🎙

생활이 앞서는
생활 정치인

기훈아빠 이종민

'기훈아빠'입니다. 결혼했고 아이도 어릴 때였죠. 정확한 가입 시기는 기억 못하겠습니다. 카페가 아니라 온라인상에 개설이 될 때 가입한 것 같아요.

가입 이전에는 어떤 분이셨습니까?

평범한 직장인이었습니다. 그러다가 온라인상에서 노무현이라는 정치인에 대해 알게 된 거죠. 그전에는 신문이나 언론에서 정치인들이 비치는 모습을 보다가 생생하게 한 정치인의 순수한 마음을 보게 된 거죠. 아내의 반대가 대단히 심했어요. 주말에 애들도 보고 가족들과 함께해야 되는데. 특히 와이프가 경주 사람이고, 가만히 있어도 자동으로 보수화되는 동네거든요. 처음에는 노사모라는 모임에 가면 이해도 못하고 굉장히 힘들어했죠. 제가 정치할 사람은 아니고 일반 시민이니까 반발이 많이 심했죠. 왜 이런 활동을 하고 왜 이런 정치인을 좋아하게 됐는지, 예를 들면 좋은 글 있으면 사무실에서 프린트해서 집에서 '한 번만 읽어봐라' 하고. 읽어 보는 시간에는 마사지를 엄청 해줘야 돼요. 그 조건으로 읽어보게 하니까 조금씩조금씩. 지금은 저보다도 투철한 투사가 돼서. (웃음)

왜 하셨어요? 활동 이후 무척 힘들어하는 분들이 많은데요.

그때에도 만사 제치고 열성적으로 하는 것에 대해서는 개인적으로 반대했어요. 가장 가까운 가족을 설득하고 동의를 구하지 못하면 해선 안 된다고 생각해요. 저는 투사는 아니고요. 말씀드렸다시피 생활 정치인이에요. 생활이 먼저 앞서야 되고 정치는 생활 정치인으로서 하는 거예요.

노사모를 만나고 바뀐 점이 있나요?

동무들이 많이 생겼죠. 크게 바뀐 건 없는데 한번 좌절을 겪지 않았습니까? 노무현 대통령께서 서거하셨는데 많이 아팠어요. 정확하게 제 삶이 노사모 이전과 이후로 나뉜다고는 할 수 없겠지만 지지자로서 전략적인 마음을 갖게 되지 않았나. 노사모 지지자로서 노무현 대통령 당선되고 많은 아픔을 겪었잖아요. 정말 많이 고립되셨거든요. 심지어는 진보 언론에서조차 침 뱉고 조롱하고. 이라크 파병 등 있을 때 노사모 내부에서도 갈등과 분열이. 이러려고 대통령 뽑았나 하면서 떠나시는 분들도 많았고. 저도 개인적으로 많이 상처받았지만. 그런 과정을 거치면서 정치인을, 어떤 세력을 지지한다고 할 때 마음의 정의를 정확하게 잡아야 장기전이 되고 싸움에서 이길 수 있겠다고 생각하게 됐어요. 정치인으로 나가는 게 아니고 전략적인 판단을 내릴 수 있도록 깨어 있으려고 노력하고요. 노사모로 인해 인생이 뒤바뀌는 정도의 극적인 반전은 없었습니다.

그 정도만 해도 인생에서 큰 변화이기도 할 것 같아요.
그렇죠. 큰 변화겠죠. 노무현 대통령의 초석이 지금 문재인 정부 탄생에 배경이 됐고. 남북 관계도 그렇고. 노사모부터 시작해서 흘러왔던 과정들을 돌이켜보면 아이들한테 부끄럽지 않은 아빠로서, 기훈아빠 닉네임에 부끄럽지 않은 생활 정치인이었던 것 같습니다.

후회되던 순간들은 없으십니까?
후회하진 않고요. 지금은 아내가 저보다도 열렬한 지지자고. 그걸로 족하고요. 경주 지역에서 같이 노사모 활동 했던 분들과 삶의 동반자처럼 아직도 가족들끼리 매달 모임을 해요. 활동하면서 여러 사람들 있다보니 개별 사안에 대해 서로 부딪히고 문제가 있기도 하지만 결국은 사람 사는 세상이고 그 속에서 아주 좋은 유대 관계를 맺고. 지금은 한 커뮤니티로 같이 모여 있는 거죠. 중요한 거는 깨어 있는 시민들이 조직되어 뭉쳐 있으면 나중에 뭔가를 할 수 있다는 거죠. 혼자만 있으면 못하지만.

촛불혁명이나 문재인 정부가 노사모가 만든 토대 위에 있을 수 있었다고.
100% 동의하고 지금 남북 관계도 결국은 문재인 대통령께서 비서실장으로 계시면서 학습하시고 때로는 업그레이드해서. 문재인 지지하는 세력들은 노사모 시즌 2가 되는 거고 문재인 대통령도 노무현 참여정부의 시즌 2가 되는 거고. 그대로 계승하는 것보다 한층 업그레이드되어서 전략적으로 세상을 바꿔나갈 수 있는 학습효과들이 컸다고 자부합니다.

노무현 대통령 언제 제일 생각나세요?
생각 많이 나죠. 길은 다르지만 문재인 대통령께서 북한에 올라가실 때도 노무현 대통령이 먼저 가서 길을 닦아놓으셨고 나무도 심어놓으셨고. 그 모든 흔적들이 노무현 대통령을 생각하게 하는 거죠. 김해 쪽으로 가면 생각 많이 나죠. 봉하마을 쪽으로 가게 되면. 서거 소식을 언론을 통해 들었는데 정말 멘붕이었습니다. 아이들 데리고 갔죠. 봉하마을로 가서 장례식 끝날 때까지, 역사의 한 소용돌이 현장에서. 많이 아프죠. 두 번 다시 그런 일이 없어야 되지 않겠나. 노무현 대통령께서 시대를 너무 앞서가셔서.

그때 노사모 회원들에게 한말씀.
한 시대를 뜨겁게 사랑했던 정치인을 놓고 치열하게 토론하고 논쟁하고. 감정이 상했던 분들도 있을 수 있습니다. 행여 상처가 남았다면 부족한 (웃음) 지지자로서 마음이 앞서갔다는 걸로 받아주시고 지금은 한마음이 되어서 좀더 밝은 세상, 좀더 나은 세상을 함께 만들었으면 좋겠습니다. ◗

노사모는 굉장히
소중한 순간들

심심해 심호석

심호석이라고 하고요. 2002년도에도 지금도 KT 대리점 하고 있습니다. 닉네임은 '심심해'입니다. 2002년 2월에 가입했어요. 5공 청문회 때 노짱 알게 되고 관심 가지고 있었는데 대통령 출마한다고 해서 숫자라도 보태야겠다는 마음에 노사모 가입한 거죠. 그때가 서른아홉이었을 거예요. 노사모 가입하니까 문자가 엄청 와요. 경선이다보니 이거 해라, 저거 해라. 그때는 그런가보다 하고 말았어요. 그러다가 광주 경선 끝난 날 문자로 모인다고 해서 처음으로 오프라인 모임을 아내 데리고 갔어요. 다음 인천 경선은 어찌어찌 준비하자는 얘기들 많이 하더라고요. 어떤 분이 저한테 인천 경선하기 전에 인천에서 지지 선언을 모아줬으면 좋겠다고 얘기하더라고요. 알았다고 하면서 노사모 오프라인 모임을 나가기 시작한 거죠. 지지 성명 받아야 하는데 아는 데가 없어서 인천에 운동하는 아는 분 계셔서 찾아가 도움 청했더니 당시 남동을 국회의원 했던 이용희 의원 보좌관, 정혜훈씨, 곽환항씨라는 분을 소개해주더라고요. 그분들 만나서 서명 부탁하고 2002년이니까 2002명 서명 받았어요. 이것저것 하다보니까 노사모가 재밌는 거예요. 몇 번 입바른 소리 했다가 인천 대표 일꾼도 되고.

노사모 가입하기 전 어떤 사람이었습니까?

학교 다닐 때 학생운동 조금 했어요. 그러고 나서는 직장 생활하고 장사하고. 그러면서도 웬만한 사람들이 가지고 있는 정도로 정의감이 조금씩 있고요. 노사모 회원들을 만나면서 참 좋았던 거 같아요. 서로의 이해관계 따지지 않고 동등하게 대하고 편했어요. 일하고자 하는 뜻도 맞으니까 같이 다니고. 기억에 많이 남고 또 무엇 때문에 그렇게 했는가 하는 생각도 들고. 경선 당시에 KT 대리점 했는데 가게에 별로 신경 안 쓰고 직원 한 명한테 맡겨놓고 저는 돌아다니고. 대통령 선거 끝나고 보니 제가 신용불

량자 문 앞에 서 있더라고요.

사모님께서는 아무 말씀 없으시던가요?

아내는 몰랐죠. 얘기를 안 했으니까. 아내는 공무원이니까 집에 들어오는
돈이 줄었더라도 생활할 수 있었어요. 돌아다니느라 돈을 많이 쓰나보다
하고 말았겠죠. 선거 끝나고 보니까 상황이 보통이 아니더라고요. 선거 끝
나고 다음날 대표 일꾼 그만두고 생업으로 돌아갔어요. 지금은 그렇게 하
라고 하면 못하죠. 받는 거 없이 내 돈 쓰면서 다녔는데 미친 거죠. 왜 미친
건지도 모르고 다들 미쳐서. 노사모도 회원들이 좋아서 다닌다고 했어요.
저한테는 굉장히 소중한 지점이고 많이 배우기도 했고요.

지금도 노사모 활동 하고 계시나요?

탈퇴했어요. 제가 전국 대표 일꾼도 했는데 노사모 존속을 위해서가 아니라 조용히 자연사할 수 있도록. 지금은 노사모 활동을 그만하는 게 맞는다고 생각해요. 노무현 재단이 있으니까 그쪽과 대통령 추모하고 역할 하면 되지 않을까.

현실 정치에 참여할 수 있지 않았을까요?

그런 생각은 없었어요. 정치할 만한 능력이 안 된다고 생각했고요. 열심히 하시는 분 도와주면 되지 않나. 노사모 활동 하고 나서부터는 그만큼의 활동을 다른 데서 하기 쉽지 않더라고요. 이를테면 문재인 대통령 후원하고 도와줘야겠다는 마음은 있지만 선거 때도 노무현만큼 좋아하지는 못하겠더라고요. 너무 많은 정열을 쏟아서 기가 다 빠졌다는 생각이 들어요.

노무현 없는 노사모가 어디로 가야 된다고 생각하십니까?

노사모가 있어야 한다면 대통령 추모와 뜻을 기리는 쪽으로. 종교로 따지면 여러 분파가 생기는 거잖아요. 결국에는 서로 적대적이게 되고. 노사모도 그럴 소지가 크거든요. 그래서 노사모 해체해야 된다고 생각하는 거예요. 모여 있지 말고 흩어져서 다른 역할을 하는 것이, 노짱의 뜻을 퍼트리면 되는 거 아닌가 생각해요.

지금 노사모의 논란도 '조직된 힘'에 대한 해석 차이로 생기는 거 같은데.

조직된 힘이라고 해서 어떤 틀을 가지고 만나고 것보다는, 지난 촛불집회 때 모였던 것들이 조직된 힘이지 않을까 생각해요. 인위적으로 조직을 만드는 것보다. 노사모 회원이라도 나오는 사람이 있고 안 나오는 사람이 있듯 노사모 활동을 자기 방식대로 하는 거잖아요. 오프라인에 나오든가 온라인으로 하든가 아니면 혼자 집에서 하는 사람도 있고 동네에서 하기도 하고. 이것을 조직이라고 할 수 있냐고 하지만 저는 그것도 조직이라고 생각해요. 어떤 틀을 묶어놓을 게 아니라고 생각해요.

그때의 자신에게 해줄 말이 있다면?

열심히 하라고. 돈 있으면 보태주고 싶고. 회원들 마음이 다 그랬을 거예요. 뭘 바라서 한 게 아니니까. 대선 끝나고 대통령이 노사모 회원들을 청와대에 초청했어요. 그때 저는 굳이 내가 갈 필요가 있나 생각하고 가지 않았어요. 지금은 후회해요, 그거 하나.

서거 당시 혹시 기억나시는.

제가 장사를 하니까 집에서 조금 늦게 나가요. 뉴스에 나오는데, 자막으로. 멍했죠. 출근도 못하고 그냥 봉하로 내려갔어요. 지금도 눈물 나려고 하는데 (웃음) 굉장히 충격받았죠. 분노도 컸고. 대통령을 지키지 못했다는 자책감도. 올라와서 인천에 분향소 차리는 과정들 거쳤는데…… 너무 안타깝죠.

노사모가 세상을 조금이라도 바꿨다고 생각하십니까?

그렇죠. 좋은 쪽으로 바꾼 거죠. 세상이 바뀐 기점이 노무현 때 아닌가 생각해요.

노사모에서 생각나는 분 있다면.

희망돼지 모을 때죠. 인천 대표 일꾼 하고 있었는데 생각지도 못한 데에서 전화가 왔어요. 희망돼지 해놨으니까 가지러 와달라고. 학익여고라 그러더라고요. 갔더니 선생님들이에요. 급조해서 만든 거더라고요. 통에 만 원어치 동전으로 넣고 뜻을 모았다며 주더라고요. 받으면서 이번 선거는 이기겠다, 이런 노사모들이 참 많다는 걸 느꼈죠. 이렇게 보이지 않는 데서하는 노사모도 있구나.

낯을 많이 가린다고 하셨죠?

노사모 활동 하면서 많이 바뀌었어요. 노사모 가서는 까칠하지 않나봐요. 아내가 거기에만 가면 사람이 바뀐다는 거예요. 제게 노사모는 굉장히 소중한 순간들이었고 또 대통령을 만들었잖아요. 우리가 이겼잖아요. 사회를 바꾸려는 노력을 많이 하는데 패배감을 많이 느끼면서 살아오잖아요. 그런데 엄청난 일을 해냈잖아요. 형언할 수 없을 자부심, 자신감을 노사모회원들은 가지고 살죠. 문재인 대통령 만드는 과정에서도 할 수 있다고 회원들은 생각했겠죠.

전국의 노사모 회원들을 위해서 영상 편지.

노사모 회원들이 대통령을 생각하는 마음을 가지고 대통령을 추모하고그 뜻을 우리 생활 속에 퍼트리려는 노력들을 해나간다면 무리가 없다고생각해요. 다양성을 존중한다고 노사모에서 말하잖아요. 그러니까 다시한번 생각해봤으면 하는 마음이 들고요. 이상입니다. 🎤

정신은
계속 이어진다

번지점프 김인수

2001년 12월에 한국 생활을 정리하고 미국에 이민 가게 됐어요. 이민 가서 한국 소식을 〈오마이뉴스〉나 대중 매체를 통해 들었는데 그때 시민들이 노란 풍선을 들고 노무현을 지지한다는 기사를 보면서 눈물을 흘렸던 기억이 나요. 정치인들 보고 눈물 흘렸던 경험이 없었는데. 평범한 목소리를 대변할 수 있는 정치인이라는 생각 때문이었는지 마음이 움직였던 것 같아요. 그래서 가입한 것이 노사모였죠. 닉네임은 '번지점프'. 〈번지점프를 하다〉라는 영화 있잖아요. 많은 대사가 있는데 그중 하나가 사랑하기 때문에 사랑하는 것이 아니라 사랑할 수밖에 없기 때문에 사랑하는, 운명적인 사랑을 얘기하는. 그 영화 생각하면서 닉네임을 지었습니다.

노사모 활동하기 전 한국에 계실 때 어떤 분이셨습니까?

제대하고 대학 들어간, 예비역으로서 동생들과 같이 보낸 사람이었고요. 어릴 때 꿈이 자선 사업가였는데 하루는 얼굴밖에 모르는 선배인데 '학생복지위원회라는 자치 기구를 하게 됐다, 혹시 같이해볼 생각 없느냐' 해서 활동을 시작하게 됐죠. 3년 정도. 자선 사업가가 되겠다는 꿈을 이뤄가는 과정이었다고 생각이 들고요. 95년도에 졸업해야 되는데 졸업을 미루고 총학생회장이 됐죠. 당시에 강경대 열사, 91년도, 열사 정국이 있었고 95년도에 전두환, 노태우 특별법 제정을 위한 시위들을 제가 총학생회 임기 마치는 겨울까지도 했던 기억이 나고요. 운동을 삶에 받아들인 시기였죠.

한국을 떠나실 때 몇 살이셨어요?

서른다섯 살 정도였죠. 운동한 이력으로 사회 진출을 못하고 전공 맞춰서 사회에 나가 경험한 세상은 살아가기가 굉장히…… 자그마한 회사 속에서도 올바른 의사 결정을 하지 못하고 밥그릇 싸움하는 모습을 보면서 큰 좌절감을 느껴 사실상 도피해서 이민 갔다고 봐야죠. 그러면서도 내 나라에 대한 애정이 있었던 것 같고, 연관을 끊어야 된다는 생각은 갖고 있지 않았던 것 같아요.

그때부터 2009년까지 거의 10년 가까이 한 걸음 떨어진 상태에서 보셨을 거 아닙니까?

우리가 알고 있던, 교과서 속의 민주주의라는 것을 삶 속에서 어떻게 만들어갈 거냐? 그것을 학습해가는 과정이었던 것 같아요. 결코 쉽지 않다. 서로의 차이가 인정되고 존중돼야 되는 과정들. 서로가 성장해가는 과정들을 인내할 수 있는 부분들이 필요한 것 같거든요. 오랜 시간이 걸리죠. 민주 시민으로 어떻게 살아갈 것인지를 하나씩 시행착오를 통해 배우는 과정이었다는 생각이 들어요. 제가 LA 10개 단체의 연합회 사무총장을 했을 때 시민 분향소가 마련이 됐어요. LA 지역만 1주일 동안 분향 오신 분들이 2천 명 정도 되는 것 같아요. 각 지역마다 분향소들이 마련됐었고. 일주일 동안 시민들을 맞이하고 분향하면서 그 슬픔들이 다 저한테 오더라고요. 굉장히 힘든 시기였던 것 같아요.

LA 한인 커뮤니티가 보수적이라고 들었거든요. 초반에 인정받지 못하셨던 대통령 후보를 지지하는 노사모로서 어떠셨는지.

위로받는 곳이었죠. 이야기하기도 어려울 뿐 아니라 얘기하더라도 굉장히 소수자일 수밖에 없는 상황에서 모임을 통해 같은 입장인 사람들과 활동하고 대화하고. 위로를 많이 받았던 것 같아요, 서로가.

힘드셨겠습니다. 오히려 미국 LA에서 노사모라는.

오히려 사회적인 면이나 언론에 있어서 한국보다는 해외라는 부분들이 더 조명되잖아요. 동포 사회에서 생활하다보면 한국에서는 보기 어려우신 분들을 어렵지 않게 볼 수 있는 여건이 되는 것 같아요. 당시는 재외국민 투표권이 있지 않았기 때문에 응원하는 사람일 뿐, 참여자는 아니었죠.

노무현을 만나서 바뀐 게 있다면 어떤 게 바뀌는지?

노사모에 가입했으나 한편으로는 떨어진 세계에서 나만의 삶을 살고 싶은 욕구들이 있었던 것 같아요. 평범하게 결혼했고 우연찮게 하게 된 사업들이 있고 일주일에 한 번씩 외식하거나 한 달에 두세 번씩 미국에 여행 다니면서 일상적인 삶을 살아왔죠. 그런데 노무현 대통령 서거가 저한테 굉장히 큰 변화의 계기였던 것 같아요. 쪽팔리게 살지 말자는 생각. 내 삶이 이렇게 사는 것이 맞느냐는 성찰. 그래서 전업 활동가로 살겠다며 사업체도 다 정리하고 비영리 단체 만들어서 청년들과 같이 활동한 게 저한테는 큰 변화를 갖고 왔던 거죠. 노무현 대통령의 서거라는 것 자체가.

대가가 있는 활동은 아니잖아요. 세상이 바뀐다는 것도 오늘내일 바뀌는 것도 아닐 테고.

밖의 세상과 제 안의 세상, 두 가지가 있는 것 같아요. 예전에 했던 학생운동은 바깥만을 바꾸기 위한 활동이었다면 지금은 바뀐 것 같아요. 두 가지를 같이 바꿔야 된다는 생각을 갖고 있거든요. 나도 바뀌고 세상도 바뀌고. 긍정적인 변화를 이끌어가기 위해서 활동하지만 크고 작은 문제들이 있잖아요. 그때 했던 시간과 노력들이 개인적으로 어떻게 평가하느냐에 따라 달라질 수 있는 것 같아요. 나의 변화는 스스로가 어떻게 정리하느냐에 따라 느낄 수 있는 부분이기 때문에 바깥에서 뭐라고 할 수 있는 부분은 아닌 것 같아요. 노사모 활동들을 보면 세상에 대한 변화를 이야기했지만 내 속의 변화에 대해서는 많이 이야기하지 못했던 것 같아요. 실수하거나 잘못된 부분들을 우리가 용인하고 보듬을 수 있어야 되는데 그러한 훈련을 했던 적이 없기 때문에 시행착오와 어려움이 있었던 것 같거든요. 개인의 성장과 발전을 뒤로 밀어놨던 것 같아요.

서거 소식은 어떻게 접하셨어요?

맨 처음에 지인한테 연락 와서, 아마 노사모 회원들이었던 것 같아요. 믿기지가 않아서 한동안 움직이지 못하고 계속 울기만 했던 기억이 나고요. 시민 분향소를 만들어야겠다 해서 관계된 분들이랑 회의 소집해서 보고. 분향소를 오픈하게 됐죠.

촛불혁명이라든지 문 정권 탄생이라든지 노사모가 어느 정도 영향을 줬다고 보시나요?

노무현 대통령 당선되면 진짜 세상 바뀌는 줄 알았잖아요. 그런데 대통령

하나 바뀐다고 세상이 바뀌지 않을 수 있다는 걸 알게 된 것 같아요. 기득권이 가지고 있는 기본적인 힘들이 생각 이상으로 강력하고. 그것을 도려내 우리가 원하는 세상을 만들기 위해서는 더 많은 시간과 노력들이 필요하다는 것을 느낀 것 같아요. 그리고 더 강력했으면 좋겠다. 아픔이 있더라도 좀더 시민들이 원하는 방향으로 진행했으면 좋겠고요. 지방선거 결과가 나온 것도 그렇고요. 총선을 예상해보면 시민들은 아직 혁명이 끝났다고 생각하지 않고 있는 것 같거든요. 그 힘들을 보여줄 거라고 생각해요. 시민들은 자신의 역할을 숙제로 갖고선 풀어가는 과정이 아닐까 싶어요.

유지같이 남기신 말 중에 '민주주의의 최후의 보루는 깨어 있는 시민의 조직된 힘이다'라고 하셨잖아요.

노무현 정신을 삶 속에서 어떻게 구현할 것인가의 문제라고 생각하고 있어요. 예전에는 조직 모임이 우선이었던 것 같아요. 조직과 모임이 발전한다고 해서 구성원들도 함께 성장할까요? 그럴 수도 있고 그러지 않을 수도 있죠. 반대로 구성원이 성장하고 발전한다면 조직과 모임이 성장할까요? 본질적인 거는 사람한테 있다고 생각해요. 모임을 구성하는 사람들.

우리는 왜 노무현을 잃었을까요?

저는 잃었다고 생각하지 않는데요. LA 지역 추모 위원회에서 49재를 시민들과 같이했는데 그때 시민들께 말씀드렸어요. 우리 각자가 노무현이 됐으면 좋겠다. 몸은 죽었으나 정신은 우리 속에서 계속 이어지는 것 같아요. 그 숙제를 지금도 풀고 있는 거고요. 어떻게 만들어가는 게 가장 노무현다운 삶인지에 대한. 무엇인가가 고민될 때 노무현이었으면 이 상황에서 어떻게 판단하고 어떤 결정을 했을까 하고.

번지점프님이 운영하는 청년 단체의 이름은 무엇인가요?

국제 청년 센터. 한국 유학생들은 미국 사회에서 소수자거든요. 미국인이 아니기 때문에 여러 가지 피해들이 있고. 그런데 청년들이 원하는 단체는 어떤 피해를 겪었을 때 필요한 단체가 아니라 생활 속에서 함께할 수 있는 단체더라고요. 그래서 지금은 청년들 간의 교류이고 갖고 있는 것들을 나누려는 활동들을 많이 하고요. 어느 나라, 어느 부모 밑에서 태어날 것을 선택하지 못하잖아요. 남자, 여자가 있고 피부색도 다르고. 선택한 문제라면 왜 그걸 선택했냐고 물어보거나 따질 수 있지만 '머리가 왜 그래? 왜 키가 작아? 왜 얼굴이 그렇게 생겼어?'라고 할 수 없는 거잖아요. 선택하지 못한 것들은 스스로가 받아들여야 되고 다른 사람 또한 마찬가지고요. 선택하지 못한 것을 사회가 얼마나 존중하고 배려하느냐. 사람마다 성장의 기준이 다를 텐데 제가 생각하는 성장은 '선택하지 않은 것을 위해서 내가 얼마만큼 헌신할 수 있느냐'입니다.

LA 노사모는 몇 명 정도 됩니까?

때마다 다른데요. 최대 20~30명 됐던 것 같고. 오히려 지금은 많아진 것 같아요. 한국에서 정치와 관련된 분을 초청하면 150명, 200명 모여서 강연회도 하고. 정치인에 대한 팬클럽이다보니까 한국 정치에 관련된 상황들에 목소리를 내왔던 것 같아요. 독서 모임도 있고 산에 가는 모임도 있고 일상에서 교류하기 위한 활동들도 있고. 사안에 맞춰서 정치인들의 초청 강연도 하고.

<u>노사모가 출범한 당시 30대 중반이었던 번지점프님. LA에서 만나셨던 분</u>
<u>들, 동지들한테 한말씀.</u>

번지점프입니다. 노사모 회원으로 제가 살아왔던 것을 간략하게 평가하자면, 여러분들과 함께 해왔던 활동들이 저를 계속 변화시키고 성장시켰던 것 같아요. 사안에 따라 정반대의 생각도 있었고, 언성을 높여 싸웠던 적도 있었고요. 그럼에도 그런 과정들이 또다른 세상, 또다른 관계들을 만들어가는 계기였다고 평가하고 싶고. 49재 때 여러분뿐 아니라 시민들께 말씀드렸던, 우리가 노무현이 돼서 삶 속에서 다시 부활시키자는 숙제를 스스로 지지하고 격려하면서 잘 풀어나갔으면 좋겠습니다. 여러분들이 하시는 것들, 지금은 멀리 떨어져 있지만 계속 응원한다고 꼭 말씀드리고 싶습니다. 🎙

특출한 것도 없는
사람들이 모여
같이 좋아하고 슬퍼하고

함께가야지 하경석

경남 마산에서 주로 활동한 닉네임 '함께가야지'입니다. 보통 '가야지'라고 부릅니다. 이름은 하경석이고 2010년 9월인가 10월 가을에 노사모 시작했습니다. 당시 동생과 합성동에서 슈퍼를 했습니다. 쌀집 하던 사장님과 친하게 지냈어요. 사장님이 술 마시러 가자고 꼬셔서 따라갔더니 '21세기'하고 '건배'하고 몇 분 있더라고요. 21세기는 전부터 친구였으니까 여기서 뭐하느냐고 물으니까 노사모래요. 노사모가 뭐하는 건데? 노무현 좋아하는 사람들. 그래서 제가 노무현은 대통령 되면 해외 외교도 가야 하는데 그 인물로 되겠냐고 했어요. 건배님은 학교 선생님이신데 제 이야기를 다 들어주시는 거예요. 제가 자꾸 꼬투리 잡으면서 전두환 때는 경기가 좋았다고 말했어요. 그때 갑자기 밥상을 엎고 술상을 엎었어요. 너 같은 새끼는 필요 없으니까 가라고. 노무현을 아예 몰랐습니다. 노사모에 스스로 공부해서 온 사람도 있지만 늪에 빠지듯 노무현을 좋아하게 된 사람들도 많거든요. 그 일이 있은 후에는 고민과 궁금증이 쌓이더라고요. 쌀집 형님과 막걸리 한잔 하면서 이야기 많이 나눴습니다. 결국 가입하고 돼지저금통도 몇 개 받고.

주변 사람들은 어떤 반응이었나요?

단일화 철회 때인데 당시에는 제가 논리적으로 무장이 안 된 상태였어요. 친구들과 모임 하면 14, 15명 정도 와요. 친구 중에 자기 형님 사업체 물려받아서 먹고살 만한 아이가 자청 보수라고 청중을 압도하는 거예요. 대통령은 이회창이 되어야 한다고. 제가 나선 거죠. 노무현 좋은 사람이라고 하면서 엄청 싸웠습니다, 12 대 1로. 감정이 상할 정도까지 싸웠어요. 대통령 돌아가신 후에 거기 있던 친구들 몇 명이 페이스북으로 저한테 미안하다고 말하더라고요. 그때 말은 안 했지만 '12 대 1로 혼자서 싸웠다고 생각했는데 내 편이 있었구나' 하고 생각하게 되죠. 경남에서는 남한테 노무현 좋아한다고 말할 수 있는 용기를 가진 사람이 드물었으니까요. 그걸 단단하게 만들어준 게 노사모죠.

가족들은 어떠셨나요?

제가 늦게 결혼해서 아기가 어렸어요. 아내가 혼자서 아기를 보는데 신랑이라는 사람은 노사모 한다고 집에 늦게 들어오고 돈도 안 벌고 술 마시고. 그러니까 문을 잠그더라고요. 문 잠그면 문 열라고 몇 번 하다가 술 취한 김에 PC방 가서 놀고. 그러면 전화 와서 "빨리 안 들어오면 죽는다" 해서 들어갔죠. 다들 좋은 아빠였을 수는 있지만 좋은 남편은 아니었을 겁니다. 부모님은 오히려 크게 관여 안 했어요. 나이도 30대고 또 동생도 노사모였습니다. 지금 제 모친은 할매 좌파가 되어 있고요.

탄핵 이후에 결집이 더 강해졌겠어요.

탄핵 이후 노사모 회원이 대거 가입됐죠. 당선 이후 노사모 해체론이 있었습니다. 대통령 만들어놓으면 알아서 잘할 거라고 생각한 거죠. 하지만 탄핵 상황이 되면서 재결집했습니다. 신입 회원들도 늘고요. 에너지도 분출되고 술 마셔야 될 친구들도 늘어나고 탄핵도 극복하니까 재밌었죠. 하지만 그후 안정이 되고 서로 주장이 강한 사람들이다보니까 논쟁이 많이 생겼죠. 술자리 모여서 토론 붙으면 치열해요. 임의로 사회자 한 명 정해서 30초씩 이야기하자고 하다가 나중에는 자기주장만 해요. 딜레마가 있는 거죠. 노사모만큼 깨어 있는 시민은 없을 텐데 조직화하기가 힘든 조직이에요. 만인만색 백인백색. 다양성을 인정하자는 좋은 말이지만 반대로 보면 일사불란하고 조직화되지 못하는 쪽일 수도 있습니다.

기억나는 에피소드 있으세요?

보통 노사모 하면 주변 시선이 안 좋죠. 돈 안 되는 쓸데없는 짓 하는데 심지어 돈 쓰고 다니니까. 사업이나 장사처럼 타인을 대하는 직업들은 노사모 한다고 내세우기 힘들어했을 겁니다. 마산에서 컴퓨터 가게 하는 노사모 선배가 있었어요. 장사 잘 안 되니까 아지트로 썼어요. 컴퓨터로 놀기 좋고. 노사모 게시판에 글 쓰고 싶은 사람 쓰고. 당시에는 커피를 배달해서 먹는 문화가 있었거든요. 다방 레지를 불러서 "설탕 두 스푼" 얘기하고 노사모 게시판 보면서 이야기하니까 슬쩍 말 걸더라고요. 자기도 노사모라고. 그때부터 일하러 안 가고 자기 이야기를 하는 거예요. 가면서 보니까 오토바이 뒤에 '노짱 파이팅' 적힌 삼각형 깃발 달고 배달 다닌 거예요. 제정신 아니죠. 다른 데도 다닐 텐데 구박도 많이 받았대요. 다음부터 오지 말라고 하고. 저희한테 오면 앉으라고 하고 저희가 커피 탔죠.

노무현 대통령 퇴임 후에 봉하마을로 봉사활동 가셨다고 하던데.

비가 부슬부슬 내릴 때였어요. 퇴임이 2월이었으니까 코트 입고 유시민 장관도 있고 단상 만들어놓고 대통령을 기다렸죠. 딱 한마디 기억납니다. "이야~ 기분좋다!" 노사모가 농업 기자재 넣는 창고 빌려서 봉하마을 행사들을 많이 준비했어요. 대통령 내외분이 저녁 드시고 산책하시다가 불켜져 있으면 와서 "여기서 뭐해요? 천천히 하세요. 살살 하세요" 하시고 가세요. 편안한 모습이었고 아마 최고 행복한 시간 아니었나 생각해요. 봉하마을 화포천이 너무 더러우니까 정비해서 오리농사를 짓자고 하시더라고요. 좋아하는 사람들도 많았지만 저는 농담삼아 대통령이 여기까지 불러서 일당도 안 주고 막걸리 한잔 먹이고 일 시킨다고 투덜거렸죠. 넋두리죠. 또 가게 되더라고요.

대통령이 느티나무 밑에서 길게 말하신 적 있어요. 지금은 러시아에 있는, '파진천'이라고 노사모 초기 멤버가 있는데 질문하더라고요. 이명박이 정치를 엉망으로 만들고 있는데 전직 대통령으로서 한마디해야 되지 않느냐고. 그때 대통령이 답하길 '소총으로 아무리 쏘아도 효과가 없더라, 내가 핵폭탄 하나 준비하고 있다'고 말하셨어요. 잊고 있었죠. 대통령 장례 치르고 10일쯤 지나니까 생각이 나는 거예요. 등골이 서늘하더라고요. 제 자의적인 생각이지만 '준비했던 거구나' 하는 거죠. 공식적인 이야기로는 처음 하는 걸 텐데 기억이 생생하게 남아 있습니다.

서거 소식은 어떻게 들으셨어요?

토요일에 등산 가려고 가방 메는데 21세기한테 전화가 와요, 대통령 돌아가셨다고. TV 트니까 속보 뜨고 자막이 나오더라고요. 가방 내팽개치고 옷 갈아입고 차 몰고 봉하마을로 갔죠. 가니까 마을이 엉망이에요. 마을 주민들이 기자들과 싸우고 있고 다 쫓아내서 끈으로 바리게이트 치더라고요. 조중동한테 받은 상처가 너무 컸기 때문에 기자들 신뢰 안 했죠. 언론 전체에 반감이 있었어요. 대신 언론사별로 차 한 대씩 들어오게 하고 기자들은 걸어들어오게 했죠. 영상 하는 친구한테 프로젝터 가지고 오라고 했어요. 봉하마을 사무실 주차장에 설치했죠. 영상 자료가 없으니까 전국 노사모들에게 보내달라고 게시판에 SOS 쳤죠. 계속 쏟아지더라고요. 장례식 끝날 때까지 영상을 계속 틀었습니다. 9시 뉴스에도 나왔던 기억이 나네요. 사람들이 안정되더라고요. 문상하고 끝나면 마땅히 갈 데 없으니 영상 보고 눈물 흘리고.

복주대사님 에피소드 있다고 했는데 말씀해주세요.

거론해도 될지 잘 모르겠지만. 형님 죄송합니다. 노사모가 한창 활성화되니까 정치인들이 노사모를 부러워했죠. 한번은 복주대사 형님이 전국을 도셨는데 경남에 와서 몇 분들과 소주 한잔 하자고 하더라고요. 한잔하고 식사하고 노래방까지 가서 앉았는데 대화의 장이 열린 거죠. 그때 제가 어린애 투정같이 푸념을 한 거예요. 대통령이 권력 있을 때 우리 힘들게 하지 말고 조중동 세무 조사 때리든지 확 잡지, 왜 못하느냐고. 방법 많잖아. 술자리에서 평상시에 하는 말을 한 거죠. 권력 줬는데 제대로 못한다고. 그런데 그 말이 최재천 의원실에 보고서 형식으로 책상 위에 있던 모양입니다. 〈조선일보〉 기자가 다니니까 노사모 자료가 하나 있는 거예요. 굉장한 먹잇감이죠. 제목이 '마산의 모 활동가, 노무현 대통령 개혁다운 개혁도 못해 비애를 느껴'. 난리가 난 거죠. 노사모는 안티조선 운동하는데 〈조선일보〉에 마산의 활동가가 뜨니까 게시판이 난리 났어요. 저도 처음에는 저인 줄 몰랐어요. 역추적해보니까 최재천 의원실이고 복주대사 형님이 거기서 일했고. 해명을 해야 하는데 노혜경 시인한테 전화가 왔어요. 해명 글을 써서 주면 수정해서 게시판에 올려주겠다고 했어요. 해명 글 써서 올리고 해프닝이 끝났죠.

세상을 바꾸는 데 노사모가 어떤 역할을 했다고 생각하십니까?
개개인으로 보면 보잘것없는 소시민이죠. 잘난 것도, 특출한 것도 없는 사람들이 노무현이라는 구심점을 두고 모여서 같이 좋아하고 슬퍼하고. 그렇게 해온 것들이 모여 큰 강물이 이뤄지고. 풀네임은 '삼고조의힘'인데 삼고조가 저와 동갑입니다. 며칠 전에 소식을 들었는데 위암이에요. 6년 전에 수술했다고 하는데 몰랐어요. 며칠 전 서울, 대전 모임 하러 올라갈 때 차에서 들었습니다. 대장까지 암이 번졌다고 하더라고요. 총회 끝나고 경남 식구들이 모여서 의논했어요. 일일호프를 기획하고 있습니다. 돈을 만들어주기 위해서요. 11월 23일 금요일쯤 될 겁니다. 카카오 채팅방 만들어서 경남 식구들 모았어요. 제가 사무국장 할 때 마밀기라고 있었어요.

연천 지역은 접경 지역이라 아주 보수적이거든요. 그런데 마밀기가 3층 건물에 노무현 사진, 현수막 크게 걸어놓고 혼자 노사모 한다고 했어요. 제가 차 한 대만 끌고 가도 밥 안 굶고 전국 일주할 수 있었어요. 그런 게 세상을 바꾸는 힘이 아니었을까 생각해요. 한 사람, 두 사람씩 생각이 바뀌고. 공식화된 틀에서 말하기 이상한 조직들이 모여서 자기들 나름대로 세상을 바꾸려는 의지와 노력들.

같이 활동하셨던 노사모 동지들한테 영상 편지 한번.

안녕하세요, 가야지입니다. 다들 잘 계시지요? 못 뵌 지, 연락 안 한 지 오 래됐네요. 다들 사는 게 힘들다는 핑계로 소홀해진 지 꽤 된 것 같습니다. 힘들어도 서로 의지하고 등 토닥여주고 형님, 동생으로 싸우면서도 잘 지 냈던 시절이 떠오릅니다. 경남 노사모 동지들과 소주잔 한잔 기울이는 모 임을 가지려고 합니다. 삼고조가 많이 힘들다고 하네요. 힘을 보태주고 얼 굴 보고 옛날이야기 하면서 웃을 수 있는 날 곧 만들겠습니다. 잘 지내시 고요. 항상 행복하십시오. 고맙습니다. 🎙

자랑스러운 역사든 부끄러운 역사든, 역사는 있는 그대로 밝히고 정리해나가야 합니다. 특히 국가권력에 의해 저질러진 잘못은 반드시 정리하고 넘어가야 합니다. 국가권력은 어떠한 경우에도 합법적으로 행사되어야 하고, 일탈에 대한 책임은 특별히 무겁게 다뤄져야 합니다. 또한 용서와 화해를 말하기 전에 억울하게 고통받은 분들의 상처를 치유하고 명예를 회복해주어야 합니다. 이것은 국가가 해야 할 최소한의 도리이자 의무입니다. 그랬을 때 국가 권력에 대한 국민의 신뢰가 확보되고, 그 위에서 우리 국민들이 함께 상생하고 통합할 수 있을 것입니다.

_ '제주 4·3사건 희생자 위령제 추도사'에서(2006년 4월 3일)

명분이 있고 용기만 있으면 판
을 뒤집을 수 있다

건배 김태환

김태환이라 하고 나이는 54세입니다. 아주 자그마한 화장품 회사에 근무하고 있습니다. 2002년에는 경남 노사모 총무를 했습니다. 그후엔 두번째 경남 노사모 대표 일꾼을 했습니다. 노사모에는 2002년 초에 가입한 것 같습니다. 경선 시작 전이지요.

초기에 가입하셨네요. 그때 무슨 일을 하셨어요?

교사였습니다. 그때는 노사모가 정치 단체라는 규정이 없었습니다. 정치인 팬클럽인데 공무원들도 많았어요. 2002년 대선 한 달 전에 선관위에서 노사모는 정치 단체라는 유권 해석을 내렸습니다. 그때 탈퇴했죠. 전 세계적으로 전례가 없으니까 선관위에서 판단을 못했던 것 같아요.

노사모 활동 왜 시작하셨어요?

대학교 때부터 정치에 관심 있었는데 우리나라 정치가, 민주주의가 전두환에서 노태우, 노태우에서 김영삼, 김영삼에서 김대중 가면서 조금 발전했는데 김대중에서 독재하고 손잡았던 정당으로 다시 넘어간다는 건 정치적인 퇴보다, 그게 너무 싫었어요. 민주당이 한번 더 잡아야지 민주주의가 발전하겠다. 그 도구로 노무현이 가장 적당하겠다, 이인제로는 안 되겠다는 생각이 들었습니다. 이회창을 이길 수 있는 사람도 노무현이라고 생각했죠.

그때 지지율이 1%도 안 나왔습니다.

종이 신문에서는 지지율이 아주 낮았는데 인터넷에서 조사하면 1등으로 나왔어요. 노무현과 관련된, 노무현이 썼든 다른 사람이 썼든 책들이 많이 팔리고 있었고. president.or.kr인가 사이트가 있었어요. 저와 비슷한 고민을 하는 사람들이 굉장히 많았습니다. 노사모라는 배너가 있어서 우연히 들어갔는데 노무현이라야 된다는 글이 많고. 에너지를 느꼈어요. 이 사람들이 모여서 불을 붙이면 상당한 폭발력이 있겠다. 게시판에 경남 사람 있냐는 글을 썼어요. 있다고 답이 오더라고요. 경남 노사모 첫번째 오프 모임이 통영에서 있었거든요. 당시 경남 노사모 주력 부대가 통영에 있었습니다. 모임에 나갔다가 '건배'라는 닉네임도 얻고 본격적으로 활동했죠.

주말에는 경선 가셨을 텐데.

결근하고 간 적도 있습니다. (웃음) 울산 경선 때 한 번 결근했고 나머지는 결근하진 않았어요. 밤에 가고. 그때까지는 아내가 반대 안 했습니다. 사직하고 정치에 뛰어들 때까지도 반대 안 했어요. 이명박, 박근혜 긴 세월 동안 정말 야인으로 지냈거든요, 직업도 없이. 그때부터 불만을 터뜨리더라고요. 학교에 있었으면 좋았을 거라고.

경남에서 노사모 활동한 게 학교생활에 영향을 줬을 것 같아요.

2002년도에 거제도 초등학교에 근무하다가 마산으로 옮겼는데 학교가 완공이 덜 된 겁니다. 발령 난 선생님들을 여러 학교에 흩어서 대기시켰는데 수업이 없었어요. 맡은 반도 없고. 딱 노사모 시기랑 겹쳤습니다. 하루 종일 컴퓨터 앞에 앉아 글 쓰고 문자 보내는 일이 가능했어요. 그래서 오히려 효과적으로 잘했던 것 같아요. 행운이었던 것 같아요.

경선 때 특별한 에피소드 기억나시는 거 없으세요?

무엇보다 광주 경선이죠. 경남에서부터 직접 간 사람 몇 명 안 되는데 한 사람이 접니다. 친구 두 명을 데리고 갔었어요, 아주 보수적인 친구 두 명을. (웃음) 시골에서 건설업 하는 친구들이었는데 감동하더라고요. 만날 때마다 노무현 도와주라고 하면서 밥도 사고 술도 사니까 "돈 얼마나 받고 하나?" "아니, 우린 돈 직접 내고 한다" 그러니까 친구가 안 믿더라고요. "그러면 내일모레 광주 경선 하는데 가볼래?" "좋다, 가자." 세 명이서 갔는데 입구 들어가자마자 돈 만 원씩 내라. 옷 받고, 밥 먹을 때도 밥값 내라. 친구가 "진짜네" 했어요. 광주 경선 갔다가 돌아오면서 "노무현 된다. 이렇게 도와주는 사람 많은데 안 되면 그 사람이 잘못된 거다" 하더라고요.

후보 단일화 파기되었을 때 기억나는 에피소드 없으신지.

그때는 사무실을 냈습니다. 개인 사무실을 고향 마을 읍내에. 당시만 해도 CD가 아니고 비디오테이프였잖아요. 노무현 관련 비디오테이프를 쌓아 놓고 친구들한테 틀어주고 밥 먹고 술도 한잔 하는 사무실이었어요. 경선 끝나고 돌아오는데 철회했다는 전화가 오더라고요. 다시 사무실로 갔죠. 할 수 있는 일이 없더라고요. 그래서 한 게 친척들한테 전화하는 거였습니다. 이종사촌들, 삼촌, 외삼촌. 생전 처음 전화하는 사람들이 많았습니다. 전화해서 노무현 도와달라고. KT에서 전화 통화량이 갑자기 폭발했다고 들었는데 상당 부분 노사모였을 거라고 생각합니다.

당선되셨고 각자 자기 자리로 돌아가야 된다는 분위기가 있었잖아요.

저도 돌아갔죠. 교사 생활 열심히 했습니다. 그런데 대통령께서 노사모를 가만히 있게 안 두셨죠. 탄핵 때 다시 나서게 됐죠. 대표 일꾼을 할 때였습니다. 노사모뿐 아니라 시민 사회 단체, 아주 많은 분이 협조해주셨습니다.

학교는 언제 그만두셨어요?

2006년도에 그만뒀습니다. 극히 개인적인데, 노무현 대통령이 당선되고 열린우리당이 여당이 되었을 때 민주노동당에 있는 친구 한 명을 설득해서 열린우리당에 데리고 갔어요. 친구한테 열린우리당으로 출마하라고 권유했는데 그사이에 한나라당으로 당적을 바꿨다는 거예요. 열린우리당 후보가 없고 또 우리 시골 지역에 진보 진영을 대변하는 일꾼이 없다, 그러면 내가 일꾼을 해보자. 교직 매너리즘에 빠져 있을 때이기도 했고요. 아내하고 의논했는데 의외로 동의했어요. 가족회의도 20분 만에 끝났어요. 본인 뜻대로 놔두자는 등 다양하더라고요. 어머님한테 왜 그랬냐 물어보니까 꿈에 내가 당선되더래요. 또 누나, 숙모님도 교편 잡고 계셨고. 무엇보다도 중요한 거는 여당에 후보가 없다, 진보 진영을 대변할 만한 후보가 없고 내가 고향에서 진보 진영의 심부름꾼 노릇을 하겠다. 지금도 그일을 하고 있습니다. 이번 선거에서 성과가 있었습니다. 함안군인데 도의원 둘 다 당선됐고 군의원은 3명이 출마했는데 모두 당선됐고. 군수만 놓쳤어요.

함안 지역에도 태극기부대가 있나요?

보수적인 사람들이 많습니다. 마을 회관에 인사 가면 민주당이란 말 안 쓰고 문재인당이라 합니다. 문재인당이 여기 뭐하러 왔노? 가라. 시장 돌면 운동원들한테 소금도 뿌리고. 이번 대선 때도 소금 뿌렸다고 운동원들이 돌아와서 화내더라고요. 그래서 제가 가서 소금 뿌린 장사 아줌마한테 인사도 하고 앉아서 대화도 나누고 다음 장날에 가서는 더 살갑게 대하니까 사람들이 조금씩 변하더라고요.

노사모가 시민 문화, 촛불혁명으로 이어지는 동력을 제공했죠?

당연하죠. 노사모가 대한민국 정치사에 큰 획을 그었다고 생각합니다. 자발적인 참여 정치 세력이라고 볼 수 있고요. 대규모의 자발적인 정치 세력으로서 최초라고 볼 수 있고 자발적이다보니까 비용 등 전부 자체 해결했고. 정치를 즐겁게 만들었다, 즐거운 정치 참여라는 큰 공을 세운 것 같아요.

노무현 대통령께서 하셨던 말씀 중 특별히 기억나는 게 있을까요?

노대통령께서 경선 때 잠바 차림으로 통영에 왔던 때예요. 초기고 지지율도 별로 없을 때 비서 하나 데리고 와서는 하시는 말씀이 기억에 남습니다. "정치 어려운 거 아닙니다. 명분 있고 도전할 용기만 있으면 이 판 뒤집을 수 있습니다. 내 할 수 있습니다. 여러분들만 도와주시면 됩니다." 그 말 하더라고요, 아주 용감하게. 제일 기억에 남아요. 명분이 있고 용기만 있으면 판 뒤집을 수 있다.

서거 소식은 어떻게 접하셨어요?

당시 건설 회사를 하고 있었습니다. 주5일제였는데 토요일이라서 직원들은 출근 안 하고 저 혼자 아침 일찍 출근했는데 지인한테 전화가 왔어요. 노대통령이 병원에 입원했다고, 빨리 양산에 가봐라, 부산대병원에 입원하셨단다. 차를 타서 라디오를 켰는데 뉴스만 하더라고요. 위태하다, 위태롭다, 사망했다, 위독하다. 뉴스가 계속 바뀌더라고요. 김해쯤 가니까 서거했다 쪽으로 굳어지더라고요. 차를 잠시 세웠어요. 눈물이 앞을 가려서 운전을 못하겠더라고요. 고속도로 갓길에 세웠다가 갔던 기억이 납니다.

노무현 정신을 구현하기 위해서 어떤 활동을 하셨는지.

올바른 정치는 우리 생활에 아주 많은 영향을 미친다고 생각합니다. 올바른 정치 세력이 성장하는 데 기여해야겠다 싶어서 정치에 직접 뛰어들었고요. 누구보다도 열심히 활동했죠. 지역 위원장도 두 번이나 했고요. 지역 위원장 안 할 때는 사무국장 맡으면서 보필했고. 당시 경남 지역에서는 지역 위원장을 아무도 안 하려고 했습니다. 사무국장은 더더욱 안 하려 했고. 때를 기다리고 세력을 키우는 노력은 끊임없이 해왔습니다. 지금도요. 우리 지역에서 진보 진영을 살리고 관리하는 데 심부름꾼이 되겠다고 생각했기 때문에 다른 사람이 출마하겠다고 하면 기꺼이 양보하고. 이번 선거에서도 실천했습니다.

언제 노대통령 생각나세요?

봉하마을이 가까우니까 그리 지나갈 때 생각나고. 이런저런 일로 유튜브를 많이 보는데 연관 동영상이 뜨잖아요. 2시간 동안 내내 보고 있던 적도 있어요. 연관 동영상에 노무현 떠서 보면 결국에는 울게 되더라고요. (웃음) 아내가 "뭐하노?" 그래요.

회한이 있을까요?

경제적으로 힘들었죠. 이명박, 박근혜 10년 동안 수입이 거의 없었으니까. 교직에 계속 있었더라면 어땠을까? 경제적으로 훨씬 안정돼 있고 좋은 아버지, 좋은 남편이 되었을 건데. 그 갈등은 지금도 있어요. 내가 걸은 발자국이고 내가 선택한 거라서 후회하기는 싫죠. 어쨌건 대통령 만들어봤고 노무현을 닮은 문재인 대통령도 만들었고. 내가 다 한 건 아니지만. (웃음)

만들었다 정도는 되는 거죠. 내가 만난 경남 노사모는?

당시의 표현으로는 '이래 미친 사람도 있구나'. 처음은 주로 통영 사람들이었는데 노무현을 너무 열광적으로 돕는 겁니다. 자기 시간, 돈 아끼지 않더라고요. 서울까지 비행기 타고 올라가서 회의하고 새벽에 내려와서 출근하고. 저도 그런 적 있지만 온 정성, 열정 다해서 희생하는 사람이 있을까 생각했죠. 저도 조금씩 닮아갔던 것 같아요. 희망이 있었고 된다고 믿었죠. 노사모들 사이에서는 공감대가 있었던 것 같아요. 노무현이라야 된다. 전국 경선장 돌아다니다보면 노무현 되겠다는 생각에 기운을 받는데, 경남만 내려오면 주변 사람들이 그럴 리가 없다, 택도 없다, 헛수고하지 말라고 하는데 안타까웠죠. 전라도, 서울 가면 노무현이 대통령 된다고 한다. 너도 도와달라. 계속 강변하고 다니는 수밖에 없었죠.

그때 같이 활동하던 노사모 동지들한테.

같이하던 친구 중 한 사람이 지금 암 투병을 하고 있습니다. 삼족오야. 네 소식 들었다. 정말 슬프고 많은 생각이 머릿속을 스쳐지나갔다. 지금 힘들지만 너의 그 순수한 영혼을 하느님이 잘 알고 계시기 때문에 능히 극복할 수 있도록 힘을 주시리라 믿는다. 우리 다른 노사모 친구들도 많이 걱정하고 있다. 끝까지 힘내서 이겨내자. 삼족오 화이팅! 🎤

노사모였다는 것을
자랑스럽게 생각합시다

가야 오세주

닉네임은 '가야'를 쓰고 가입은 2000년 6월인가 7월로 기억하는데 서른두 살 때인 것 같아요. 닉네임에 대한 질문 많이 받거든요. "김해에 있어서 가야냐?" 하는데 아니고요. 부산 가야 컴퓨터 도매 상가에서 장사할 때 가야라는 닉네임을 쓴 게 노사모부터 지금까지 가입할 때마다 쓰고 있습니다.

어떻게 노사모에 가입하게 되셨습니까?

출근하는 아침에 서울에 있는 친구들이 전화해서 욕하더라고요. "부산 새끼들 가면 다 때려죽인다" 그래서 "와?" 이랬더만 "어떻게 노무현이가 떨어지노?" "나 부산 아니고 김해거든." 노사모라는 것들이 나오더라고요, 검색어에. 일단 가입하고 오프 활동은 몇 개월 동안 안 했습니다. 노무현 대통령이라는 사람에 대해서 정확하게 몰랐습니다. 고향이 제주도거든요. 사촌 형님이 결혼식을 88년도에 했는데, 어머니는 편찮아서 병원에 계시고 저는 예식장에 갔는데 노무현이라는 양반이 주례를 보고. 예식장에서 데모하는 것도 아니고 〈우리들의 영혼〉 부르고. 당시에 고등학생이어서 사촌 형님이 잘 아는 정치인 노무현 정도로만 알았거든요. 후에 민노당 활동할 때도 사촌 형님과 연이 있다는 것 말고는 노무현에 관심이 별로 없었습니다. 뚜렷한 이유는 없었어요. 이런 사람 하나 정도는 있으면 좋겠다는 막연함으로 가입하게 됐어요.

오프 활동을 시작하시고 하시니까 집에서는 뭐라고. (웃음)

뭐라 했죠. 처음 오프를 8월인가 부산 노사모 창립할 때 서면에서 했어요. 제 사무실과 행사하는 곳이 걸어서 10분 정도밖에 안 되는 거리예요. 처음 오프에 나갔죠. 일을 시작하면 치우치는 감이 있어서 아내한테 약속했죠. "노사모 빼곤 다른 거 다 끊을게. 절 활동, 대학교, 고등학교 동문회 중단하고 노사모만 열심히 해야겠다." 아내는 한숨 내쉬고. 반대하는 스타일은 아니기 때문에. 가입 전에는 종교가 불교인데 고등학교 때부터 다녔던 불교 동문회 활동을 했었거든요.

노사모는 어떤 매력이 있었습니까?

첫 오프 때, 대학 때 했던 운동 기분을 다시 느꼈거든요. 서면에서 모임하고 2차를 명계남, 명짱님하고 광안리로 왔어요. 광안리 바닷가 모래판에 앉아 술을 먹으면서 누가 민중가요를 시작하니까 같이 부르고. 헐, 뭐야 이 사람들. 대학 다니면서, 광안리가 막 개발될 때인데, 밤새도록 모닥불 피워놓고 토론하고 민중가요 부르면서 술 먹던 것들이 새록새록 떠오르더라고요. 한번 빠지면서 오프 모임을 계속 나갔던 거죠.

노사모 활동하면서 '노무현을 만나고 바뀌었다' 이런 게 있을까요?

가장 큰 거는 생활의 모든 중심이 노사모로 간 거. 원년 멤버들한테 "가야야, 니는 아직도 노사모 하나?"라는 말을 많이 들었어요. 2015년도인가 2016년에 전국 대표를 했거든요. 대표 할 때 소나무님이 많이 도와주고 했는데. 일상이 노사모 활동으로 전부 귀결되어버렸어요. 제가 변하기보다는 가족들, 특히 애들한테 영향이 많았던 것 같아요. 말을 안 해도 4대강 문제라든지 탄핵 때는 "아빠, 저거 아니잖아". 어릴 때인데 "아빠, 왜 저래? 저 강 푸면 안 되잖아, 물고기 다 죽는데" 스스로 깨치고. 애들이 스스로 알게 되는 거죠, 부모들 때문에.

일가친척들이 한마디씩 하셨을 텐데.

경상도가 만만한 지역은 아니니까. 계속 활동해서 그런지 앞에서는 반감이 없었어요. 그런데 장모님께서 그런 말씀은 하셨거든요. "오서방, 니는 좀 될 만한 사람 밀어라." (웃음) 어른들도 반대는 있었는데 제주도는 정치가 특이하거든요. 제주도 정치를 괸당 정치라 하는데 괸당이 친척입니다. 정당보다는 괸당이 우선인 동네가 제주도거든요. 사촌 형도 있고 하니까 괸당들은, 그러니까 어르신들은 노무현 해야 되는갑다. (웃음)

지나고 나선 편하게 말씀하시는데 한나라당이 해야 이득이.

그렇죠, 이득은 전혀 못 받죠. 그때 검은 차였는데 뒤에 노랗게 노사모.org 홈페이지 주소를 붙이고 대구에 갔을 때예요. 차를 주차해놓고 대리점 2층 사무실에 올라가니까 대리점 사장님이 신문을 보면서 "노사모 새끼들 말이야, 빨갱이 새끼들이" 어떻고 하면서 계시더라고. 가만히 있었죠. 커피 한 잔 먹고 내려오려는데 사장님이 같이 내려오시려고 하더라고. 노사모.org 붙어 있는데. (웃음) 내려오지 마시라고. 다음부터 차 몰고 영남권 돌 때는 주차를 거꾸로 했어요. 광주, 전라도 갈 때는 전면 주차하고.

노사모 활동을 지금까지 하시는데 후회되는 순간들이 없을까요?

많죠. 특히 경제적인 부분들. 대통령 당선되고 나선 1~2년 잠깐 틈이 있었어요. 이제 할 일은 끝났다면서 떠난, 자기 생활을 추구했던 분들 계시죠. 저는 이상하게 쭉 왔어요. 회사를 친구하고 같이하다가 그만두게 된 것도 제가 너무 이쪽 일만 하니까. 친구가 "니 너무 심한 거 아이가?" 친구는 개발하고 제가 관리, 영업을 맡고 있었는데. 나도 내 욕심만 계속 차린 것 같아, 따로 정리하는 게 맞겠다 해서 몇 년 전에 회사를 그만뒀는데 어려웠죠.

초반의 기억이 강렬해서 그런 건가요? 내 손으로 대통령을 만들어냈다.

그런 것도 있지만 대통령 돌아가시면서가 더 컸죠. 지역이 김해다보니까 봉하마을 옆에 있고. 원죄도 가지고 있고 타 지역에서 오는 분들한테 뭔가 또 해야 되는 입장이니까. 그뒤로 오프 모임을 더 열심히 했던 것 같아요.

활동하실 수 있었던 원동력이 있을까요?

부산에서는 대화할 상대들이 없었죠. 〈조선일보〉를 까고 싶어도 못 까니까. 인제대 교수님 부부가 미국에 계시다가 한국에 온 지 얼마 안 돼서 노사모에 가입했어요. 오프에 모였는데 속이 후련하신 거죠. 경선 처음에 나가신다 할 때 이긴다 진다는 개념이 아니고 우리끼리 힘을 모아 단합되면 신난 거지. 경선에서 1등 한다는 목표보다는 계란으로 바위 치기라도 한번 하자는 것이었죠.

힘들진 않으셨어요? 한창때라고 해도.

그때는 힘든 걸 몰랐어요. 30대 초반이기 때문에 뭘 해도 용기가 있었고 자신 있을 때였거든요. 그전에 많은 것들을 하고 있었는데 그 힘을 노사모에 온전히 넣은 것이기 때문에 즐겁게 한 케이스라고 보시면 될 거예요.

노사모가 세상을 바꾸는 데 어떤 기여를 했을까요?

그런 생각 별로 안 했어요. 안 했는데…… 지금은 노무현 대통령을 만든 당사자가 노사모라고 자신있게 이야기하거든요. 노사모라는 것들이 전 세계 최초 정치인 팬클럽이듯이 노사모의 열정이 주말 드라마로 가면서 대통령 경선에 당선되고. 후단협, 정몽준 나올 때도 버팀목이 됐고. 대통령 당선 일등 공신은 노사모라고 지금도 생각합니다. 18년이 흘렀는데 광장에서, SNS에 노사모 하던 분들이 구석구석에 계시고. 정당에서도 구석 구석에서 자기 역할 하고 계시고. 농담 말로 그럽니다. 노사모가 어머니의 자궁이다. 노사모의 자긍심으로 사람들을 다독거리고 가는 집단이지, 노사모가 시민 광장하고 유시민하고 싸우면 당연히 안 되지.

서거 소식은 어떻게 접하셨어요?

아내한테 전화로 받았죠. 아침에 출근할 때였거든요. 주말이었습니다. 큰 프로젝트 제안서 작업하고 있을 때라 당장은 못 달려갔죠. 다음날이 제안서 발표하는 날이었기 때문에 발표하고 그다음날. 김해에 있다는 것 때문에 그뒤로 노사모 회원들 내려오면 자연스럽게 그렇게 됐습니다. (웃음) 누구 온다면 가서 같이 설명해주고 돌아보고.

그동안 만났던 분들에게 한말씀.

가야입니다. 많은 분들과 같이 있었고 그뒤로 많은 분들과 헤어졌는데 어디에 가도 스스로 노사모라는 것을 자랑스러워할 거라고 믿습니다. 노사모는 노사모만의 노사모가 아니고 대통령 이름을 가진 단체이기 때문에 우리 스스로 자긍심을 가지고 노사모였다는 것들을 자랑스럽게 생각합시다. 좋은 지역에서, 각자 위치에서 열심히 대통령 뜻을 계속 이어나갈 수 있는 분들이 되었으면 감사하겠습니다. ◉

노무현이라는 이름이
한번 더 추억될 수 있다면

현이아빠 김근섭

닉네임 '현이아빠'입니다. 현이의 현은 작은딸의 끝 글자입니다. 아이들이 살아갈 세상이 지금보다 나은 세상이 되어야 한다는 생각에 활동을 시작하게 됐습니다. 2011년 초에 시작했습니다. 꽤 오랜 시간이 지난 후라 활동이 활발하던 시기는 아닙니다. 많은 분이 떠난 단계에서 시작했습니다.

특별한 계기가 있으셨나요?

2010년 10월쯤 될 겁니다. 집이 부평이라 두 아이와 지하철 타고 송내역 가서 음료수 몇 병 들고 찾아뵀죠. 그렇게 활동을 시작하게 됐습니다. 꼭 노사모 활동이 아니더라도 열심히 하면 길이 있을 거라고 생각했습니다. 후임 대통령이 그런 사람이 될 거라고는 전혀 생각하지 못했습니다. 아들이 초등학교 3학년이었는데, 이명박 대통령이 당선되던 때 제게 이명박은 대통령 되면 안 되지 않느냐고 물어보는 거예요. 왜 그렇게 생각하느냐고 물었더니 "이명박은 계속 거짓말하잖아". 꼬맹이도 그런 생각을 하는데 우리는 대통령을 만들어줬습니다. 그후에도 정신 못 차리고 또 이상한 대통령을 뽑았고요. 국민의 명령 시작하면서 노사모 분들 뵙게 됐고 노사모 분들도 동참하시고자 하던 차였고 결국 노사모에 가입했습니다.

노사모 가입 전에는 어떤 분이셨습니까?

평범한 아빠고 가장으로서 가정을 구현해야 한다고 생각했습니다. 아무래도 저희 세대까지는 자유보다 책임감이 더 강한 세대가 아닌가 싶어요. 제가 87학번인데 6·10이 1학년 때였죠. 열심히 하지는 않았습니다. 선배님들이 대자보 붙이러 가자고 하면 그뒤에 따라오는 보상을 좋아했죠. 학교 앞 분식집에서 막걸리 한잔 하면서 얘기 듣고. 그러다가 6·10이 터졌고 군대를 다녀왔어요. 군대는 현실을 직시하게 만들었습니다. 그후에는 정치에 관심이 없었습니다. 누가 대통령 되면 내 생활에 영향이 있을까, 불이익을 받을까 같은 건 생각하지 않았습니다. 내가 잘살고 볼 일이라고 했죠. 그런데 아이들이 생기고 자라면서 내가 겪었던 어려움을 아이들은 더 심하게 당할 수 있겠다고 생각했어요. 그러던 중 노무현 대통령 서거가 있었고. 출퇴근하는 길목이 송내역에 있는데 그곳에 분향소가 차려졌어요. 그곳에 가는 것만으로 세상이 달라질 거라고는 생각 안 했지만 울분은 가지고 있었죠. 꼭 계기가 된 건 아니지만 지방 신문에서 '국민의 명령'을 우연히 보게 되면서 참여하고 활동해야겠다고 생각하고 시작한 거죠.

인천 노사모가 견제당한다고 볼 수 있는지?

타 지역 노사모는 거의 친목 단체가 됐죠. 옛날 추억과 과거 영웅담 나누고 대통령 애도하고. 이를 노사모 활동이라고는 생각하지 않습니다. 사회에 들어가 우리가 원하는 것을 실질적으로 전파하고, 동행하시는 분들 구하고, 그분들과 함께할 수 있는 장을 만들고. 우리만의 리그로 끝내는 것이 아니라 사회 발전과 민주화, 앞으로 한걸음 나아갈 수 있는 데 작게나마 보탬이 될 수 있다면 족하다고 생각합니다. 일반 시민들이 생각하기에는 노사모라는 이름 자체가 시민단체보다는 정치 쪽에 가깝죠. 그렇지만 노무현이라는 이름이 한번 더 추억될 수 있고 그것이 앞으로 우리가 어떻게 가야 할 것인가에 대한 고민의 시작이 될 수 있다면 좋다고 생각해요.

시민운동이 중심이었나요?

현재는 많은 활동들과 연대하고 있죠. 인천 시민 사회와 시민단체에서 인정하지 않을 수 없는 위치까지 왔다고 생각합니다. 예전에는 야당 일색이었던 지역들이 이번 선거에서는 민주당 의원이 당선됐고요.

인천 노사모가 활동을 많이 하는데 기억에 남는 활동이 있을까요?

5월 23일 인천 추모식을 저희가 주최하고 시민 추모 위원회를 상시 기구로 가지고 있습니다. 노무현 대통령께서 당시에 개성공단을 지금의 100배 규모로 만들고 싶어하셨습니다. 그렇다면 지금 인천이 할 수 있는 역할이 있지 않을까? 인천은 북한과의 접경 지역이죠. 30분만 차 타고 가면 국경을 볼 수 있습니다. 휴전선을 볼 수 있습니다. 저희가 지금 하고 있고 앞으로 하고 싶은 방향은 평화 정착, 남북 공영인데 이렇게 거창한 것이 아니더라도 길거리에서 전단지 돌리고 이슈화하는 것을 생각하고 있습니다.

요즘은 다들 바빠서 활발히 활동하고 있지 않지만요.

서거 당시 생각나는 게 있으신가요?

가게를 하고 있어서 아침에는 몰랐어요. 출근하고 컴퓨터 켜고 뉴스를 검색하는데, 9시 반쯤이었을 거예요. 인터넷 분위기가 심상치 않더라고요. 인터넷 방송 뉴스 켜니까 공식적인 발표를 한다고 하고. 믿기지가 않았죠. 착각이지 않을까? 잘못된 게 아닐까? 당시 공식 발표하는 것을 보고 그제서야 말문이 막혔어요. 사무실에 앉아서 누구도 말을 못 꺼냈어요. 대부분 저와 비슷한 나이에 있는 사람들이었는데 함부로 뭐라고 할 수 없는 상황이었죠. 공식 발표가 있기까지도 믿지 않았어요. 받아들일 수 없었죠.

노사모 회원들한테 한말씀.

안녕하십니까, 현이아빠입니다. 저를 아시는 분도 계시고 초면이신 분들도 계실 텐데요. 부끄럽지 않은 노사모가 되기 위해 어떻게 활동하고 앞으로 나아가야 할지 고민하는 시기가 아닌가 싶습니다. 인터뷰를 통해 더 하고 싶은 말도 있지만 노사모에 몸과 마음을 담고 있으며 우리가 가야 할 방향에 대해 다시 한번 생각하고 열심히 노력하는 회원이 되도록 하겠습니다. 감사합니다. ◘

한국의 민주주의는 갈 길이 조금 더 남았습니다.
우리 시민들이 할 몫이 있습니다. 그것은 참여입니다.
지난 20년 동안 한 번도 포기하지 않은 민주주의,
여러분이 밀고 가면 더 발전할 수 있습니다.
특별히 힘이 없어도, 가지지 않아도, 출세하지 않아도,
함께 누릴 수 있는 사회가 진보된 사회입니다.
그것이 아직 미완성으로 남아있는
민주주의 절반의 과제라고 생각합니다.
제가 가지 말라고 해도 여러분은 그 길을 갈 것입니다.
저기에 저도 동참할 것입니다.

_'봉하마을 귀향 환영행사 인사말'에서 (2008월 2월 25일)

한번 끝까지
믿어보는 것

아침녘 임정수

평범한 가정이었고 평범하게 생활했던 사람이었어요. 그런데 마흔 살이 지나면서 인생이 전환되는 동기가 있었습니다. MB 정권 때 환경부 이만희 장관의 정책 보좌관 정갑수씨라고, 5·18 부상자 인천지회장이었어요. 그분을 따라서 1999년도에 5·18 묘역을 가게 됩니다. 지하의 묘비명들을 보게 됐어요. 참혹하게 죽으신 분들 누구 하나도 원망하는 글이 없습니다. 이 나라의 민주주의, 이 나라의 생활, 미래, 희망, 꿈. 내가 있는 위치는 어디인가에 대해 생각하게 되었어요. 어느 묘비에는 조국의 아침을 노래하는 것이 있었어요. 그래서 닉네임을 '아침녘'으로 했어요. 5·18 민주 묘역을 들렀다가 아침녘을 만들고 당 카페를 만들었습니다. 부상자들을 돕는 사람이 없다고 해서 50명이 한 달에 다섯 가정을 30만 원씩 지원하는 일을 시작했어요. 이름도 거창하게 5·18 민주화운동 후원회. (웃음) 마흔 살이 넘어서 다시 참여하기 시작한 운동이었어요.

그뒤 MBC인가 KBS인가에서 〈아름다운 패배〉라는 다큐멘터리를 봤어요. 노무현 대통령이 부산시장 선거 떨어진 후의 다큐멘터리인데 한 할머니의 말 한마디에 제 인생이 바뀌어버렸어요. "저 사람은 참 기가 막히게 잘하는데 당이 문제야"라고 말하셨어요. 사람이 괜찮으면 찍어야지 정당이 무슨 상관이냐 생각하면서 노무현 후원회에 가입합니다. 한 달에 3만 원씩 내기 시작했어요. 노사모 활동, 5·18 민주화운동 후원회가 바뀐 계양봉사단 활동. 이 두 가지를 지금까지 하고 있어요.

90년대 후반에 방송 보시고 노사모 활동을 시작하신 거예요?

네. 오프라인 활동 나가면, 인천, 부천, 김포를 임부김 노사모라고 불렀습니다, 10명도 안 됐어요. 동해바다, 심심해님이 리더로 있을 때 아무래도 제가 그분들보다 연배가 있어서 뒤에서 쳐다보고 적극적인 활동은 안 했어요. 어떤 일에 충격을 받으면서 행동으로 옮겨집니다. 대선 주자가 되신 후 경인선 타고 내려오면서 유세하는 게 첫 유세였거든요. 서울서부터 쭉 내려오다가 인천 부평에서 유세하셨어요. 부평역 광장이 2,000명만 모이면 꽉 차거든요. 그런데 가보니까 200명, 300명 안 되게 있는 거예요, 연설 끝날 때까지. 제1야당 대통령 후보 첫 유세인데, 민주당이 인천시장이면 뭐하는가. 당시 인천시에 4천 명 정도 노사모가 있었거든요. 다음에 인천 내려오실 때 뭔가를 해야겠다, 이벤트를 해야겠다고 생각했어요.

돼지저금통 만들 때잖아요. 계양에 있는 노사모 친구들 몇 명 불러서 얘기했어요. 부평역에 200명, 300명 오는데 무슨 대선 주자고 무슨 노사모냐고. 다음에 오실 때를 생각해서 우리가 돼지저금통을 제대로 만들자. 아주 커다란 돼지 14마리를 만들자. 10대에 두 명, 20대에 두 명, 그래서 70대까지 14개를. 하나에 10만 원에서 20만 원 들어가니까 20만 원이 들어간다고 해도 280만 원이면 되지 않냐. 이 세계에서 생각하지도 못하는 엄청나게 큰 돼지저금통을 만들자. 그래서 생수통을 잘라서 그 위에 돼지를 붙였어요. 200만 원 가까이 모금되었고요. 그런데 생수통 한 병에 100원짜리 채워보니까 130만 원이 들어가요. (웃음) 동력이 그렇게 안 되잖아요. 인천 노사모가 얘기해도 호응들이 별로 안 좋고, 무한님 같은 분들이 도와주시긴 했지만. 두번째 유세는 신세계백화점 광장으로 오신다는 게 결정됐어요. 날짜는 다가오는데 돼지저금통은 안 차는 거예요. 그래서 10원짜리로 바꾸자. (웃음) 차로 이송하고 10대에서부터 70대까지 현장에서 섭외했어요, 노사모 소속이 아니더라도. 그렇게 전달했어요.

그 유명한 정수기 돼지저금통 사건의 전모입니까?

노사모 활동 중 기억에 남는 일이고요. 대통령 당선되고는 오프라인 활동을 접었죠. 무언가를 바라고 시작한 것이 아니니까 끝나고는 마음으로 응원하면 된다고 생각했어요. 그리고 5·18 민주화운동 후원회를 좀더 활성화해야겠다. 그런데 대통령 당선되고 조금 있다가 탄핵을 받습니다. 가고 싶은데, 촛불 들고 싶은데 이를 악물고 안 갔어요. 스스로 약속한 게 있고 저분이 헤쳐나와야 될 일이지 내가 촛불 들어야 될 일은 아니라고 생각했는데 5·18 회원들이 우리도 한번 가봐야 되지 않겠냐면서 버스 한 대 빌려서 가게 됐어요.

5월로 기억해요. 카페에 공지를 올렸더니 전에 인천시장 했고 이번 국회의원 대표 경선 나간 송영길 의원이 탔어요. 부인 남영신 여사하고. 5·18 민주화에서 만 원씩 걷어서 가는 일인데 당시 여당 국회의원이 총선 기간에 같이 간다는 게 그렇지 않습니까? 남영신 여사가 "아침녘님, 저희도 만 원씩 낼게요"라고 하시면서 애기 아빠가 오늘 촛불정국에 대한 KBS 토론회에 패널로 나가는데 직접 보고 가겠다고 해서 같이 탔다는 거예요. 내리라고는 할 수 없잖아요. 그러더니 이번에는 당시 처음 출마했던 신학용씨가 버스에 올라서 인사하고 가더라고요. 다음날 큰일이 안 벌어졌겠습니까? 〈조선일보〉, 〈중앙일보〉, 〈동아일보〉에 5단 통 기사로 났죠. 여당 중진 국회의원이 5·18 단체를 동원해서 촛불정국을 주도한다고. 우리가 5·18 단체도 아니고 단지 5·18 후원회인데. 그래서 신문에 정정 보도 기사 요청하고 인천 재야인사들에게 성명서 부탁하고. 5·18 민주화운동 부상자들을 돕는 민간단체이지, 5·18 단체 아니라고. 메이저 신문들이 듣기라도 하나요? 그후에 회원들 모아놓고 5·18 정신이 무엇이냐. 참여, 자치, 나눔, 배려 아니냐. 5·18 민주화운동 후원회라고 거창하게 할 필요가 있나. 차라리 쉽게 하자. 그래서 계양봉사단이라고 바꿉니다. 대신 매년 5월에 광주를 가자. 우리끼리 갈 수도 있고 더 많은 인원, 300명, 400명 데려

갈 수도 있고. 작년까지 계속 갔어요. 19번을 갔습니다.

인천 노사모의 행보를 걱정하시는 분들이 많더라고요.

보는 눈에 따라서 그럴 수 있겠죠. 저는 인천 노사모 활동에 적극적으로 참여를 안 해요. 사랑비님이나 지창경 교수, 현희아빠 등 후세대들이 이끌어오고 있어요. 그분들은 엄청나게 적극적으로 참여해요. 그들이 하는 게 연대예요, 주민들과 연대, 사회단체들과 연대, 일반 봉사 단체들과 연대. 다른 사람들은 인천 노사모를 우려할지 몰라도 저는 이게 더 진화한 모임이라고 생각해요. 시민단체, 지역의 복지단체와 연대하면서, 한두 번이 아니라 계속하더라고요. 인천 노사모가 너무 튄다기보다 다른 노사모들도 시민사회 속으로 들어왔으면 좋겠어요.

인천 노사모가 모델이 될 수 있는?

벚꽃길 만드는 것에 인천 노사모만 참여했던 건 아니죠. 중앙 노사모도 참여하고 나중에 노무 현재단 분들도 와서 풀 뽑고 하더라고요. 성당 벚꽃길, 교회 벚꽃길도 있어요. 전직 대통령도 그렇게 사람들 기억에 남을 수 있다면, 그게 정착되고 안착되면 좋겠다고 생각해요.

노사모 활동하셨던 분들한테 영상 편지.

저 같은 사람이 전국에서 훌륭한 일들 하신 분들한테 뭐라고 얘기할 수 있겠어요. 다만 이거 하나는 지켜줬으면 좋겠어요. 어떤 분을 가슴속에 담았다면 설령 그분이 실수하고 우리와 생각이 다른 면이 있더라도 끝까지 믿어보는 것. 조금씩 참고 기다리면서 우리가 하는 일들을 지속적으로. 그렇게 우리가 옳다고 생각하는 걸 지킬 수 있을 거라고 생각합니다. ◉

'인생에서 가장 행복했던 때가 언제였는가?'
이런 질문을 받고, 저는 '고시공부 하던 시절이었
던 것 같다.' 이런 대답을 한 일이 몇 번 있었던 것
같습니다.
딱딱한 법률 책을, 읽고 또 읽는다는 것이 보통
힘든 일은 아니었습니다만, 책을 읽을 때마다 하
나씩 새로운 이치를 깨우치고 아는 것을 더해 간
다는 것이 제겐 참 기쁜 일이었습니다. 비록 목표
에 대한 기대와 집념이 단단하기는 했지만, 서른
이 되도록 부모님에게 얹혀사는 살림살이에, 실
낱같은 희망 하나를 바라보며, 아무런 놀이도 휴
식도 없이 오로지 책상에서 책과 씨름하는 강행
군을, 그것도 몇 년씩이나 계속한다는 것은 여간
고통스러운 일이 아니었을 것입니다. 그런데도
오랫동안 그 시절을 행복했던 시절로 기억하는
것은 아마 그런 기쁨이 주는 충만함 때문이었을
것입니다.

요즈음 저는 다시 그 시절로 돌아온 느낌입니다.
저를 둘러싼 요즈음의 여러 가지 상황이 마음을
편안하게 가질 수는 없는 형편입니다만, 지난 12
월 인사를 나가지 않기로 한 이후, 이런 저런 책
을 읽으면서 그동안 의문을 가졌던 여러 가지 일
들에 관하여 차분하게 생각을 정리할 수 있는 시
간을 가지게 되었기 때문입니다.
_사람 사는 세상' 칼럼에서 (2009년 2월 22일)

그냥 꼭
안아드리고 싶어요

아녜스 봉민정

광주 노사모, 닉네임 '아녜스'라고 합니다. 지금은 냉담자지만 (웃음) 가톨릭 신자라서 세례명을 닉네임으로 했습니다. 2000년도에 노사모가 만들어졌고 99년도에 대학 졸업하면서 전남대학교 사회교육원 과정을 들어갔습니다. IMF 이후로 학생들 취직이 어렵다고 하니까 정부에서 일부 국립대 사회교육원에서 할 법한 몇몇 과정들을 개설했어요. 의정보좌관 연구 과정을 신청하고 합격해서 1년 동안 다니게 됐고요. 그때 관심 가졌던 정치인 중 한 분이 노무현 의원이었고 2000년도 광주 동구 김경천 국회의원께서 후보로 출마하셨는데 우연찮게 캠프에서 일하게 됐습니다. 당선되시고 마무리 회계 작업하던 중에 인터넷 기사에 바보 노무현이라고 뜨면서 팬클럽이 있다는 거예요. 학교 다니면서 남들 다 해보는 가수, 탤런트 팬클럽 한 번도 해본 적 없는데 그걸 보고 바로 들어갔어요. 온라인으로 가입하고 주시하고 있는데 호남 노사모 오프라인 모임 한다고 해서 나갔죠. 그때 뵌 분이 늙은여우님, 샤인님, 늙은여우님 배우자 되신 물새님, 초록물고기님 등등. 장동 황톳길이라는 데서 뵙고 노사모에 발 디디게 됐죠.

노사모에서 주로 어떤 활동 하셨어요?

친목 단체 같았어요. 스물셋, 스물넷이었을 거예요. 정말 재밌었어요. 전혀 만나보지 못했던 새로운 사람들, 다양한 직업을 가진 전국 사람들. 노사모가 처음에는 어떤 목적을 가지고 활동했던 거 같진 않아요. 노무현을 좋아하는 사람들끼리 얼굴 보고 번개 하고. 노사모에서 뭐를 해야겠다가 아니라 연예인 팬클럽 하듯이 했던 거 같아요. 경선 때 옆에서 돈 얼마 받고 왔느냐고 하는데 돈 받고 한 게 아니라 자기 차 끌고 삼삼오오 모여서 가족 단위로 다니고 그랬거든요.

노사모에서 토론이 격렬해지고 진지해진 적이 있잖아요?

그랬습니다. 일부는 순수하게 팬클럽으로 가자, 일부는 정치 조직화해보자. 저는 순수하게 팬클럽으로 남으면 되지 않을까 생각했죠. 그런데 막상 돌입하니까 달라지더라고요. (웃음) 광주 염주체육관, 순천 팔마체육관 경선장도 가고 최종 민주당 후보 되셨을 때 덕평 수련관에 노사모 회원들이 다 모였거든요? 가서 기쁨 같이 나누었던 기억이 납니다. 정치 세력화되지 않았으면 좋겠다고 생각했지만 단순히 팬클럽으로 남는 것도 안 되더라고요. 2000년도에 온라인에서 노사모가 만들어지고 그해 6월 6일 첫 전국 오프라인 정모를 했어요. 한남대학교 앞 지하 PC방에서. 전국에서 100명도 안 되는 수가 모였어요. 그 자리에서 노짱께서 정치인이라면 누구나 한 번쯤 꿈꿔볼 만한 큰 꿈을 가지고 있다고 말씀하셨어요. 정말 좋아하는 사람이 하는 말인데도 비현실적으로 들린다고 해야 되나? 정치 생활을 길게 하신 것도 아니고 인지도가 있는 것도 아닌데 과연 될까? 그런데 되더라고요. 1년 짧은 시간에 어마어마한 일이 일어난 거죠. 저희 엄마도 제가 6월 6일 대전에서 하는 창립총회에 가겠다고 하니까 미쳤다고 했어요. 무슨 팬클럽이냐고. (웃음)

지금은 노사모로서 어떤 활동을 하고 계시나요?

지금은 활동하지 않고 있습니다. 초창기에 같이 활동했던 사람들과 간혹 안부 묻는 연락 정도. 노사모가 해야 될 역할을 생각하면 이제는 자연으로 (웃음) 돌아가야 되지 않나. 어쨌든 대통령 만들었고 그때 활동했던 분들 중에서 현실 정치, 생활 정치하고 계신 분들도 있고. 대통령께서 서거하신 지 벌써 10년이 됐고, 노사모 만들어진 지도 20년 가까이 되어가거든요. 조용히 묻혀도 되지 않나. 샤인님과 전화나 카톡 할 때 항상 초심 잃지 않고 잘했으면 좋겠다고 해요. 그런 마음인 거 같아요, 잘했으면 좋겠다. 낮은 자세로, 노사모를 처음에 가입했던 순수한 마음으로 했으면 좋겠다.

노무현 대통령과의 일화 생각나는 거 있으신가요?

노짱님께서 2000년도인가 생신 무렵 광주에 오셨어요. 저희가 신현 파크호텔 커피숍에서 케이크 놓고 노래 불러드렸던 기억들. 총회 할 때면 항상 오셨으니까 뵀던 기억. 그다음에 퇴임하시기 직전 2008년도 1월에 청와대 초청 받아서. 노사모 했던 회원 분들 중 그전에도 가신 분들 많이 있겠지만 마지막으로 초청하실 때 갔거든요. 그때 뵀던 기억. 그리고 정말 가슴 아프지만 서거하신 날. 경주아빠님과 그날 바로 봉하마을 내려갔어요. 봉하마을 진입하는 삼거리에서 대기중인데 운구차가 들어가더라고요. 마음이 너무 안 좋았어요. 뉴스 속보 났을 때가 토요일 아침이었을 거예요, 5월 23일. 지방 공무원 시험 있고 그때 (웃음) 합격한 상태였고 아침에 늦잠 자고 일어났는데 장난하는 줄 알았어요. 뉴스 주시하면서 안절부절못하고 휴대폰만 만지작거리고. 노짱께서 퇴직하시고 봉하마을 내려가셨을 때 한번 가야지, 시간 내서 꼭 가야지 했는데 결국은 돌아가셨을 때 간 게 지금도 가장 마음에 걸려요.

어떻게 노사모의 아마추어리즘이 성공했을까.

놀이처럼 즐긴 거죠. 요새 선거는 축제라고 흔히 하지만 노사모가 그것을 몸으로 가장 잘 받아들였던 거 같아요. 즐겁게 놀았어요. 골치 아프다고 했던 사람 없었어요. 정몽준 후보가 단일화 파기했잖아요. 투표하고 바로 터미널 가서 (웃음) 서울 가는 표 샀어요. 그날 일부 노사모 회원들이 서울 의 모 식당에 모여 개표방송 보자고 했던 터라 거기로 갔죠. 혼자 개표방송을 보면 안 될 거 같더라고요. 20명 남짓한 회원들과 저녁 먹으면서 개표방송 보는데, 방송 3사 중에서 가장 비우호적이었던 SBS 출구 방송을 보면 결과를 알 수 있지 않겠냐 해서 SBS 봤어요. 노무현 대통령이 1위 하신 거예요. 환호성 지르고 난리 났죠. 자정까지 있다가 새벽차 타고 내려왔어요. 다음날 출근해야 되니까. 그뒤로는 노사모 활동 안 하고 그냥 지켜만 봤죠. 가끔은 생각해요, 더 열심히 해볼걸. (웃음) 즐겁게는 했는데 20년쯤 지나서 돌이켜보면 더 열심히 해볼걸. 후회가 되는 건 아니고요.

노무현 대통령을 다시 만나면 해주고 싶은 말이 있을까요?
그냥 꼭 안아드리고 싶어요. (웃음) 고생하셨습니다. 한번 꼭 안아드리고 싶어요. (웃음)

노사모에 대해 말씀 해주시고 끝낼까요?
노사모가 만들어진 지 20년이 되어갑니다. 초창기에 잠깐 활동하고 제 삶을 살아왔는데 돌이켜보면 열정 갖고 다시 활동할 수 있을까 생각이 들 만큼 소중했던 시간들이었고 좋은 분들 많이 만났던 거 같습니다. 어디서 어떤 일 하고 살든 노사모 처음 했던 그 마음 잊지 않고 노짱님의 뜻 이어가면서 현실에 충실한 삶을 살았으면 좋겠습니다. ●

역사를 바꾸는
마지막 기회일 수 있다

돈달산인 김민현

'돈달산인'입니다. 문경에 가면 돈달산 있는데 거기에 사는 사람이라는 의미로 사용했고 전국 노사모 모임 가면 다들 닉네임이 특이해서 뭐냐고 질의받았죠. (웃음) 저는 경북 안동인데 문경에 인연이 있죠. 그렇게 시작된 거고. 당시 경북 북부 지역은 노사모가 힘들었는데 온라인이 강하지 않았습니다. 오프라인이 강하다보니까 동네마다 찾아다니면서 한 명 한 명 찾고. 진보적인 사람 있으면 찾아내서 같이 가자고 설득하면 온라인으로 들어오고. 지금 쉰아홉 살이니까 마흔한 살쯤 됐겠네요. (웃음)

어떻게 하다가 노사모 활동을 시작하셨어요?

인터넷 검색하면서 노무현 총선 실패로 많은 사람들이 결집했다는 걸 봤고 나도 해야 되겠다 해서 한 거죠. 2000년에 대구 폐교된 학교에서 첫 모임 하는데 대구, 경북 전체에서 10명 모였어요. (웃음) 아내도 같이 갔어요. 아내는 '해바라기'라는 닉네임으로 노사모 활동했거든요. 제가 술을 좋아하니까 그런 데 가면 운전병으로. (웃음) 약속했죠. "대선 때까지 2년만 하고 안 할게." 그렇게 시작했는데 실제적으로는 약속을 지켜주지 못했고 결국 긴 세월 동안. (웃음)

초반에 활동 시작하시고.

90년대에는 유통업을 했기 때문에 경제적으로는 안정된 시기였고, 내 집도 마련하고 공무원 기본 월급 서너 배 이상은 매월 수익이 나왔기 때문에 안정적이었습니다. 노사모 활동을 하다보면 퇴근하고 북부 지역에서 사람들 만나다보니까 다음날 사업에 지장이 오기 시작해요. 농산물 유통하려면 아침 일찍 일어나서 창고에서 물건 꺼내서 유통해야 하는데. 결국 부득이 접었습니다. 숙명 같은 거죠. 역사를 바꾸는 마지막 기회일 수 있다.

또 마음속에 자리잡았던 게 하나 있는데 뭐냐면 80년도에 제가 조그만 회사에서 노동조합 할 때 조합원 하나가 죽은 사건이 있어요. 우리 입장에서는 구타에 의한 사망이라고 봤고 그쪽에서는 지병에 의한 사망이라고. 그분 나이가 마흔이었어요. 저는 스물여덟 살이었고. 결국 제대로 해결 못해준 거거든요. 공대위도 만들었지만 가족들이 당시에 적극적으로 호응 안 하고 어떻게 해줄 수 있는 길이 없었어요. 마음에 항상 응어리로 남아 있었고. 제가 어린 나이에 그분들을 설득해서 죽게 만든 것이기도 하기 때문에 죄책감도 있고. 80년대에 늘 이야기했던 노동 해방이라는 거, 노무현이라는 사람을 통해서 최소한 형식적 민주주의라도 만들어야 되겠다고 생각했죠.

사모님은 반대 안 하셨어요?

많이 했죠. 몇 년 하다가 사업 돌아오더라도 사업을 잘할 수 있다는 (웃음) 오만, 자신감이 있었고 아내한테도 그렇게 말했습니다. 그런데 못 돌아왔습니다. 경선 대책위라든가 활동하다보니까 자연스럽게 정치 쪽으로 빠져들었고. 너무 힘들어지니까 이혼했고요. 몇 년간은 다시 안 봤어요. 다시 안 보다가 3년 전부터 재결합을 꿈꾸고 있죠, 같이. (웃음) 이혼할 때는 정말 말로 표현 못할 만큼 처참했죠. 주변 사람들에게 말도 못했습니다. 명절 때도 가능하면 집에 안 가려고 했죠.

노대통령은 언제 생각나세요?

서거 소식 듣던 날 직장에서 현장 작업 시키다가 소식 듣고는 멍한 상태였죠. 아무 생각 없고 백지장 같은. 저녁에 내려갔죠. 눈물도 안 나더라고요. 선거 때 되면 가슴이 짠하죠. 선거랑 떼놓고 생각할 수 없기 때문에. 2000

년부터 대통령 되는 과정까지 너무 힘들었기 때문에. 개표하는 날 사전 출구 조사 발표 때 승리로 나오니까 그때는 눈물을 멈출 수가 없었습니다. 옆에서 같이 도와줬던 친구가 오히려 그만 울라고 달랠 정도로. (웃음) 인생에서 가장 큰 희열을 느꼈어요. 살아오면서 아주 감동적인 걸 그때 처음으로 느껴본 겁니다.

상상이 안 갑니다. 40대 농산물 유통업 하시던 분이.

유통업 특성상 거래처에 접대를 하게 되거든요. 접대하게 되면 본의 아니게 우리가 상상하는 그런 비싼 집에도 가고 80년대에 주장했던 내용과는 영 반대의 길을 걸었기 때문에 미안한 감이 늘 있었죠. 스스로에 대한 미안함이 2000년도의 에너지로, 노사모의 에너지로 분출하지 않았나. 2000년에 노무현 대통령을 당선시키는 역할을 우리가 했다는 자체만으로 80년대의 좌절감이 해소됐다는 기분이 들었죠. 저뿐만 아니라 초기 노사모 멤버들도 비슷한 생각을 갖고 시작했을 거라고 믿고요. 인생의 좌절감을 극복했다고 보시는 게 맞을 것 같습니다.

노사모 활동 같이한 동지들한테 한말씀.

옆에서 같이 활동했던 친구 중 유명을 달리한 친구가 있는데요. 그분들이 옆에 있었기 때문에 함께 활동할 수 있던 거고 힘이 되는 거고. 때로는 다투기도 하지만 동지라는 이름으로 모여 있기 때문에 가능했다고 생각합니다. 해바라기, 아내에게 "처음 2년만 하고 그만하겠다는 약속을 못 지켜서 미안하다"는 말도 전하고 싶습니다. (웃음) ◙

보는 것만으로도
좋았어요

시누대 김현수

사는 곳은 여수고, 노사모 활동은 2000년에 시작해서 지금까지 해오다가 노무현 재단 창립하면서부터 재단 쪽에서 일하고 있습니다. '시누대'라는 닉네임을 쓰고 있습니다. 제가 살고 있는 전남 여수 남해안 쪽에 자생하는 대나무인데요. 이순신 장군께서 임진왜란 당시 화살을 만들었다고 전해지는 대나무입니다. 노무현 대통령이 활이라면 내가 화살이 되어서 저분이 쏘는 대로 날아가 정확하게 목표를 맞힐 수 있겠다 해서 시누대라는 닉네임을 썼습니다. 세월이 많이 지났습니다. 우리 꼬맹이들이 시집갈 나이가 됐으니까. 큰애가 초등학생이었고. 막내는 다섯 살이었고 지금은 대학교 다니고, 큰애는 시집가고. 오랜 시간이 흘렀죠.

그때 시절을 떠올리면 무슨 생각이 나세요?

설레죠. 사람들이 가수나 좋아하는 연예인 쫓아다니면서 열광하는 것을 이해 못했거든요. 그런데 정치인 노무현을 만나고서는 이해하게 됐어요. 요즘도 젊은 친구들이 팬클럽 활동하는 걸 보면 저 친구들의 마음이 내 마음 같고. 동질감을 느껴요. 노무현은 소탈했고 말이 쉬웠죠. 쉽게 이해가 됐어요. 국회의원 되시기 전에 변호사 하실 때도 몇 번 강연회를 들었어요. 정치인으로 바라본 노무현은 언어 사용 자체가 일반 대중들이 이해하기 쉬운 언어로 쓴다고 생각하면서 많이 빠져들었죠.

그때 땀도 많이 흘리셨고 열심히 하셨는데 지금은 어떠세요?

여전히 슬프죠. 바뀌어가는 과정들을 같이 지켜봤으면 좋았을 텐데. 정상 회담 때도. 뉴스를 보다가도 어떤 얘기들이 문득 나오면 나도 모르게 울어버려요. 노사모 했다고 대통령과 접촉면이 넓진 않아요. 저희들이 마냥 쫓아다녔으니까. 그러다가, 예를 들면 서울에서 어떤 집회가 있으면 급하게 나오시더라고요. 참모들하고 회의 끝나고 나오시다가, 우리는 참여 회의 하려고 복도에 있는데, 탁 돌아서면서 "이렇게 먼 데서 오셨어요, 이 시간에?" 꽤 늦은 시간이었거든요. "회의 잘하고 가세요!" (웃음) 지금도 그때가 굉장히 강렬해요. 저분이 나를 알아보시나보다. 이후로 더 빠져들었지만. 다른 분들에게도 알게 모르게 그렇게 하셨더라고요. 소탈하면서도 개개인들을 기억하려는 모습들이 종종 있었어요.

노사모 가입하고 활동하신 20년 가까운 시절에는 무슨 일 하셨어요?

조그만 건축업을 하고 있었죠. 창문 설치하고 조립식 건축물 짓고. 2004년까지 그 일 하고, 일하면서도 2007년부터 사회운동, 시민운동 하다가 나중에는 전업 시민운동으로 갔죠. 2003년, 2004년도에 사업이 썩 좋지 않았어요. 그러면서 계속 그쪽 분야에 관심 있었기 때문에 '잘됐다, 이번 기회에 하고 싶은 일 하자' 해서 그쪽으로 갔죠. 더 나이 먹으면 하고 싶은 거 정말 못하겠다는 생각이 들어서요.

노사모 활동 하면서 어떤 것이 기억나세요?

노사모 활동에서 가장 기억나는 것들은 경선운동 때. 전국적으로 국민 참여 경선 사람들에게 편지 쓰기. 사업하고 있었기 때문에 많이 쓰진 못했고 대신 조직하는 일을 했죠. 예를 들면 나눠주고 걷어오고 주소 알려드리고. 쓰기 진짜 어려워요. 하룻저녁에 열 통 써본 적이 별로 없어요. 세 통, 다섯 통 모아서 보내고, 오십 통씩 써오신 분들도 있어요. 아내한테는 한 번도 안 썼죠. (웃는) 아내가 미쳤다고 하죠. 그것도 남자 정치인에 미쳐서 쫓아다니니까. 그런데 아내가 저보다 좋아했거든요. 처음에는 별로라고 하다가 제가 계속 얘기하고 본인도 생각하고 하더니만 이후에는 같이 다녔죠. 노사모는 남자만 다니는 사람들이 거의 없어요. 대부분 가족과 함께. 부인들이 훨씬 적극적이었죠. 애들도 어려서부터 데리고 다녔기 때문에 잘 알고.

노무현 대통령을 '바보'라는 키워드로 규정했는데 동감하셨나요?

저는 바보라는 용어를 쓰진 않았어요. 지금도 마찬가지고. 그것은 대외적으로 비치는 거지. 노사모 내부에서는 바보보다는 노짱. 다만 어려운 사람들 편, 본인이 옳다고 느끼는 것에 대한 확실한 추진력, 이런 것들이 분명하셨던 분이죠.

대선 후보 얘기가 솔솔 나올 때 노사모 분위기는 어땠나요?

노사모들은 다 찬성하고 좋아했죠. 의심한 노사모 회원은 없었을 거예요. 의심했다면 나갔겠죠. 대통령이 대선을 해보겠다고 했을 때 오히려 똘똘 뭉쳤잖아요. 노사모에서 우호적이었던 분들이 '되겠어?' 하면서 뒤로 물러섰던 기억들은 있어요, 우리 지역에서도. 비주류였고 중앙 정치 한다고 하면 계파, 조직, 돈이 있어야 하는데 그런 것들이 없기 때문에 누가 보더라도 그렇게 생각하죠. 저희 같은 노사모나 열혈 팬들 아니고는.

노사모의 인지도를 높이기 위해서 무슨 활동 하셨나요?

높인다고 높일 수 있는 상황이나 구조가 아니었고요. 밀레니엄이 바뀌었잖아요, 2000년 들면서. 1999년 흐름과 2000년대의 흐름이 달랐죠. 한국이 전체적으로 어떻게 나가야 될 것인지에 대한 고민들이 있었고. 노무현 대통령이 그것을 읽어낸 거죠. 초보적인 단계지만 핸드폰, 삐삐 나오고 인터넷같이 소통할 수 있는 공간들이 대중화되기 시작하잖아요. 기존의 조직 방식을 뛰어넘는 거였죠. 노무현 대통령이 던진 메시지가 그 시대를 관통했다고 보는 거죠. 노사모들이 헌신적으로 발품 팔아주고 말 건네고 인터넷 통해 전파하고. 특별히 노사모가 인지도를 올리려고 애썼다는 건 아닌 것 같아요. 초창기에 뜨거운 바람, 아름다운 사람 티가 있었어요. 1년 내내 2002 월드컵 했잖아요? 대선 때. 사람들이 빨간 티 입고 나올 때 우리는 전부 노란 티 입고 나왔거든요. (웃음) 알려야 되니까. 그다음 겨울 되면 노란 조끼, 모자는 노란 모자, 평상시에도 속에 노란 티. 결벽증 비슷한 건데 차 뒤에 '아이 러브 노무현' 붙이고 다녔거든요. 우스갯소리로 "이거 붙이고 불법주차, 신호위반 하면 안 된다, 노란 티 입으면 누구하고든 싸우면 안 된다". 우리가 노무현이라는 사람을 대신한다고.

노무현 대통령은 부재인데 노사모는 도대체 왜 있느냐? 고민이 있나요?
고민을 안 한 것은 아니죠. 그런데 더 중요한 것은, 그분이 실체로 존재하든 존재하지 않든, 그분이 추구하는 가치에 뜻이 있다는. 앞으로 노사모라는 이름 건 활동이 두드러지지 않을 거라고 봐요. 다만 노무현 대통령의 뜻을 자연스럽게 이어가고 있는 곳이 노무현 재단, 그다음에 봉하. 다른 그룹들 있잖아요. 정신들을 이어가기 때문에 끊임없이 확대 재생산될 거라고 생각합니다. 사회가 살기 좋아지고 원칙이 정착된다면 자연스럽게 분화되겠지만, 노무현 대통령이 계시든 계시지 않든 계속 이어져나갈 거라고 봅니다.

경선 끝나고 최종 후보로 결정되고 어디 가셨어요?
덕평. 새벽 3시엔가 하기로 했을 거예요. 밤 8시에 대통령이 인천에서 덕평으로 오시고. 저희는 전국에서 덕평 수련원으로 다 모이고. 거기에서 느껐던 기쁨. 대통령 돌아가셨을 때 분향소 다니면서, 내가 노사모에서 가장 기뻤던 때는 딱 두 번이다. 하나는 덕평 수련원, 다른 하나는 대통령 당선됐던 12월 19일. 그 이후로는 항시 불안했고 항시 안타까웠고 항시 어려웠다. 그런데 그때는 정말 좋았거든요. 세상을 다 얻은 거 같고.

그 기쁨 외 나머지 기간은 (웃는) 좋지만 여전히 슬펐죠. 저렇게 좋은 분을 왜 싫어할까, 욕을 할까. 대통령 되고 난 이후에 계속 하락이었잖아요. 지나가는 개가 깨갱 소리만 내도 노무현 때문이야. 속상한 정도가 아니라 몇몇 사람들하고는 의절하기도 하고. 그분들은 본인들도 대통령 지지해서 당선시켰는데 마음에 들지 않는다는 거예요. 같이 노사모 활동하고 전국 쫓아다니던 친구들이 나이스(NEIS, 교육행정정보시스템) 때문에 하루아침에 돌변해서 나가는 걸 보면서 아니지 않으냐, 기다려볼 수도 있는 거 아니냐. 그런데 아니라면서 나갔을 때. 많이 슬펐죠. 그렇게 떨어져 나갔던 적 한 번 있었고 또 이라크 파병 때. 마음 아프죠.

도리어 퇴임하시고 사랑 많이 받았어요.

굉장히 당황스러웠죠. 퇴임하면 우리끼리 재밌게 놀 수 있겠다고 생각했는데 국민들이 더 많이 오는 바람에. (웃는) 가면 뒷방 취급만 받다 왔죠. 그래도 기뻤어요. 거봐라, 우리 대통령 퇴임하고 나니까 국민들이 이렇게 좋아하지 않느냐. 오래갈 줄 알았어요. 앞으로는 자주 뵙고 대통령 만나서 같이 재밌게 얘기할 수 있겠다고 생각했는데 많이 안타까웠죠.

노대통령이 바보였다면 현재 노사모는?

노사모는 바보일 수밖에 없다. 노사모는 정치적 계산을 하지 않았잖아요. 돈 써가면서, 시간 버려가면서. 티를 만들어도 돈 내서 만들고, 모임 해도 자기들이 참가비 만 원, 2만 원씩 내고. 대다수 사람들은 노무현 대통령이 추구하는 게 좋으니까 한 거거든요. 그런 면에서 본다면 그분들이 바보죠.

노무현 대통령에게 미안한 점이 있다면?

2006년 4월, 5월 들어서면부터 엄청난 논쟁을 가졌잖아요. 요새 태극기 부대를 보면서 생각해요. 왜 우리는 그때 그렇게 못했을까? 하다못해 50명이라도 광화문 거리에 모여 부당하다, 잘못됐다고 막무가내로 왜 못했나. 우리보다 나이가 훨씬 많은 태극기부대는 하잖아요. 왜 우리는 못했을까. 아쉬움이 있죠. 지금 영화 찍으면서도 내가 이럴 수 있나 답답하고. 혹시 내가 그런 일을 했다고 추억팔이 하는 거 아닌가. 많이 생각해요, 내가 정말 좋아했던 사람이었나.

노짱님을 다시 만나실 수 있다면 어떤 말을 해주고 싶으신가요?

말 못하겠죠. 가만히 쳐다보겠죠. 똑같아요. 보는 것만으로도 좋았으니까요. 그분한테 특별히 어떤 얘기를 해서 좋은 게 아니라 그냥 보고 있으면 좋았죠. 그렇기 때문에 지금 뵌다고 해도 여전히 씩 웃으면서 쳐다볼 거 같아요. 가만히 쳐다보고, "오셨어요?"

노사모 회원들한테 하고 싶은 말씀.

2000년부터 십여 년을 같이 왔던 우리 노사모. 각자의 위치에서 최선을 다하고 있을 거라고 믿습니다. 우리가 어디 살든 2001년, 2002년, 2003년 대통령과 함께했던 시간을 기억한다면 어느 시대에 만나도, 함께 한 시대를 같이 간 동지로서, 우리는 함께할 수 있을 겁니다. 여수에 살았던 시누대입니다. 🔅

저는 많이 부족한 사람입니다. 제가 대통령이 된 것은 제가 잘나서 된 것이 아닙니다. 새로운 정치, 새로운 시대를 요구하는 국민의 여망과 시대의 물결이 저를 대통령으로 만들었다고 생각합니다. 제가 대통령이 되고자 했던 것은 권력을 누리고 위세를 부리기 위한 것이 아니었습니다. 우리 정치가 바뀌어야 나라가 발전하고 국민이 행복해진다는 신념에서였습니다. 제 자신이 비록 정치인으로서 성공하지 못하더라도 그 신념이 이루어진다면 저는 더이상 바랄 것이 없습니다.

_'제243회 정기국회 시정연설'에서 (2003년 10월 13일)

함께 계속 나아갈 수 있다고
생각합니다

불암산 김창수

상계동에 살면서 '불암산'이라는 닉네임을 썼습니다. 시간이 꽤 흐른 거 같습니다. 그 시절을 생각하니 감회가 새롭습니다. 같이 활동했던 사람들 지금도 만나거든요. 이구동성으로 하는 이야기가 '인생에서 2002년이 가장 행복했다, 의미 있었다. 노사모, 월드컵 붉은악마, 효순이 미선이 사건으로 인한 촛불집회, 세 가지가 2002년도 한국 사회를 규정하는 키워드가 될 것이다'라는 얘기들이 있었지요.

어떤 계기로 노사모 활동 시작하셨는지?

나이가 적지 않았지요. 마흔셋, 넷 됐습니다. 학원 국어 강사를 하고 있었습니다. 사설 학원에 있으니까 돈 많이 벌고 편하게 살고 싶다고 생각하고 있었지요. 그런데 시간이 지나면서 제 생활에 대한 회의를 갖고 우리 사회를 위해 열심히 일하는 사람들을 바라보게 되고 정치 쪽에서는 김근태 의장과 노무현 의원이 눈길이 갔습니다. 자연스럽게 노사모를 만나게 되었죠. 노무현 대통령을 실제로 보게 된 것은 1991년 춘천에 있었을 때입니다. 시국 강연을 몇 분 오셨어요. 노무현 의원이 그 자리에서 노동자를 위한 연설을 하시는데 눈에서 파란 불꽃이 튀는 것을 봤습니다. 생생하게 봤어요. 너무 강렬하게 와닿았습니다. 노동자를 위한 애정과 열정이 얼마나 깊은지 가슴에 담고 있었는데, 10년 뒤에 서울 생활하면서 노사모를 만나고 더 가까이하게 되었지요. 2000년도는 민주당의 대통령 경선이 있었을 때고 조금이라도 힘이 되어드리면 좋겠다는 생각을 가지고 있었습니다.

당시 연설 때 기억나는 말씀이 있었나요?

시간이 많이 흘러서 내용이 다 기억나진 않는데, 울산 현대중공업 노동자를 향해서 노동자의 권리를 찾아야 하고 그것을 위해 함께 연대해서 힘차

게 싸우겠다고 말씀하셨어요. 어떻게 억압받고 있고 왜 권리를 찾아야 하는지에 대해 당신의 소신을 밝히시는데 엄청난 에너지를, 열정을 봤습니다. 그분의 진심을 본 거지요. 국어 강사를 했는데 아이들을 가르치면서 몇 년간 〈한겨레신문〉과 〈조선일보〉 사설을 비교했습니다. 당시에는 언론 운동을 시작하기 전이었는데 〈조선일보〉 사설을 보고 다른 신문과 비교하면서 아침마다 분노를 느꼈습니다. 기득권을 위해서 얼마나 왜곡하고 편파 보도를 하는지. 그러던 차에 노무현 대통령이 후보로 경선을 시작하면서 〈조선일보〉에서 악의적인 왜곡 보도를 일삼고 있었지요. 노무현 대통령 후보와 〈조선일보〉의 악연은 역사가 깊습니다. 현대중공업에서 했던 연설을 왜곡한 사건, 2000년대에 들어서기 전 호화 요트 사건이 있었죠. 노무현 후보가 호화 요트를 몰고 있다, 그의 재산 축적이 의심 간다는. 노무현 당시 의원이 법적 소송을 제기해서 명예훼손으로 승소했습니다. 〈조선일보〉의 눈밖에 확실히 나게 된 거죠.

2001년도로 기억을 하는데요, 김대중 정부에서 언론사 세무 조사를 했습니다. 당연히 반발하고 저항했죠. 그때 노무현 후보가 언론과의 전쟁도 불사해야 한다고 말했습니다. 세무 조사에 저항한다는 것은 특권을 내세운다는 것이고 용납할 수 없다는 것이죠. 그때 〈조선일보〉와 노무현 의원의 본격적인 전쟁이 시작되었다고 볼 수 있겠고요. 전쟁을 혼자서 치르게 할 수 없다고 많이 공감했던 것으로 기억합니다. 자발적으로 싸움에 동참하게 된 거죠. 많은 사람들이 모였습니다. 조선일보 없는 아름다운 세상을 만드는 시민 모임, 조아세가 만들어졌고 전국적으로 열정적으로 운동을 전개했습니다. 지금은 위세가 꺾였다고 하지만, 대한민국 정치인 중에 감히 〈조선일보〉와 싸우겠다고 나서는 정치인 본 적이 없죠. 지금까지도 노무현 대통령이 거의 유일한 정신이었다, 기억하고 있습니다.

싸우지 않는 이유가 있었겠죠?

언론 쪽에서 부당한 짓을 하더라도 못 본 척 눈감는 것이 그동안 정치인들의 모습이었다고 생각합니다. 〈조선일보〉와 싸우는 것은 무모한 짓이다, 계란으로 바위 치기다, 많이들 얘기했고요. 노무현이라는 정치인이 싸우는 모습을 보면서 우리도 동참하게 되었지만 단순히 정치인 노무현을 위해서 조선일보에 함께 싸웠다고 말하는 것은 운동의 의미를 축소하는 것이라고 생각하고요.

조아세에서 문제 제기하고 이슈화했던 것은 〈조선일보〉의 역사를 포함했습니다. 일제강점기에는 친일 신문의 행각을 보였고요. 반민족 친일 신문이라는 이름을 뗄 수 없지요. 그런데 오히려 아니다, 민족지였다고 강변하고 있죠? 거짓말이죠. 역대 박정희, 전두환 독재정권에 아부하고 유착한, 독재정권에 부역한 반민주 신문이기도 하고요. 남북관계가 잘 풀리고 있지만 지금까지도 그 논조는 밝히지 않았다고 생각하는데요. 남북 간 갈등, 대립, 대결을 부추기는 반통일 세력으로서의 〈조선일보〉. 재벌, 가진 자들 편들고 노동자, 서민들을 억압하는 신문. 한마디로 〈조선일보〉는 수구 기득권 세력의 총사령탑이라고 평가했죠. 그 싸움을 우리가 했다고 생각합니다.

조아세 활동하시면서 기억에 남는 게 있으실까요?

안티조선 운동의 전위대 역할을 했다고 생각합니다. 처음엔 〈조선일보〉 쪽에서 무시하고 있다가 '이거 장난이 아니구나'라고 생각한 거 같습니다. 2002년도 가을쯤 대선 직전에 저희를 고소했습니다. 저하고 무착, 당시 조아세 대표를 맡고 있던 포청천, 3인을 고소했어요. 내용을 보니까 별거 아니었습니다. 저희가 이슈화한 것은 '반민족 친일 신문이다, 통일을 저해하는 세력이다' 등이었고 그걸 문제삼아주길 바랐는데 한마디도 문제 제기 못했어요. 받아들일 수밖에 없는 거죠. 저희가 신문을 만들어서 전국적으로 배포하는데 〈조선일보〉 위에 올려놓는다든가 〈조선일보〉 사이에 끼워놓는다든가 영업을 방해하는 것이다, 식당 다니면서 식당에 〈조선일보〉가 있으면 "〈조선일보〉 끊어주세요, 조아세 신문 봐주시면 〈조선일보〉가 어떤 신문인지 알 수 있습니다" 사장님들한테 권유하고 부탁드리기도 했는데, 〈조선일보〉 쪽에서는 식당 찾아다니면서 식당 주인을 압박했다, 위력을 행사했다, 강제로. 그런데 있을 수 없는 일이죠. 가서 밥 먹고 그런 얘기 나올 때 하는 것인데. 전국으로 신문을 배포하니까 한 부에 20원 해서 백만 부면 2억. 2억 돈이 어디서 나왔어? 정권에서 대준다는 쪽으로 몰고 갔습니다. 저희 시스템을 이해 못한 거죠. 지역에서 판매하고 판매 대금으로 신문을 찍었는데 단순한 셈법으로 정권에서 사주받았다는 것으로 몰고 갔지요. 검찰도 한통속이었습니다. 2002년에 고소가 시작되었는데 2006년에 대법원에서 확정 판결이 나서 벌금 몇백만 원씩 받았습니다. 고맙게도 전국에서 네티즌들이 모금해서 벌금을 충당해주셨습니다. 지금 이 자리를 빌려서 다시 한번 감사의 말씀을 드립니다. 노사모 회원들, 안티조선에 관심 있고 지지했던 네티즌들이 모금해주셨습니다.

노사모 활동하시고 애를 쓰시면서 어떤 세상을 기대하고 원하셨을까요?
노사모 하면서 먼 미래를 분명하게 예측하기는 힘들었고요. 앞으로도 관심과 열정을 가지고 있다면 조금씩 나아갈 수 있겠다는 자신감은 갖게 되었습니다. 어려움을 느끼고 실망스러운 상황에 놓이기도 하지만 기본적인 믿음만큼은 버리지 않고 여기까지 왔기 때문에, 주위에 그런 분들이 많이 있기 때문에 함께 나아갈 수 있다고 생각합니다. 제 소중한 자산이라고 말씀드릴 수 있겠습니다.

가족들이 싫어하진 않았을까요?

가족들이 이해해주는 편인데 때로는 섭섭함을 느끼죠. 결혼을 늦게 해서 딸이 아직 어린데 아빠는 가족보다 운동이 더 중요하냐고 묻기도 하고요. 요즘에는 독립운동사, 통일운동에 주력하고 있는데요, 처는 우스갯소리로 말합니다. "당신 시대를 잘못 타고난 거 같아, 일제 시대 윤봉길, 이봉창 의사 뒤를 따랐어야 하는데." 제가 먼저 생각하는 게 가족 문제보다는 항상 바깥의 문제이지만 단순한 바깥의 문제가 아니고 결국에는 우리 문제라고 생각합니다. 미안한 마음이 없지 않지요. 나중에는 더 크게 이해해줄 거라고 생각합니다.

노무현 대통령님과 생각하는 방식이 통하셨겠어요.

노무현 대통령이 어린 시절을 가난하게 보내셨죠. 학교 월사금을 내지 못할 정도로. 결국에는 학교를 그만두겠다고 교실을 뛰쳐나온 아픈 기억을 가지고 있습니다. 돈을 벌기 위해 막노동을 하시기도 했고요. 그러다가 고시 공부를 해서 변호사의 길을 걷게 되셨는데요. 가난의 경험이 있었기 때문에 가난한 자들의 입장을 누구보다도 잘 이해하셨다고 생각하고요. 특권, 반칙이 통하지 않는 그런 세상. 함께 잘살 수 있는 세상을 꿈꾸셨다고 생각합니다. 기득권을 가지고 있는 사람은 소수에 불과하잖아요. 2%라고 얘기하기도 하고 크게 20%를 잡더라도 80%는 누구나 어려움, 부족함을 느끼며 살아갑니다. 함께 어울리고, 공존하고, 서로 존중하는 세상을 많은 사람들이 원하고 꿈꾸고 있다고 생각하고요. 아마 더 절실하게 느꼈던 사람들이 노사모라는 공간을 통해 결집하고 함께 꿈을 키워갔을 것이라고 생각합니다.

노사모 때 생각나시는 분이 있으실까요?

많이 있죠. 자주 보지는 못해도 여기 온다는 얘기를 대략 들었거든요. 가까이 소호님, 시마섭, 서우님, 또 유니다님, 일몽님. 대표 외에도 국민포차로 유명한 소나무, 미키루크는 빼놓을 수 없고요. 또 처리 등등.

노무현 대통령을 다시 만난다면 해주고 싶은 말 있으실까요?

제가 노무현 대통령 영결식 날에 많이 울지는 않았어요. 모여서 많이들 우는 모습을 오히려 지켜보고. 혼자서 밤늦게 집으로 가다가 다음날 눈을 떠보니까 병원 응급실에 있더라고요. 얘기를 들어보니까 창동 다리 밑으로 추락했는지 다리 밑에서 발견해서 119와 경찰차가 긴급하게 후송했다고 해요. 머리가 깨지고 상처를 꿰맸더라고요. 온몸이 피투성이가 되어 있는데 제가 살아난 것은 노무현 대통령께서 떠나시면서 "자네는 뭔가 더 할 일이 있어"라고 말씀하신 거 같아요. 저는 노무현 대통령 따라가서 경호원이 되고 싶다고 말씀을 드려보고 싶었는데 떠나셨어요. 노무현 대통령께서 남아서 해야 할 일이 무엇인가 있다고 생각하신 거 같고 그 답을 찾아서 노력하고 있고요. "노짱님, 저 원하시는 방향대로 열심히 살았지요?" 묻고 칭찬받고 싶은 마음이 깊이 있습니다.

노사모의 실수나 시행착오를 되돌릴 수 있다면?

특별히 기억나지 않고요. 다만 노무현 대통령 재임 기간 동안에. 사람들의 생각이 완전히 일치할 수 없잖아요. 저를 비롯해서 함께 활동했던 그룹은 노무현 대통령이 국정을 수행하는 데 서포트를 제대로 하기 위해서 싸워야 한다, 힘을 실어드려야 된다고 했고요. 그 부분에 의견 차이가 있었습니다. 노사모가 안티조선 운동만 하는 조직이냐고 불만을 가진 사람도 있었고요. 생각의 차이라고 보는데요. 당시에 그 길을 함께 가는 게 조금이라도 노무현 대통령께 힘이 되어드리는 길이 아니었겠느냐 생각을 가지고 있지요. 그런 부분들에 대해서 조금씩 아쉬운 점이 있습니다.

노사모 회원들에게 마지막으로 한말씀 해주신다면.
노사모 형제 여러분 반갑습니다. 안티조선 불암산입니다. 우리 만난 이후로 참 많은 시간이 흘렀죠? 자기가 있는 곳에서 각자 다들 열심히 생활하고 있을 거라고 생각합니다. 꿈꿨던 세상 만족스럽지는 않지만 그래도 포기하지 않고 계속 이어가고 있다고 서로가 믿고 있을 겁니다. 그렇죠? 여러분들 모두 건강하시고 항상 행복하시길 바랍니다. 언제 또 만났으면 좋겠어요. 고맙습니다. ◗

100년을
앞서간 사람

노동자투 김형진

닉네임은 '노동자투', 이름은 김형진입니다. 1989년도에 회사 입사했는데 한국노총 소속이었어요. 당시 간선제였는데 직선제를 만들면서 한국노총을 변화시켜야겠다는 마음에 노동자 최후의 보루다 해서 그냥 투로, 노동자투로 닉네임 적었습니다. 2002년 여름으로 기억하는데 한창 대선 후보 경선 무렵 노사모에 가입하게 됐습니다. 조금이라도 힘이 되지 않을까. 민주당에서 이회창을 꺾을 수 있는 후보는 노무현밖에 없더라고요. 당시 이인제한테 많이 밀렸지만 노무현이어야만 이회창을 꺾을 수 있겠다는 생각이 들더라고요. 마침내 후보가 되고 굉장히 기분좋았어요.

정몽준 파기 이후 24시간 내, 그때 기억나는 활동들이 있으십니까?
질 줄 알았어요, 파기되는 바람에. 제가 노동조합 초대 사무국장을 맡았는데 퇴근하고 뉴스 듣곤 술 먹고 회사 들어갔습니다. 야간조였는데 한 사람 한 사람 손 붙잡고 노무현 찍지 않으면 우리 노동자들 힘들다고 하면서 호소하다시피 밤새 현장을 돌아다녔던 기억이 납니다.

노무현 대통령이 왜 저평가를 받았을까요, 내외부로부터.
이해를 못한 거 같아요. 흔히들 '정치 100년을 앞서간 사람'이라고 하잖아요. 다른 사람들에게 그 속도는 너무 개혁적이지 않았나 생각이 들어요. 좌우에서 양쪽에서 공격당했거든요. 지나고 보면 자기들 무덤 판 거죠. 도와서 함께 갔어야 했는데 도와주지도 않고 마치 노무현 정부를 비판하면 지지도가 올라간다고 생각하고. 천만의 말씀. 결국 자기들도 쇠락했다는 것이 증명되지 않았습니까.

서거 날 기억나십니까?

기억합니다. 2009년 돌아가실 때 인천 노사모 대표를 했어요. 서거 소식 듣고 몇몇 분들이 모였죠. 돌아가셨기 때문에 가고 싶지도 않을뿐더러 인천에서 뭔가를 해야겠다는 생각이 들어서 인천 동암동 북광장에 분향소 설치하고 조문객을 맞이했죠. 살아 계실 때 함께 나무도 심고 부엉이바위 밑에서 막걸리도 나눠 마셨던 기억도 나고. 선뜻 가고 싶지 않더라고요.

노무현 대통령과 개인적인 에피소드가 있다면?

노사모 회원들과 북악산 등산도 갔고요. 권양숙 여사님이랑 같이 가는데 굉장히 추웠어요, 그날따라. 노무현 대통령이 기분좋으면 연설하시잖아요. 너무 추운데 연설이 길어져서 권양숙 여사님이 그만하라고 하니까 더 잘할 수 있는데 그런다고 하시더라고요. 퇴임 후 봉하에서 농활하고. 벼 심고 진영읍 삼겹살집에서 삼겹살 구워 먹고. 들어가시라고 배웅 박수 치니까 삼겹살 구워 먹던 곳 앞에서 바로 일어나셔서는 (웃음) 엉덩이춤 추시는 거예요. 격의 없던 대통령이었다고 생각합니다.

전국 노사모 분들한테 영상 편지 한말씀.

전국 노사모 회원 여러분, 안녕하세요? 인천 노동자투 김형진이라고 합니다. 영상으로나마 안부 전하게 돼서 감사드리고요. 노무현 대통령 서거 후 너무나 많이 상심했음에도 불구하고 지금까지 노사모 활동해오신 여러 회원 분들께 진심으로 감사드리고요. 조금은 어렵고 힘들더라도 노무현 대통령 생각하면서 더 확장되고 활발한 노사모 이어가기를 간절히 기도 드립니다. 함께해주시면 고맙겠습니다. 🎤

최고의 열정
사나이들이다

둥근햇살 노갑용

닉네임은 '둥근햇살'이라 하고요. 현재 경남 노사모 대표 일꾼을 맡고 있습니다. 본명은 노갑용입니다. 둥글고 따뜻한 햇살이 아름다운 세상, 대한민국을 비추기 바란다는 염원을 담아 둥근햇살이라고 만들었습니다.

노사모 활동은 언제 시작하셨어요?

저는 6월 항쟁 경남의 주역이었습니다. 책에도 제 사진과 글이 있고. 80년 광주민주화운동을 대학교 1학년 85년도에 겪으면서 운동권에 가입했고. 학내 민주화 투쟁, 독재에 맞선 민주화 싸움에 나름대로 운동권으로서 열심히 참여했는데 87년 6월 항쟁이 끝나고 나서 염원들이, 국민들의 갈망, 열정들이 침체되었던 시기에 노무현 대통령께서 5공 청문회 때 가진 자, 위정자들을 질타하시는 모습에 '저런 사람이 우리나라의 지도자가 된다면 분명히 아름다운 세상이 될 것'이라는 기대를 가졌어요. 부산 강서구에 출마하셨고 '왜 저렇게 어리석은 판단을 하셨을까? 하지만 참 멋있다' 해서 강서구에 찾아가게 됐고. 후보자 시절 찾아가서 강서구에서 뵀습니다. 만나뵙고 열렬히 지지하겠다, 후원금도 내면서. 공민배 의원이 그때 수행하고 있었고. 곧 노사모가 만들어질 테니 노사모에 가입하라는 말을 노무현 대통령 후보자에게 듣게 됐죠. 그 이후에 노사모에 가입하게 됐죠. 쉽게 말씀드리자면 독재와 싸워왔던 국민들의 열망을 노무현이란 걸출한 인물을 통해 사람 사는 세상을 만들 수 있겠다는 판단에 노사모에 가입하게 된 거 같습니다.

노사모 활동하기 전 90년대에는 어떤 삶을 사셨어요?

평범한 삶이죠. 결혼하고 대학 졸업하고. 가슴에는 뭔가 있지만 표현할 방법이 없었습니다. 다만 할머니 돕기라든지, 시민단체에 후원금 내고 관여도 하면서 애 낳고 살아가고 있었죠. 배워왔고 싸워왔던 갈망을 노사모 안에서 노무현과 함께 토해낼 수 있는 계기가 된 거 같습니다. 그때가 서른네 살이었고 집사람도 교편을 잡았으나 전교조 선생은 아니었어요. 그래서 전교조 가입시켰죠. 아내도 저의 정당성, 정치 활동, 시민단체 활동에 동조하였기 때문에 전국을 다닐 수 있었죠. 주말 때는 부부가 함께 사람 사는 세상을 만드는 데 기여하면서 살았던 거 같아요. 아내가 인정했기 때문에 열심히 할 수 있었다, 계기가 될 수 있었다는 것도 말씀드리고 싶습니다.

아무래도 특히 2002년 경선 때는 일에 소홀하게 되지 않을까요?

건설 건축 자재를 취급하고 있었습니다. 당시에 영업소장이라서 직원들보다는 자유로웠죠. 영업 나간다고 하고 집회 가고. 한 달에 한 번씩 전국 영업소장이 본사에 모여서 회의하는데 집회 있으면 아프다는 핑계로 안 갔죠. 그런데 대표께서 아프다는 사람이 항상 주말 TV에 나오더라 이야기도 하고. 눈치는 봤습니다만 자유로웠죠.

영업이라는 건 아무래도 보수당에 줄 대는 게 훨씬 나을 텐데.

노무현은 사람은 참 좋은데 당이 나쁘다, 빨갱이 당이다, 김대중 당이라 했는데 노무현 대통령이 그럼에도 지역감정 타파를 위해 출마하셨기 때문에 저희들도 피할 수 없었습니다. 개인적으로 운동권 출신으로서 그런 데에 자유로웠고 일반 학생, 시민보다 강하게 학창 시절을 겪어왔고, 국가보안법으로도 한 번 갔다 왔으니, 물론 반성문 쓰고 집시법으로 나왔습니다만. 나름대로 역사의식이란 게 가슴에 분명히 있었던 거 같고. 처음에는 돌았다, 또라이다, 빨갱이다, 점마 저런 식으로 하다 잡혀간다고 했지만 어떤 면에선 부부가 서로 인정해주고 공유할 때 힘이 되었던 거 같고. 어떤 상황에서도 흔들림은 없었습니다. 10년이나 20년이나 변함없는 모습이 아름답다고 인정받고 있습니다. 많은 애로 사항이 있었지만 돌이켜 생각하면 후회도 없고 자랑스럽습니다.

경선 당시 어려움이 있었다면?

한 달, 보름 정도 전국을 다니다보니 사업이 제대로 안 되어서 월세가 밀린다든지 사업 세금을 정리 안 한다든지 개인적으로 후폭풍이 있었고. 세무서에서 세무조사가 강하게 내려와서 벌금을 많이 내는. 노사모 회원들은 본명을 숨기고 회원들끼리도 명함을 주고받지 않았습니다. 뭘 하는지 서로 몰랐어요. 저 앞에 있는 콩콩투투님도 포장업 하는데, 같은 회원인데도 못 도와준 어떤 안타까움, 미안함이 있으시더라고요. 비밀스럽게 움직이다보니까 서로 뭘 하는지 몰라서 도움이 안 됐다는 것. 듣기에 노사모 하면서 이상한 현상은 있었어요. 소기업이고 굳이 나올 이유가 없는데 괜히 조사가 나왔던 쏠쏠한 추억은 분명히 있습니다.

노무현 대통령이 당선되고 나서 흔들기가 심했잖아요. 힘들었던 부분은?

흔히 말해, 대통령께서 "짬뽕 참 맛있네" 했다고 짜장면 비하했다는 대통령 흔들기. 노사모 내부에는 크게 두 부류가 있었습니다. "노무현 대통령이 국회의원 시절에 말했던 마인드가 대통령이 되어서는 다르다, 국정을 총괄해야 되기 때문에, 그래서 소리 없이 돕자"는 게 있었고요. 반대로 "이럴수록 혼자서는 힘이 드니 노사모의 깃발을 들자!" "그건 오히려 기득권 세력에게, 조중동에 빌미가 된다, 자중해야 된다", "아니다, 오히려 나서야 된다" 하는 싸움으로 3분의 1 이상의 회원이 탈퇴했었죠. 지금도 그렇긴

합니다. 결집이 잘 안 되는. 그런데 요즘은 많이 바뀌었죠. 노사모가 역사의 뒤안길로 사라져야 한다는 하나의 물길과, 그럴수록 끝까지 깃발을 들어야 한다는 물길이 있는데, 지금은 사라져야 한다는 물길이 한 표가 더 많은 느낌이 드는 상황이죠.

내가 만난 노사모 회원들은 어떤 분들이셨습니까?

저도 상당히 끼가 있고 열정이 있는데, 마산, 창원, 진해, 거제, 양산, 밀양, 창녕에 그만한 열정을 가진 사람들을 본 적이 없습니다. 나이드신 분도 많았거든요. 전국에서 만난 노사모 회원들은 정말 반미치광이, 열정이 어마어마했습니다. 가까이는 이재영이라고, 회사를 안 가고 한 달 내내, 몇 달을 쫓아다니다보니까 결국에는 회사 문을 닫아야 될 지경까지 이르렀던. 부조리에 대한 항거, 갈망, 갈증이 그분들을 길바닥에서, 집회 장소에서 노사모 깃발을 들고 뛰어다닐 수 있게 한 원동력이었는데. 최고의 열정 사나이들은 확실하다. 다만 경제적으로 먹고사는 데 더 집중했어야 되는데 못한 부분들은 아쉬움이 분명히 있습니다. 새누리당을 지지하는 사람들은 보면 개인의 이익에 철저해요. 노무현, 노사모를 통해서 이익을 추구하는 사람은 거의 없다고 확신이 됩니다. '노무현도 바보인데 저것들도 바보들'이라는 말도 수없이 들었는데, 바보라는 소리가 결코 부끄럽지 않았습니다. 아이들에게 넘겨줄 좋은 세상을 만들어야겠다는 확신이 있었습니다. 많은 아픔을 잉태했지만 또 즐거움이고 희망이고.

서거 날 기억나십니까.

전날 음주가무로 급하게 일어났는데 사방에서 연락이 와서 알게 됐고, 즉시 양산 병원으로 갔습니다. 물론 그 안에까지 들어갈 수 있는 위치는 아니었고 거기에서 연락하면서 부산 양산 병원에 다 모였죠. 보름 이상을 봉하에 있었습니다. 그때 제가 사무국장이라는 이유로, 김해 노사모 대표 일꾼이라는 이유로 있었습니다. 굳이 서거 이야기를 하면 가슴이 지못미…… 서울 검찰청 가는 곳을 막자는 시위 이야기도 나왔고. 부끄럽게도 저는 단식 농성을 준비했습니다. 김해 노사모의 꽃길님, 정영규, 전령도, 최문석님, 그리고 저 해서 단식을 교대로 텐트 치고 하자고 했어요. 그런데 못 이루어졌어요. 해내지 못함이 한스러움 중에 하나고. 노짱이 올라가시는 버스에도 우리가 막자. 윗분들이 그거는 안 된다, 이용된다, 못하게 했어요. 단독 행동 하면 안 된다 발목을 잡았는데 그럼에도 했어야 된다. 지키지 못한 버스 안에 들어가야 된다고 했는데 못 지켜냈습니다. 평생 잊지 못할 한이 되어버렸습니다. 그후로는 죄인 같았죠. 그렇게 될 수밖에 없게 만든 한스러움이 크죠. 막아내지 못한 안타까움이.

마지막으로 옛날 생각 하시면서 한말씀.

안녕하십니까. 반갑습니다. 여러분들과 함께 이십여 년 노무현을 위해서 열심히 뛰었던 둥근햇살 노갑용입니다. 인간에게 소중한 참된 삶이 무엇인가를 항상 고민하고 화두로 삼아서 함께해오지 않았습니까? 경남 노사모 회원님들, 다시 한번 간곡하게 부탁드리고 싶습니다. 그때의 초심으로, 님은 안 계시지만 그분의 정신과 가치는 분명히 함께하고 있습니다. 개인적인 아픔, 단체 모임의 아픔이 있었습니다만 모든 것을 잊고 노짱께서 만들어놓은 좋은 사람 사는 세상을 또 문재인 대통령이 만들고 계시지 않습니까? 노무현 대통령과 문재인 대통령님은 하나라고 생각합니다. 좋은 세상을 위해서 초심을 버리지 말고 함께해주기를 간곡히 부탁드리겠습니다. 노무현 대통령을 위하여! 이상입니다. 🎤

바람처럼 부드럽다,
풀잎처럼 강하다,
모정처럼 뜨겁다

반딧불 윤영교

본명은 윤영교고요. 닉네임은 '반딧불'을 씁니다. 제 기억으로는 2001년 정도에 가입한 걸로 알고 있거든요. 좀 늦게 했어요. 보통 노사모 분류할 때 노사모 경선에 참여했던 경선파, 경선 이후 대선운동, 대통령 되시고 난 이후, 탄핵. 이런 식으로 끼리끼리 노는 사람들이 다르다보니까 저는 통칭 노사모 초창기 멤버로 분류되죠.

처음 올린 글을 기억하시나요?

제가 지역에서 활동할 때니까요. 주로 오프에 나가서 느낀 후기를 많이 올렸던 것 같습니다. 중앙과 지역 게시판이 이분화되어 있던 상태였거든요. 그래서 중앙보다는 지역에 많이 올렸죠. 부산이면 부산, 울산이면 울산, 게시판 특성이 있어요. 노는 것도 다르고 술 문화도 다르고. 그래서 재밌다고 소문난 게시판을 서로 교류하면서 가서 열어보고 또 소통하고 그랬죠. 저희는 전남 동부. 전남 동부 노사모 게시판이 따로 있었거든요. 재밌는 게시판 중에 하나였습니다. 사건 사고도 많았고요. (웃음)

노사모는 닉네임으로 소통하기 때문에 10년 동안 굉장히 친했는데 본명을 모르는 경우가 많거든요. 2002년 4월에 순천 경선이 있었거든요. 2001년 말부터 몸이 좀 안 좋았어요. 전남대 병원에서 위내시경을 해보니까 종양이 있는 거예요. 다행히 악성은 아닌데 크기가 크고 위치가 안 좋다고 하더라고요. 수술을 빨리해야 된대요. 암은 아닌데 옮길 수가 있으니까 가능한 한 빨리하자. 당시에 경선 참여하느라고 정신이 없었죠. 순천 경선 다음날 아무한테도 이야기하지 않고 바로 보따리 싸서 전남대 병원에 입원했죠. 수술을 했습니다. (웃음) 위 3분의 2를 절제했죠. 흉터가 있는데 지금도 목욕탕 가면, 고향이 벌교다보니까, 사람들이 인상은 전혀 그렇게 안 생겼는데 노셨냐고. (웃음) 의사한테 칼 맞았다 그러고. 입원했는데 연락을 안 하고 갔으니까 당연히 찾아오는 사람도 없었겠죠. 그런데 저는 좀 섭섭했죠. 왜냐하면 병원에서도 휴게실에 동전 500원을 넣으면 인터넷을 할 수 있어 입원한 거 빼고 글을 계속 올리고 소통을 했는데, 고향의 친한 친구들하고는 연락을 하니까 왔는데 노사모 동지들은 오시는 분들이 없었어요. 이상하다. 서운하기도 하고 그랬는데 나중에 들어보니까 알음알음해서 몇 분 오셨대요. 찾아왔는데 본명을 모르니까. (웃음) 병원 안내 데스크에 가서 분명히 수술 환자 중에 있는데 이름이 뭐냐? 이름은 잘 모르고 반딧불이다. (웃음) 모르겠다. 이름을 알아와라. 그래서 허탕 쳤다는 이야기를 듣고 위안으로 삼았던 적이 있습니다. 닉네임으로 소통하기 때문에 그런 에피소드가 있죠.

반딧불이란 닉네임은 어떻게 지으셨나요?

영화를 굉장히 좋아하거든요. 관심도 많고. 학창 시절에는 집이 벌교인데 순천으로 주말마다 영화를 보러 갔죠, 열차를 타고 친구들하고. 영화를 그냥 보지 않고 감독, 음악, 주연 배우, 조연 외워서 주변에 자랑하는 잘난 척하는 스타일. 그런 거 있지 않습니까? 알 파치노를 처음에 알게 됐었거든요. 〈디어 헌터〉에서 로버트 드 니로를 보고 좋아는 했는데 알 파치노가 마음에 들더라고요. 그런데 이름이 어려운 거예요. 고상하게 나는 미미한 존재지만 어둠 속에서 빛을 내고 올바른 방향으로 가면 나를 따라오는 사람이 아무래도 있지 않을까 싶어서 반딧불이라는 닉네임을 썼는데요. 나중에 미키루크가 잘되는 거 보니까 '아, 알 파치노를 계속 쓸 걸 그랬구나' 생각이 들더라고요. (웃음) 후회하고 있습니다. 약어로도 많이 부르거든요. 반딧불, 반딧불 그러면 어렵지 않습니까? 형님이나 누나들은 딧불아, 이렇게 부르고 밑에는 딧불이 형님 하고 또 딧불님 하거든요. 딧불이 별로 좋지 않지 않습니까? 어감이. 노사모 후배 중에 한 분은 어떤 식으로 작명했는지는 모르겠거든요. 시바리예요, 시바리. 시다바리를 줄여서 시바리라고 한 건지. 제 느낌으론 그런 것 같아요. 열심히 조직의 시다바리를 하겠다. 시다바리는 너무 기니까 시바라, 시바리 한 것 같은데 경선 가면 밥을 먹지 않습니까? 그러면 소나무님이 이런 식으로 부르죠. 야, 시바라. 여기 앉아라. (웃음) 시바라. 주변에서 쳐다보는 경우가 있죠. 욕한 건 아닌데. 굉장히 다양하고 골고루고 재밌는 닉네임이 많습니다. 대충 자기 이미지에 맞게 작명하더라고요.

개명은 불가능한가요?

개명은 얼마든지 가능한데요. 인지도가 있고 지명도가 있으면 굳이. 개명한 순간 남이 채가죠, 그 닉네임. (웃음) 지키려고 노력하는 편입니다. 또 유사 닉네임이 많이 나옵니다. 예를 들어서 반딧불이 노사모에서 유명하다 그러면 거기다 '이' 자를, 진짜로 반딧불이 동생이 있는데…… 이거 영화에 나가면 좀 화낼지도 모르겠는데요. 반딧불, 반딧뿔, 이렇게. (웃음) 아류작들이 있어서 나중에는 같은 반씨 집안으로 퉁 쳐 친하게 지내고 그럽니다. 제가 또 동안이다보니까. 닉네임 평등주의를 추구한다고 이야기하는데 사석에서 친하고 술 먹다보면 형님, 동생으로 가지 않습니까? 처음에 다른 지역하고 중앙 모임에서 교류가 되면 탐색하죠. 저 친구…… 형님인가? 동생인가? 이렇게. 복주대사라고 노사모에서 굉장히 유명한 친구가 있어요. 고향 친구인데 복주대사는 노사모에서 상당히 많이 알려진 닉네임이거든요. 모르는 사람이 없습니다. 그 친구는 덩치가 있고 터프해요, 생긴 것도 그렇고. 잭 니콜슨을 많이 닮았습니다. 선글라스를 끼면 거의 70% 잭 니콜슨입니다. 그래서 닉네임을 잭 니콜슨을 쓰기도 하고. 선글라스를 쓰면 잭 니콜슨, 벗고 배를 내밀면 금복주. (웃음) 나중에 친해진 형님이 처음에 말을 안 놓더라고요. 저는 지역이 벌교다보니까 형님 동생에 굉장히 능하지 않습니까? 편하게 하라. 왜 말 안 놓냐? 그랬더니 네가 복주한테 말을 놓더라. 도대체 저 친구한테 말을 놓으면 너는 얼마나 나이를 먹었을까? 짐작이 안 돼서 말을 못 놨다고 하더라고요.

아까 긴박한 상황이라고 이야기하셨잖아요. 위급한 상황인데 병원에서 반응은 어땠을까요?

평상시에는 통증이 없는데요, 음주 후에는 그게 심했죠. (웃음) 애주가기 때문에. 계속 술을 즐기기 위해서도 한 번 정리가 필요하겠구나 했었죠. (웃음) 당시에는 저를 정상적인 사람으로 봐주는 사람은 노사모 동지들밖에 없었죠, 서로가. 남들한테는 다 미친놈이죠. (웃음) 어머니한테는 말씀 안 드리고 아내는 같이 병원을 다니고 있었던 상태고. 아내도 너를 말려봐야 소용없다 정도? 같이 활동하고 다녔으니까요. 생각을 해보니까 집에서 반대하면 활동하기 힘들겠더라고요. 그래서 갖은 이유를 다 대며 경선장에 데리고 다녔죠. 다니다보니까 자기도 노무현에 빠지게 된 거죠. 그런 경우가 많습니다. 안 그러면 바로 탄압이 들어오니까 안정적으로 활동을 못하죠. 이혼해야 되니까. 생활 기반을 던져버리고 활동하니까 그런 동지들이 많습니다. 저는 아무것도 아니었다니까요.

'그렇게까지'라는 생각이 일반인들이 들 수밖에 없잖아요.

나라가 정말 좋아질 수가 있겠구나, 이분이라면. 정말 나라가 좋아진 세상에서 내가 살고 그다음에 자식들한테 물려줄 수가 있겠다고 생각했죠. 저뿐만이 아니고 노사모 대부분 그렇게 생각했을 거예요. 노무현이라는 사람을 놓치면 아마 내 생애에 그런 기회가 못 올 수도 있겠다는 생각이 들었죠. 약간의 부채의식도 있었고요. 대학을 부산에서 나왔어요. 고향은 전남 보성이고요. 고등학교를 광주에서 나왔는데요, 축구로 유명한 광주 금호고등학교. 기성용이 제 후배입니다. 기성용 아버지는 제 선배고요. (웃음) 당시에 그림을 그렸거든요. 꿈이 미술 선생이었기 때문에 부산에 있는 유명한 대학으로 진학을 원했는데 결국 떨어지고 다른 대학, 다른 과를 전공하게 됐어요. 부산에서 4년을 다녔는데 노무현 대통령께서 노변으로 활동하시던 시기죠. 지금의 문재인 대통령께서도 마찬가지고. 6월 항쟁의 공간에서 학교를 다녔습니다. 제가 운동권은 아니었는데 잠깐 나가서 돌 던지고 쵀루탄 쏘면 열심히 도망가고 하다가 그 이후에 대통령이 총선에 출마를 하셨어요. 그런데 당시에는 제가 안목이 짧아 대통령이 우리의 미래를 바꾸실 분이라는 것을 확신 못했던 거죠. 그래서 타 후보를, 우리 진영의 타 후보 선거운동을 했습니다. 학교 어떤 후배가 그쪽에 있어서 인맥으로. 두고두고 미안한 마음이 있고 열심히 함께 도와드리지 못했다는 미안함이 있었죠.

지역별로 술 문화가 다르다고 했는데?

제가 육식을 잘 못해요. 지금도 물에 빠진 육고기는 못 먹습니다. 국밥, 돼지국밥 전혀 못 먹고요. 소는 연습을 해서 지금은 먹는데…… 그래도 육식을 좋아하지 않습니다. 회는 많이 좋아하죠, 바닷가에서 자랐으니까. 그런데 오프를 갔더니 주구장창 삼겹살집에서만 하는 거예요. 먹을까 말까 망설이고 있으니까 주변에서 첫 오프니까 얘가 긴장해서 그러는 모양이다 해서 싸서 주기도 하고 좀 드쇼 하기도 하고. 삼겹살을 노사모 하면서 배우게 된 것 같습니다. 오프에 나가서 얘기하다보니까 나처럼 생각하는 사람이 이렇게 많다는 게 너무 신선하고 신기한 거예요. 제가 2002년도에 마흔 살이었는데요. 물론 같은 지역에는, 제가 그때 순천에서 영어 학원을 하고 있었는데, 살고 있었지만 이 사람들을 본 적이 없지 않습니까? 전혀. 그런데 노사모 오프에 나가서 처음 만나 노무현 얘기를 하고 국내 정세라든가 나아갈 부분을 얘기하다보니까 저와 생각이 똑같은 거예요. 저뿐, 저희 지역뿐만 아니라 어느 지역에서나 공통된 현상이었던 거죠. 매일 만나서 술 마시고 이야기하고 그랬던 것 같습니다. 서로 친해지고 자주 만나게 되고 집에서는 원성이 자자하죠. (웃음) 술값도 많이 들고.

16년 동안. 지나고 보니 소회가 있으실까요?

인생관이 바뀌었죠. 노무현 대통령을 만난 것은 인생의 전환점이었고 또 그분이 인생의 지향점이 되었죠. 학교를 졸업하고 배터리 만드는 회사에 다녔거든요. 로케트 배터리라고. 수출업 회사, 서울에서. 배터리를 영미권으로 수출하는 일을 했었는데요. 회사가 방배동에 있었어요. 놀기 좋지 않습니까? 방배동 카페 골목도 있고. 촌놈인데 서울 생활 해보니까 다르잖아요. 첫째로는 따뜻한 남쪽에서 살다가 서울로 가니까 너무 추웠고 또 사람들의 높은 생활 수준을 동경했고 마흔 살 이전에 많이 벌어서 기반을 잡자. 퇴사하고 오퍼상을 차리면서도 형편이 별로 안 좋아서 나중에 영어 학원을 창업하고 임시로 돈을 벌기 위한 인생을 살았죠. 뒤에는 어느 정도 소득도 있었고 돈은 추구하는 사람에게 아무래도 오기 마련 아니겠습니까?

그러다가 노무현 대통령을 알게 되었고. 전부터 알고 있었지만 노사모를 알게 되고 어렴풋이 꿈꿨던 부분을, 그러니까 광주에서 고등학교 다닐 때 겪었던 광주 항쟁, 고등학교 2학년이었거든요. 그때 생각했던 '아, 우리나라는 나라가 아니구나, 나라다운 나라를 만들고 싶다'는 생각이 그분한테 투영된 거죠. 노사모 활동을 하다보니까 그분을 적극적으로 알게 되고 그분을 어떤 도구로 써야 되겠단 생각도 들게 되고. 완전히 바뀌었죠. 인생은 돈을 버는 게 다가 아니고 존경받는 가장…… 인생은 금방 가는데 내 삶을, 지역 사회나, 국가까진 아니더라도 적어도 자식에게만은 살기 좋은 세상을 만들어주는 방향으로 틀어놓고 가야 되지 않나? 좋은 쪽으로. 그런 부분을 생각하다보니까 몰입이 된 거죠.

노사모가 사실 노무현 대통령 되시고 대부분의 동지들이 어렵게 산 상황이었어요. 기반을 놓고 1년을 매진했기 때문에 흐름을 많이 놓쳤죠. 사업이 하루이틀 다른데 사업의 변화를 놓친 사람들이 많고, 회사를 그만두고 뛰어든 사람도 있고, 저는 자영업 했으니까 덜했겠지만 사업의 흐름을 많이 놓쳤죠. 일을 안 하고 다른 쪽으로 가면 다른 쪽에서 활동한 만큼 돈을 많이 못 벌지 않습니까? 손해도 많이 봤고 많은 친구들, 선후배들이 경제적으로 많은 어려움이 있었다고 알고 있습니다. 이제 그런 얘기는 하고 싶지 않아요.

그렇게까지 헌신, 희생했어야 할까요?
희생이 아니었죠. 즐거움, 굉장히 큰 즐거움이었죠. 동지들을 만나는 것 자체가 삶의 낙이었고 경선 과정에 승리를 접할 때마다 느끼는 희열, 감동이 좋았죠. 당시에는 노무현 대통령께서 패배한다는 생각은 단 한 번도 해본 적이 없고요. 무조건 이기고 승리하고 대통령 된다는 그런 확실한 믿음이 있었습니다.

대책 없는 그 자신감은 어디서 나오나요?
이후에 노사모뿐만 아니라 노무현을 좋아하고 사랑하고 지지했던 다양한 친구들을 만날 수 있는 기회가 있었어요. 당시에 제가 느꼈던 것처럼 그 근거 없는 확신, 자신감을 모두 가지고 계셨더라고요. 결론을 내렸죠. 당시에 내가, 우리가 가지고 있었던 근거 없는 자신감과 변함없는 확신, 믿음이 결국 우리를 승리하게 만들었구나. 내가 활활 타올라야지, 내 옆에 있는 사람한테 화상이라도 입힐 수 있는 거다. 노사모 후배들이나 친구들한테 그런 얘기를 했어요. 내가 먼저 활활 타올라야지, 내가 노무현이라는 인물에 대한 믿음, 확신으로 활활 타올라야지, 주변에서 '뭐지, 쟤들은? 노무현 될까?'라고 생각하는 사람들한테 적어도 화상이라도 입힐 수 있지 않겠냐? 그런 얘기를 (웃음) 했던 기억이 납니다.

당연히 될 거라고 확신했다는 노사모들의 이야기들을 일반인들에게 보여 준다면 뭐라고 할까요?

당시에 저뿐만 아니라 제 동지들 주변에 있던 모든 사람들이 손가락질했을 거예요. 저놈들 미친놈들이다. 객관적으로 보나 주관적으로 보나 전혀 안 될 상황인데 뭘 믿고 올인하고 모든 부분을 희생해가면서 저렇게 하는가 이해가 안 됐죠. 이해를 할 수가 없었겠죠. 흔히 정치에서 대세론이라는 게 있지 않습니까? 당시 여당에는 이인제가 대선 대세론을, 조직이라든가 주변 세력이라든가 지지층이라든가 있었는데 노무현 후보가 가질 만한 것은 사실 없었죠. 돈도 없고 조직도 없고. 후보는 똑똑한 것 같고 방향도 올바른 것 같지만 크게 부각된 것도 아니었고. 그걸 먼저 알아보는 사람들이 정치인이고 국회의원들인데 주변에 보니까 동지 국회의원도 없고 기껏 천정배 의원 한 사람 정도. 될 거라고 판단할 수 있는 근거가 전혀 없지 않습니까? 그런데 노사모들은 달려들었죠. 노무현이 될 수밖에 없다. 노무현이 될 수밖에 없다고 생각했던 기저에는…… 좋은 사람이 돼야 되는 거 아닌가? 바른 사람이 나라를 이끌어야 되는 거 아닌가? 노무현은 바르고 올바르기 때문에 지금은 덜 알려지고 사람들이 많이 모르지만 진면목이 세상에 알려지는 순간에는 많은 사람들이 우리와 동일한 생각을 가지게 될 것이고 그러면 노무현이 이긴다는 믿음이 있었던 것 같습니다. "너 아직 노무현 모르잖아. 그나마 내가 너보다 노무현을 잘 알거든. 내가 알려줄게. 이런 사람이야." 그 과정을 끊임없이 반복했던 것 같아요. 경선 현장에서는 죽기 아니면 살기로 땀흘려가면서 인사하고 춤추고 노래하고 박수치고 신명나게 했었죠. 전국의 경선장 거의 다 다녔는데요. (웃음) 그런 부분이 활활 타올랐기 때문에 경선장에 갔었던 선거인단들이 온도를 느끼지 않았을까? "너희들이 그렇게 믿고 확신한다는 이야기야? 노무현은 잘 모르겠지만 나는 적어도 너희들한테는 감동한 것 같다. 너희들 보고라도 찍어줄게." 그래서 표를 던진 사람들이 한둘은 있지 않겠습니까? 대다수는 후보를 보고 던졌겠죠.

노사모의 공통점은?

노사모들이 왕왕 하는 이야기가 "노사모는 한 가지만 공통점이 있다. 그리고 모든 회원이 다 다르다. 한 가지 공통점은 노무현을 사랑하는 것." 그 하나만 같고 나머지는 다 다릅니다. 출발선만 같고 그다음부턴 다 다르죠. 다양성이 존중되고 인정되지 않으면 노사모는 존재할 수 없다. 그것을 서로 인정하고 깔고 가야 된다. 그러지 않으면 싸우는 거죠.

노무현 대통령이 기존 권력과 다른 점은?

우선은 권위주의를 내려놓으셨다는 것. 김대중 대통령은 민주주의의 신봉자이시지 않습니까? 그럼에도 김대중 대통령께서 몸담았던 정당 구조는 상당히 폐쇄적이고 권위주의적이었죠. YS도 마찬가지지만. 상대편이 군사 독재 정부다보니까 의사 결정 과정이 굉장히 빨라야 했기 때문에 권력이 집중된 부분이 있었겠지만, 노무현 대통령은 본인 자체가 권위주의가 거의 없으셨어요. 사석에서도 대화를 나누고 말씀을 들어보면 굉장히 소탈하시고 겸손하시고 또 배려를 많이 해주시죠. 경청을 꾸준히 해주시고. 통치자로서의 권위주의를 낮기 때문에 이후에 MB라든가 박근혜라든가 대비적으로 국민들이 판단할 수 있는 리트머스 시험지가 되지 않았겠습니까? 그런데 정작 그 양반은 저희들이 사석에서 MB를 폄하하는 것을 굉장히 안 좋아하셨어요. 어쨌거나 국민들이 선택한 대통령인데 그런 식으로 비하하는 것은 옳지 않다.

권위를 내려놨을 때 나라님에 익숙했던 민중들은 생경하고 당황했을 것 같거든요.

실제로 당황했죠. 당황한 정도에서 끝난 게 아니라 무시했지 않습니까? 마음껏 무시했죠. 당시에 '모든 게 다 노무현 때문이다' 이런 말이 있었지 않습니까? 정작 노무현 대통령께서는 국민들에게 '나라의 주인은 당신들이다. 내가 아니다. 당신들이 주인이지 않으냐? 나는 당신들의 대리인이고 당신들이 위임한 권한을 사용할 뿐이다' 이런 부분을 꾸준히 말씀하셨죠. 그래서 하신 말씀이 아니겠습니까? 민주주의의 최후의 보루는 깨어 있는 시민의 조직된 힘입니다. 결국 촛불의 원동력이 됐고, 그래서 우리나라가 변한 게 아니겠습니까?

봉하마을 신드롬은 노사모 입장에선 어떻게 다가왔을까요?

저희가 일찍 알았던 그분에 대한 진면목을 거기에 오신 분들은 늦게 아신 거죠. 보고 싶었던 거죠. 확인하러 오신 분도 계셨고. 아, 어렴풋이 그 양반이 그런 사람인 줄은 알았는데 내 생각이 맞았구나. 그래서 한번 보고 싶다고 오신 분들도 계셨고. 대통령께서 그런 말씀도 하셨죠. 청와대에서 정말 죽기 살기로 열심히 일할 때는 쳐다보지도 않고 욕만 하더니 고향에 와서 놀고 있으니까 보고 싶다고 맨날 찾아와서 나오라 그런다. (웃음) 그렇게 말씀하셨지 않습니까?

참 행복해 보이셨는데. 봉하 가셨으니 행복해 보이시는 걸 가까이서 보셨을 거 아니에요?

많이 행복해하셨죠. 노사모 집행부 일원으로 찾아뵙고 사저에서 사담을 나눌 기회가 있었는데요. 굉장히 즐거워하시고 또 반가워하시고. 노사모로서 정말 행복했던 것은 그분이 노사모들을 정말 존중해주고 동지로 깍듯하게 예우를 해주셨다는 거죠. 보통의 정치인들이 자신을 따르고, 따른다는 건 좀 어폐가 있지만, 정치적 동질성을 함께하고 이상을 공유하는 지지자들에게 적어도 노무현만큼은 해야 되지 않느냐? 그런데 왕왕 그렇지 않잖아요. 도구로 생각하고 어려울 때는 이용하다가 좋은 위치에 가면 언제 봤냐는 식으로 외면하는 경우도 있지 않습니까? 노대통령은 대통령이 되시기 이전이나 이후에나 항상 노사모는 진정한 나의 동지라고 인정하시고 그걸 전부 하나씩 다 느끼니까요.

개인적으로 인상적이었던 기억.

후보로 계실 때 낙동강이 범람했지 않습니까? 진영이 물바다가 됐어요. 아마 2002년 여름일 겁니다. 후보로 계실 때인데 노무현 지지자, 범지지자들이, 특히 노사모에서 진영으로 수재 복구 자원봉사를 하러 갔는데 당시에 제가 순천 노사모 대표였어요. 순천 식구들 데리고 아침 일찍 차를 타고 진영으로 갔죠. 자원봉사 장소를 배정받고 어느 마을로 갔는데 한 한 시간 정도 일하고 있으니까 오셨어요, 그분께서. 그때 김현미, 지금 국토부 장관인가요? 그분이 대변인을 하고 계셨고, 민주당의. 그다음에 정동채, 예전에 장관 하셨던 분이 아마 비서실장 하고 계셨던 걸로 생각하는데 후보 비서실장. 일을 하죠, 같이. 똑같이 합니다. 일을 워낙 잘하시는 분이니까 저하고 한 조로. 돼지막인데 낙동강 물이 범람해서 완전히 난리가 났죠. 장화 신고 들어가서서 분뇨 범벅이 됐겠죠. 그거를 퍼서 올리시고 저는 포대, 마대라 그러나요? 그것을 잡고 같이 했습니다. 점심을 같이 먹을 기회가 있었는데요. 당시에 노사모는 항상 포장마차가 출동하니까 소나무님, 또 해초, 부산에 푸른해초님이라고 유명하신 분이신데 같이 국밥을 나눠 가지고 식사했어요. 앉아서, 바닥에 앉아서. 그 사진이 저한테 있을 텐데. 바닥에 덜퍽 주저앉아서 식사하셨죠. 그런데 저는 도시락을 싸 갔어요. (웃음) 국밥을 못 먹으니까. 아내가 김치, 우엉하고 몇 가지를 싸가지고 같이 밥을 먹었던 기억이 납니다. 일을 참 잘하셔요. 워낙에 노가다로 단련된 분이시니까. 사진만 찍고 이런 게 있잖아요. 그런데 그분은 정말 진정성 있게, 아마 주인도 그렇게 열심히 안 하셨을걸요? 정해진 시간 다 채우시고. 지역 주민들 고향 분들이시니까 어르신들한테 깍듯이 인사드리고 얘기 듣고 가셨던 것 같습니다. 나의 선택은 틀리지 않았구나. (웃음) 이런 걸 느꼈죠.

지금 하시는 일은?

지금도 영어 학원을 하고 있습니다. 당시에는 순천에서 대규모로 했었고, 지금은 고향 벌교로 가서 소규모로 하고 있죠. 전남 노무현 재단 사무차장을 하고 있습니다. 가끔은 아쉽긴 하죠. (웃음) 하지만 그때로 되돌아가도 동일한 선택을 하지 않았을까 합니다. 저 자신에게는 떳떳하니까요. 자식들에게 떳떳하고. 떳떳하다. 이렇게 네 글자를 말할 수 있는 삶을 살았다고는 자평할 수 있을 것 같아요. 물론 가장으로서 가정을 책임지고, 자식들에게 아비로서 역할을 제대로 했냐고 물어보면 자신이 없는데…… 나름대로 작은 역할을 분명히 했고 떳떳한 부분이 있다고 생각하기 때문에 부끄럽지만 후회는 하지 않습니다.

노무현 대통령과 노사모의 공통점은 뭘까요?

바보들이죠. (웃음) 소중히 생각하고 지켜야 하고 이루어야 할 가치가 있으면 적어도 그것을 다루어서 이익을 취하려고 하진 않았다는 거죠. 저를 아는 친구나 선후배들은 지금도 저를 바보라고 이야기합니다. 그렇게 열심히 했으면서 네가 받은 게 뭐가 있냐? (웃음) 네가 얻은 게 뭐 있지? 경제적으로 힘들어졌잖아. 어렵잖아. 그러니까 바보다. 딴 사람들은 자리도 잘 찾아서 청와대도 가고 좋은 기업체도 들어가고. 그런데 너는 그게 아니지 않으냐? 그러니까 넌 바보다. 이렇게 이야기하지만 적어도 저는 그러려고 노무현을 선택하지 않았기 때문에 그런 소리를 듣더라도 오히려 자랑스럽죠. 그래서 지금도 만나는 거죠. 지금도 보면 좋고, 믿고. 같이 유년이나 어린 시절 학교를 다닌 것도 아니고 사회에서 단지 노무현을 좋아한다는 것으로 만난 사람들인데 그 인연이 지금도 이어지고 있거든요. 순천에는 노함사가 있어요. 노사모 이후에 노무현과 함께하는 사람들이라는 계모임을 만들어서 한 달에 한 번씩 만나서 술도 마시고 재밌게 가족 모임하고 있습니다. 한 열댓 명이. 이따가 스나이프 형님 오시면 아마 그 이야기 또 할 거예요, 자랑스러우니까. (웃음) 지금도 교류하고 있고 죽을 때까지 얼굴 보고 살겠죠.

민주주의의 최후의 보루는 깨어 있는 시민의 조직된 힘입니다. 왜 이 말씀을 강조하셨을까요?

결국은 저 문구가 해법이죠. 대한민국의 모든 모순이 분단에서 비롯되지 않습니까? 박정희를 위시한 군부 독재 정권이 계속해서 국민들을 핍박하고 괴롭혔고 광주 항쟁 등 여러 가지 사건을 일으켜서 국민들이 희생하고 그랬지 않습니까? 그 기저까지 가면 분단에 마주하듯이 모든 대한민국의 모순을 해결하는 방법은 바로 저 문구에 있는 거죠. 국민들이 깨어 있지 않으면 계속해서 그쪽의 세력에 휘말릴 수밖에 없고, 국민들이 깨어 있기 때문에 촛불이 일어난 거 아니겠습니까? 그걸 아셨기 때문에 저 말씀을 하신 거 아닌가. 바보지만 천재죠. 진정한 천재죠.

안타깝게도 노무현 대통령은 어쨌든 지금 안 계시잖아요.

어떤 사람들은 정당으로 들어와서 정치를 하고, 어떤 사람들은 시민 사회 단체로 가서 그분이 추구했던 일을 뒷받침하고 있을 거고, 어떤 사람들은 본연의 일을 하면서 대한민국의 민주주의 발전을 위해서 노력하고 있을 거고. 저처럼 아직도 그분을 못 잊어 노무현 재단으로 와서 늦게나마 노무현을 알고 또 그분을 알고 싶어하는 사람들을 위해서 자료를 나눠주고 풍선을 부는 일을 하는 사람들이 있는 것처럼 각자가 부여받은 그분의 로드맵대로 가고 있을 거라고 생각합니다. 단지 규정은 할 수 없다는 거죠. 그분을 늦게 아는 분들이 많거든요. 지금도 지나가면서 저희 재단 사무실 간판을 보고 들르시는 분들이 있어요. 어제는 대구에서 온 대학생 두 친구가 들어왔더라고요. 노무현은 들어봤대요. 대학교 1학년인데 누구인지는 잘 모르겠다. 대통령이신 건 아는데, 그분이 어떤 삶을 살았는지 알고 싶어서 들렀습니다. 이렇게 이야기를 해서 제가 선물도 주고 책도 몇 권 주고 얘기도 하고 그랬습니다.

노대통령을 마지막으로 보신 순간은 언제였어요?

2009년도에 서거하셨지 않습니까? 2008년도 가을에 사저를 방문했어요. 노사모 차원에서 인사드리러 갔던 걸로 기억하는데 노사모 서너 분, 대통령, 권양숙 여사, 그렇게 떡 먹고 주스 마시면서 얘기를 나눴던 기억이 납니다. 당시에는 오리 농법 농사에 심취하셨는데, 벌교에 오리 농법 전문가가 계셔요. 강대인 선생님이라고 유기농의 대가입니다. 그래서 그분을 소개해드렸어요. 그런데 아시더라고요. 한번 찾아가겠다. 만나보겠다. 이렇게 말씀하시면서 '내가 찾아가야지' 그렇게. 다른 사람 같으면 '어? 그래. 한번 오라 그래야지' 이렇게 할 수 있잖아요. 그때가 아마 마지막으로 뵈었던 것이고. 서거하시고는 봉하로 달려가서 일주일간 노사모 자체적으로 분향소를 만들었어요. 거기에서 시민 상주를 했죠. 조문하신 분들이 담배를 전부 올려놔서 그거 치우느라고 손을 많이 댔던 기억이 납니다. (웃음) 국화도. 몇만 명? 그때 조문객을 맞았던 것 같아요.

서거 소식은 어떻게 들으셨나요?

전화가 왔어요, 어머님한테. 노인들은 잠이 없잖아요. 전화를 받고 뉴스를 확인하고 바로 봉하로 달려갔죠. 열네 살 때 저희 아버지께서 돌아가셨거든요. 공무원이셨는데 출장 다녀오시다가 교통사고로 돌아가셨어요. 열네 살이면 중학교 1학년이거든요. 지금 기억을 해보니까 100일 정도 진짜 슬프더라고요. 100일 정도. 노무현 대통령 같은 경우는 그 슬픔의 유효 기간이 없는 것 같아요. 지금도 그래서 봉하에 가면 가급적 동영상을 안 보려고 하죠. 사진도 그냥 웃는 모습만 가끔 보고. 오래는 안 보려고 그러죠. 노사모들 대부분 그럴 거예요.

조중동에 대한 생각은요?

가짜 언론이죠. 거짓말쟁이, 친일파고. 우리나라의 사회악을 확대 재생하는 악의 무리였기 때문에 미움을 받은 거죠. 언론은 현실을 바라보는 창이지 않습니까? 어떤 사건을 경험해보지 못한 제3자가 그 사건을 바라보는 창이 언론이거든요. 창이 오염됐고 그 창을 또다른 사진으로 가려놓으면 독자라든가 국민은 잘못된 판단을 내릴 수밖에 없죠. 언론과 권력에 덤볐으니까 바보들이죠. (웃음) 순천에서 영어 학원이 망한 가장 큰 이유 중 하나가, 물론 2002년도에 노사모 하면서 본연의 업무를 안 한 것도 있었지만. 학원 홍보 활동이 여러 주류 신문에 찌라시를 넣는 거거든요. 학부모들이 그거 보고 상담도 오고 학생들도 오지 않습니까? 그런데 어느 지역이나 할 거 없이 주류 신문은 조중동 아니겠습니까? 제가 노사모 하면서 조중동에 찌라시를 안 넣었죠. 넣을 수가 없었죠. 전체적으로 홍보력이 확 떨어지고 영업이 전혀 안 되는 거죠.

왜 이렇게 고졸 대통령이라고 무시를 했을까요? 속상하지 않으셨어요?

대한민국의 주류가 아니지 않습니까. 노대통령께서는 깡시골이고 완전 시골 출신이거든요. 고졸도 또 인문계면 먹어주는데 상고잖아요. 물론 당시에는 상고가 명문이었지만. 하다못해 지방대 출신도 아니고 스카이는 더더욱 아니고 대한민국의 주류는 그때 스카이가 다 좌우했었는데 단지 하나의 능력을 인정받을 수 있는 부분은 정말 소수이고 천재들만 뽑는다는 사시, 70명 정도일 때 패스를 했다는 거, 그거 하나 정도. 변호사. 그것밖에 없으니까 인정할 게 있습니까? 그래서 무시를 많이 했겠죠.

다시 만나게 된다면 뭘 하고 싶으세요? 두 분이서 딱.

계시는 동안, 함께하는 동안 행복했고…… 안 계시는 동안…… 많이 그리웠습니다. 더 일찍 못 와서 죄송합니다.

어떤 세상을 꿈꾸십니까?

그냥 그분이 말씀하셨던 사회 그대로. 못 배웠다고 무시당하지 않고 가난하다고 소외당하지 않고. 배기량이 큰 차를 타거나 평수가 큰 아파트에 산다고 해서 성공의 척도라 여기지 않고. 정말 성실하고 남 속이지 않고 땀 흘리고 최선을 다해서 사는 사람이 존중받는 사회. 그런 사회가 됐으면 좋겠습니다. 누구나 예수처럼 살다 갈 수는 없겠지만, 누구나 노무현처럼 살다 갈 수는 없겠지만 적어도 그분이 희구했던 사회를 조금이나마 만들다가 또 저희도 100분의 1이나마 그런 사회가 만들어진 세상에서 살다 가면은 좋지 않나. 그런 세상이 되었으면 좋겠습니다. 담담하게 이야기하고 싶었거든요. 노사모 이야기하고 노무현 이야기하면서 눈물 흘리는 거 싫어해요. 〈노무현입니다〉 영화를 보면서도 형님들 나오잖아요, 누님들. 인터뷰를 왜 저렇게 했어? 짜증이 나더라고요. 왜 울어? 이렇게 짜증내고, 지금도 저는 참고 있는데. 제가 만든 유명한 말이 있어요, 노사모에서. 바람처럼 부드럽다. 풀잎처럼 강하다. 모정처럼 뜨겁다. 우리 노사모는. (웃음) 제가 항상 게시판에 글을 쓰면 말미에 그 세 말로 멘트를 달거든요.

그 시절의 자신에게 한마디 한다면?

덧붙아, 너 나름대로 기특했고 역량에 안 맞는 올바른 선택을 했다고 본다. 기왕 하려면 조금 더 일찍 하지 그랬냐. 이 정도. (웃음)

생각나시는 회원이 있으신가요, 특별히?

멀리 볼 필요도 없이 저기 오신 스나이프 형님. 거의 콤비로 전국 경선장을 같이 다니고 그러셨는데. 저는 생각하고도 안 움직이는 스타일이거든요. 그런데 스나이프 형님께서는 생각하자마자 이소룡처럼 공격과 방어가 바로 들어가시는 분이라서. (웃음) 목숨 걸고 운전하고 다녔던 기억이 납니다, 시간을 맞추려고 경선장에.

혹시 가시처럼 걸리는 안타까운 회원이 있으실까요?

많죠. 만나기가 힘들 거예요, 그런 회원들은. 그 이후에 활동 안 하는 경우가 많으니까. 결국 사업 크게 망하고, 건강 잃고, 활동하면서 교통사고 당하고, 혼기 놓쳐서 시집 장가 못 가고. 온라인 위원장은 노사모 게시판의 전권을 가지고 있거든요. 제가 노사모 온라인 위원장이 되고 가장 역점을 두고 한 사업이, 게시판 들어가서 보시면 메모리얼 추모관이 있습니다. 노사모 예산을 투입해서…… 적어도 같이 고생하고 희생된, 고생만 하다가 희생된 동료들을 잊지 말자 해서 추모관을 만들었죠. 그 이후로도 암 걸리고 자살하고, 희생된 분들, 아마 지금 추모관에 계신 분만도 상당히 많으실 거예요. 그리고 안 계신 분들도 있는데. 광주에 있는 제레미, 노사모의 전설적인 존재죠. 미키루크와 더불어 노사모의 최고의 스타 활동가 중 한 사람이었는데. 젊은 나이에 암으로 죽었고요. 안타까운 사연이 많이 있습니다.

마지막으로 노사모 회원들에게 한마디.

저는 회원이란 말이 싫었어요. 그래서 항상 노사모 가족 여러분, 이렇게 글도 많이 썼고요. 지금은 16년, 거의 20년이 됐어요. 그래서 항상 노사모 형님, 동생, 누나, 이렇게 호칭을 다 했습니다. 노사모 가족 여러분, 여러분들이 있어서 즐거웠고 행복했고 또 여러분들과 함께여서 기뻤습니다. 앞으로도 이 목숨이 다하는 순간까지 여러분들과 함께하겠습니다. 사랑합니다. ◉

엘리트의 교체가 아닌,
바닥에서부터 올라갔던 힘

최문순 강원도지사

나와 비슷한 사람이 대통령 된다는 것이 반가운 일이지 않았을까요?

그렇죠. 나라의 정치 체제가 그렇게 되어야 하는 거죠. 노무현 대통령을 여러 차례 만났지만 늘 혼자 있었다는 이미지로 남아 있습니다. 늘 혼자 다니는 듯한 느낌. 대통령 자리가 불편하셨을 겁니다. 하기 싫을 때도, 도망가고 싶을 때도 많았을 거예요. 대통령이라는 자리를 누리기 위해 정치 활동 하신 분이 아니라고 생각합니다. 그런 분이라면 그렇게 행동할 수 없는 때가 많았죠. 하지만 그런 정치가 되어야 하는 거죠. 유럽에 가면 총리가 대중목욕탕에 가고 머리 깎고 돌아다니죠. 자리가 대통령인 거지, 사람이 대통령이 아닌 거죠.

모두가 권위에 눌려 있을 때 노사모와 노대통령은 무모한 도전을 했다?

맞습니다. 절대 왕정, 일제강점기, 군사 정권을 거치면서 권력과 부, 지위와 명예가 독점되고 집중됐죠. 이 그룹에 들어가려고 하면 "감히"라고 합니다. 그에 도전하는 세력으로서 노무현 대통령과 노사모가 생긴 거예요. 저는 거꾸로 보고 있습니다. 보통 노무현이라는 사람이 있어 노사모가 생겼다고 하고 이름도 그렇게 되어 있죠. 저는 노사모 위에 노무현이 얹혔다고 봅니다. 예전에는 노무현 대통령이 후보가 될 거라고 생각한 사람이 거의 없습니다. 하지만 광주에서 뒤집혔죠. 선거인단을 노사모가 설득했다고 생각합니다. 노무현 대통령이 끄는 게 아니라 줄탁동기(啐啄同機). 노사모가 주체고 노무현을 대통령까지 만든 거죠.

노무현 대통령이 없는 노사모는 앞으로 뭘 해야 할까요?

학생운동, 노동운동, 언론운동처럼 분야별로 민주화운동을 하던 그룹들과 달리 노사모는 정치권력을 통해 나라를 바꿔야겠다고 만든 최초의 결사

체입니다. 이전 운동들은 엘리트에 의해 구성되고 소수가 이끌어가는 지도부가 있습니다. 하지만 노사모는 계층과 지역, 소득을 뛰어넘은, 정치적으로 각성한 사람들입니다. 한 범주로 이름 붙이기 힘든. 그런 분들이 모였다는 점에서도 각성이라고 생각합니다.

분단 상황에서 레드 콤플렉스 겪어보신 적 있으신가요?

제가 시장 될 때도 여러 공격이 있었지만 그중 하나는 빨갱이죠. 레드 콤플렉스는 점잖게 표현하신 거고 보통 빨갱이로 낙인찍어서 대들지 못하게 하는 가장 유효한 수단이었죠. 여전히 그렇기도 하고요. 북한을 바로 보고 정확하게 보도하고 주장하면 자연스럽게 빨갱이가 됩니다. 기득권 세력들이 자기 진영을 유지하는 수단입니다. 북한이 많이 변했다는 것을 알면서도 계속 주장하는 거죠. 국민들한테 강요하고요. 강요를 통해 권력이 유지되고 지금까지 그렇게 해왔고. 분단 구조가 우리나라의 민주주의를 늦추는 중요한 요인입니다. 북한을 바로 보고 이해하기 위한 정확한 정책을 세우는 것이 필요합니다.

빨갱이와 깽깽이가 근현대사의 중요한 통치 해결문인 것 같습니다.

그랬습니다. 평생을 걸쳐서 저항하고 반대하는 중요한 포인트 하나가 '김대중'이었습니다. 당시 방송에 김대중이라는 이름 자체를 못 내게 했습니다. 이름 자체가 금기였죠. 기자가 내용을 전달하려면 사람 이름 빼고는 못하지 않습니까? 그래서 싸우니까 저를 전라도 사람으로 보는 거죠, 강원도 사람인데. MBC 있을 때 파업하니까 경찰청에서 진압하죠. 경찰청장이 기자들 모아놓고 "최문순 광주 놈" 하면서 제 욕을 하더라는 거예요. 그렇게 알고 있다가 강원도지사로 출마하니까 그제야 강원도 출신이냐고 물어요. 언론과 군사 정권 시절 만들어낸 갈라치기 수법. 국민들을 분열 통치하는 가장 유치하고 저열한, 저급한 정치 행위죠. 우리나라 정치가 가장 저급한 수준에서 벗어난 지 얼마 안 되는 겁니다. 노동조합도 그렇죠. 부정적인 프레임을 씌워서 고립시키죠.

서거 당시 많이 놀라셨죠?

많이 놀랐죠. 전날 노사모에서 정치 토론을 했습니다. 일산에서 '노사모 정치 카페'라는 걸 했는데 저도 가서 강연하고 토론했습니다. 한잔하고 새벽 3시쯤 들어갔어요. 그리고 아침에 돌아가신 거죠. 엄청난 충격이었고 자책감이었던 것 같아요. 진보까지 포함해서 노무현 대통령을 왕따시켜서 고립시켰죠. 적극적 가담자도 있고 소극적 가담자도 있고 방관자도 있었어요. 노사모조차도 언론과 검찰의 프레임에 걸려들어 방어하지 못하는 상태에 있었습니다. 충격과 함께 상황을 접했죠. 대한문 앞에 분향소가 만들어졌는데 시민들이 끊임없이 오고, 장례가 끝나고도 오고. 앞을 꽃으로 단장한다든지 촛불을 켠다든지 국화를 가져온다든지 모두 시민들이 자발적으로 하는 겁니다. 극우파에서 분향소를 철거하기 위한 움직임이 계속 있었습니다. 경찰에서도 철거하라고 하고. 저는 당시 국회의원 신분이었는데 시민들이 와서 지켜달라고 했죠. 거기서 자면서 노숙자라는 별명을 얻었죠. 노무현 대통령은 정치인으로서 거친 면이 있었고 가끔은 타협했으면 싶었죠. 하지만 돌이켜보면 이분은 통치 권력자로서가 아니라 사회 변혁을 추구하는 운동가로서 본인을 자리매김한 건데 국민들은 잘 이해 못하고 기득권의 공격에 동조한 거죠. 큰 것을 보지 못하고 작은 것을 보며 대통령을 고립시킨. 자책과 각성이 뒤늦게 일어났습니다.

경찰이 분향소를 감시하는 일이 있었잖아요.

처음에는 오래가겠냐고 하면서 모른 척했던 것 같습니다. 그런데 오래갑니다. 계속 사람들이 와서 조문하고. 항의의 뜻이기도 하고 자책의 뜻이기도 하고 슬픔의 뜻이기도 하고 복잡한 정서들이 녹아들면서 덕수궁 앞에 계속 모이니까 못마땅하고 두려워했을 겁니다. 전국에서 다 오셨습니다. 먼 땅끝마을에서 오신 분도 있고 해외에서 오신 분도 있고 나이드신 어르신도 있고 자녀들 데리고 온 분들도 많습니다. 꽃은 재활용했습니다. 시민들 돈 모아서 한 거니까 크게 할 수 없으니 조그맣게 텐트 하나로 해서 한꺼번에 들어갈 수도 없죠. 자원봉사자들 오셔서 음식 주시고 나팔 불어주시고 상당 기간 추모 행렬이 이어졌습니다. 당시에는 조문 행렬이라고 생각했지만 돌이켜보면 정치적 각성이 일어나고 정치권력을 우리가 결정해야겠다는 생각이 그때 태동했다고 생각합니다. 국민들이 스스로 권력을 행사해서 대통령을 세우거나 끌어내린 적이 몇 번 없습니다. 4·19 때 한 번 있고, 김대중과 노무현 만든 경험이 있고요. 그후 잃었다가 박근혜 때 다시 합니다. 정치적 자산으로 남았다고 생각합니다.

노무현 대통령 재임 당시 언론의 통제는 어땠나요?

노무현 대통령께서는 언론에 대한 결벽증이 있었습니다. 간섭해서 안 된다는. 제가 3년 재직하는 동안 그분한테 전화 한 통 받은 적 없고 인사 청탁 당연히 없었고요. KBS 정연주 사장님도 없었다고 말씀하셨어요. 대통령이 그런 생각을 갖고 있더라도 밑에 참모들은 부탁하거든요. 정치와 언론이 어느 정도 불편한 관계에 있기 때문에 좋지 않은 보도를 안 할 수가 없는데, 그에 대해 위에서 한 번도 연락 온 적이 없습니다. 결벽증을 당신만 갖고 있었던 게 아니라 그 밑까지 전부. 엄하게 지시를 내렸던 것 같아요. 다만 나중의 반성인데요. 언론과 검찰에 대한 민주적인 통제가 있어야 했다고 생각합니다. 그전에는 잡고 있다가 노대통령 때 이르러서 완전히 놓아주니까 방종이 됐던 겁니다. 권력을 나눠주면 겸허하게 쓰고 다시 밑으로 나눠주어야 하는데 자기들이 권력이 되어버린 거죠. 그 피해가 당신 께 돌아온 거고요. 그럼에도 언론과 검찰에 대해 권력 행위, 정치 행위, 행정 행위를 한 번도 안 하셨어요. 언론과 검찰을 민주적으로 통제하긴 해야 하는데 국가권력이 해서는 안 된다. 길고 고통스럽더라도 국가권력이 해서는 안 되고 국민들을 통해 민주적으로 통제해야 한다.

당시에도 왜 저렇게 방치하느냐는 의견들이 있었지만, 노무현 대통령 돌아가시고 결과적으로 많은 국민들이 각성하게 됐죠. 노무현 대통령이 옳았던 거죠. 다만 당시에는 너무 고통스러운 과정을 거쳐 각성이 일어난 것이라고 생각합니다. 언론인들이 스스로 해야 하는 거죠. 언론인들이 양심을 똑바로 지키면 절대 강요할 수 없는 겁니다. 두 가지 문제가 있었죠. 군사 정권 시절에 권력과 언론이 한몸이 되어 권력이 시키는 대로 나팔수가 되었던 문제. 그래서 그 과정에서 자기가 권력이 되었다는 문제. 첫번째는 오히려 쉽습니다. 국민들이 만들어주었죠. 최종적으로 언론인들의 각성, 책임의식, 윤리의식이 가장 큰 과제가 되겠습니다.

노무현 대통령 이후의 노사모에 대해 평가해주실 수 있는지요?

노무현 대통령은 서민들과 같이 가고 싶었던 겁니다. 국가 체제도 그렇게 되기를 바랐을 겁니다. 오랜 역사를 통해 만들어진 체제가 완강하게 거부했던 거죠. 함께하고 싶은 것들을 위해 한나라당과 연정하자는 말까지 가게 되는 겁니다. 사람들은 이해 못하죠. 작은 행정과 작은 정치를 해보면 이해될 때가 많이 있습니다. 시스템과 체제를 국민들한테 좀더 가까이 가

게 하고 싶은데 기존 체제를 유지해오던 시스템에 있는 분들이 있으니까. 이해를 넓혀야 된다고 생각합니다.

노무현 정신이 뭘까요?

국민들과 가장 낮은 데서 같이 있고 싶어하는 정신입니다. 대통령 시절 여러 일화에 녹아 있죠. 대통령에 대해 기존에 갖고 있는 생각은 국민을 강력하게 이끌어 경제, 국방을 튼튼히 하는 신화적이고 영웅적인 리더입니다. 박정희가 그 모델이죠. 중세적이고 고대적이고 퇴행적인 사고방식이죠. 최초로 그와 반대로 했던 모임이 노사모입니다. 가장 낮은 사람들이, 그야말로 백성들이 나라와 정치, 경제를 바꿔야 한다는 것이 각성의 주 의미인 것이죠.

시민 최문순으로서 노사모에 감동받은 적이 있는지.

기존 학생운동이나 노동운동은 엘리트 중심으로 돌아가게 되어 있습니다. 하지만 노사모는 카운터 엘리트인 거죠. 생맥줏집에 모인 학생, 노동자, 아줌마 각종 사람들이 '괜찮은 사람 대통령 만들어보면 어때?' 하면서 생긴 거거든요. 발생 자체가 다르죠. 엘리트의 교체가 아니라 바닥에서부터 올라가는 힘. 그 자체로 근본적인 정치 변혁의 틀입니다. ◖

당신은 얼마나
마음이 아팠을까

동해바다 박영길

제가 강원도 삼척 고향집에서 닉네임을 정했는데요. 노사모에서 본명보다는 '동해바다'로 통하고, 사실은 축제 때 부르는 바다와 동해라는 표현을 상징적으로 해서 동해바다를 썼고요. 노사모를 처음 하게 된 이유는 2000년 4월 13일 제16대 총선에서 노무현 대통령께서 당시에 국회의원 후보죠, 지역감정의 벽을 넘지 못하고 낙선한 이후에 노무현 후보에 대해 관심을 갖고 있었습니다. 5공 청문회를 지켜보면서 아주 절제된 언변과 원칙과 상식과 정의가 넘치는 그런 가운데서 어떤 가치에 공감하고, 저런 분이 진짜 정치에서 큰 역할을 할 수 있었으면 좋겠다는 생각에 공감했습니다. 그 당시 노사모 홈페이지는 없었고요. 노무현 홈페이지인 노하우에 접속해서 공감했고 참여했습니다. 2000년도 4월 중순 이후였나, 이럴 게 아니라 모여서 정보를 공유하고 노무현이라는 사람을 다시 키워보자는 그런 공감을 형성해서 참여하게 됐습니다.

노사모에 참여를 할 즈음에 뭐하고 계셨습니까?

2000년도는 제가 서른아홉이었는데요, 당시나 지금이나 회사원으로 있습니다. 제가 초기 노사모 지역 회장을 했고 회원 관리도 해왔는데요, 20대에서 40대 정도, 주 회원들의 성향이 20대에서 40대 회사원들이었습니다. 다양한 사람들이 참여하고 있었는데 어떤 특정 분야가 아니고 대부분 자발적으로 참여했고 그 자발성이, 노무현 대통령이 안 계셔도 지금까지 이어오고 있는 그런 자발성이 큰 추동력이 아닌가 생각합니다.

노대통령과 사적인 일화 같은 게 있으시다면?

수시로 만나서 모임 할 때마다 노무현 후보, 노무현 후보 짱, 노짱님이라고 불렀습니다. 별칭이죠. 사실 짱이라는 용어를 저희들이 사용할 당시 일본 문화가 있었고 부정적인 의미가 있었는데, 2002년 노사모가 자발적으로 구성되면서 노짱님에 대해서 오히려 긍정적인 용어로 변화되었다고 기억하고 있고요. 친근합니다. 모임 할 때마다 노짱님이 참석하시고 또 같이 번개나 모임 때에 참석하시더라고요. 일화는 수없이 많지만 그냥 편하게 만나서 대화하고 토론하고 했기 때문에 평범한 우리 동네 옆집의 푸근한 아저씨 같은 생각입니다.

지역별 노사모 강원도에서 활동을 하신 건가요?

그 당시에 저는 인천에서 살았습니다. 인천에서 초기에 가입을 하고 보니까, 수도권 모임을 결성할 때 참여해서 누군가는 일꾼이 되어야 하지 않습니까? 그래서 수도권의 다섯 권역으로 모임을 결성하자고 해서, 서울 남북부권, 그다음 경기 남북부권, 그리고 인천 경기 서부권, 이렇게 다섯 권역으로 수도권의 모임을 구성하자고 해서. 그러다보니 인천 경기 서부는 인천광역시를 포함해서 경기 서부는 김포, 부천, 광명시, 시흥시 이렇게 했고요. 제가 모임에 참석한 당시 인천은 저 혼자 있어 처음으로 그 노사모를 일구게 됐습니다. 강원도 출신이면 아무 지역감정이 없는데 영호남은 엄연히 존재하고 있지 않습니까? 회사일로 영호남 쪽에 출장을 가보면 확연히 구분되는 어떤 정서를 읽을 수가 있습니다. 그것을 갈아치우게 하는 것이 정치인이거든요. 지역감정을 치유하기 위해서 직접 몸으로 행동하는 노무현이라는 사람의 가치가 얼마나 소중한가 느꼈기 때문에 가치에 공감하고 참여하게 된 겁니다.

다시 뵐 수 없겠지만 미안한 점이 있습니까.

사실 노사모 회원이라면 지금 안 계신 노무현을…… 다시 또 마음이 울컥

합니다. 그것은 아마도 지켜주지 못한 그 마음입니다. 50 후반에 아직도 마음이 저미고 아픈 것은 지켜주지 못했다는 거. 그 마음이 제일 미안하고. (눈물) 당시에는 사랑한 사람이 대통령이 되셨으면 그다음은 당신의 몫이니까 우리는 국민의 한 사람으로 생업으로 돌아와서 감시자 역할만 해야 되겠다는 순진한 생각을 해보았습니다. 끝까지 같이 함께해서 지지하고 끝까지 보호해줬으면 아직도 살아 계시지 않았을까 하는 마음이 늘 있고요. 특히 논두렁 시계 사건 등의 얘기를 저는 믿지 않았고 비난하지 않았지만, 일반 국민들은 그런 정제되지 않은 가짜 뉴스에 더 귀를 기울이고 손가락질하고 그럴 때 노무현 당신은 얼마나 마음이 아팠을까 하는 생각이 들고요. 지금은 안 계시지만 노무현 가치를 바로 보고 그 가치를 통해서 지금 처한 환경에서 개개인들이 그 가치를 이어갔으면 하는 마음으로, 진정 마음으로 생각하고 있습니다.

보고 싶은 분들에게 한마디 해주세요.
참 반갑습니다. 2000년도 초창기부터 활동한 동해바다입니다. 저 아시죠? 다 보고 싶습니다. 그리고 누구나 일일이 나열할 수는 없지만 다 보고 싶고요. 지금 곳곳에 생업에서 노무현이라는 사람과 가치와 철학을 공유해가면서 지금도 생활에서 구현하고 있는 모든 노사모뿐 아니라 노무현을 좋아하는 국민들한테 감사 인사 드리고요. 감사드립니다. 🎙

우리가 지금
제대로 하고 있는가

김지수 경남도의회 의장

정치 참여를 시작한 계기가 있을 거 같은데?

정치를 특별한 사람이 한다고 생각해본 적은 없습니다. 많은 사람이 노동 투쟁이라든지 학생 투쟁이라든지 이야기하는데. 제가 늘 안 하려고 하는 게 사적인 개인 인터뷰인데요, 특별한 스토리를 만들려고 하지 않습니다. 드라이하게 말씀드리면 저는 대학교 내내 학생회에 있었고요. (웃음) 약학 전공인데 단대에 있는 연극반 했고 4년 내내 등록금 투쟁했고 졸업했고요. 이후에는 속한 직능에서 직능 단체 활동을 계속했던 사람이죠. 그렇다고 열심히 하진 않았고요. 하고 싶었던 공부도 많이 하고. 경남은 수도권에 비해 인적 인프라가 얇은 지역이죠. 특히 민주당은 더. 창원은 노동 운동이 활발했던 지역이기 때문에 저랑 같이 학교 다녔던 학생들은 졸업하고 대부분 진보당에 합류했죠. 진보당에 학생운동이나 노동운동 출신들이 많고요. 노사모 활동 하면서 민주당에 일부가 포함되어 있고 호남 출신 분들 중심으로 민주당이 구성되었던 거죠. 우연한 기회에 민주당 입당을 제안받았고요. 그것이 그렇게 어렵게 느껴지는 게 아니었기 때문에 입당했고. 워낙 사람이 없다보니까 저한테 하나둘 직분이 주어진 거죠. 주어진 책임을 하다보니 여기까지 오게 된 거죠. 그래서 지금도 민주당이나 노무현 정신, 노사모에 대해 아주 긍정적인 쪽으로 쏠려서 바라보고 있진 않습니다.

'민주주의의 최후의 보루는 깨어 있는 시민의 조직된 힘'이라던 노대통령의 말씀에 대해.

인터뷰를 생각하면서 노사모 생각을 많이 하게 됐어요. 과거에는 노사모에 대해 (웃음) 고민하거나 생각해본 적이 많지 않았는데. 노사모는 우리나라 최초의 자발적인 정치 팬덤이죠. 자발적으로, 특별한 목적으로 모였고. 민주당 내의 유력한 후보가 아니었음에도 경선의 승리를 이끌었던 팀이라는 거죠. 대선 본판에서의 승리는 노사모만의 힘이라고 얘기할 수 없지만 적어도 민주당 내 경선에 있어서 노사모의 위력은 대단했다고 생각합니다. 노무현 후보를 좋아했고 노무현이 지닌 여러 가치들을 공유하고 동의했다는 거죠.

노대통령님도 언론 권력의 공격을 많이 받으셨잖아요?

언론의 성향은 분명히 있습니다. 저희가 올해 지방선거를 통해서 명실공히 여당이 되었죠. 중앙 권력뿐 아니라 지방 권력까지 획득했고 경남에서는 최초로 민주당이 권력을 획득한 해인데. 지난번 의원 할 때는 민주당 의원이 두 명이었다가 나머지 한 분은 바른정당으로 가셨기 때문에 이번 민주당은 저 혼자였어요. 정의당 한 분 계셨고 나머지는 전부 한국당이었습니다. 제 의정 활동의 힘이 뭐였냐면 언론이었습니다. 공영방송인 KBS를 제외하고 나머지 방송들은 광고 수입에 의존하는 일종의 기업이기 때문에 광고 수입을 관에서 주로 해주거든요. 분명히 정도의 차이는 있죠. 진보지라고 이야기하는 지역 언론에서 저희 이슈를 많이 다뤄주었죠. 〈도민일보〉도 그랬고 〈경남신문〉도 홍준표 전 도지사와 대립하는 것이 아니면 많이 받아줬고요. 특히 감사하는 건 KBS가 많이 받아줘서. 노무현 대통령 때하고 지금은 정치 지형이 많이 바뀌었고 언론은 늘 양쪽의 논리를 담으려 하고. 그래야 스토리가 생기니까. 저는 소수였지만 양쪽의 논리를 담으려는 언론의 속성이 제게 도움이 되었죠. 노무현 대통령은 굉장히 다른 경우죠. 노무현 대통령이 그때 하려던 것은 언론 비정상의 정상화죠. 정경 유착을 끊어내야 되는 거죠, 언론 고유의 소명을 다하려면.

다시 볼 수 있다면 마지막으로 무얼 여쭤보고 싶으세요?

노무현 대통령은 늘 용기 있는 사람이었잖아요. 늘 무언가를 외치는 모습으로 기억되잖아요. 기존의 정치 질서로부터 싸우셨잖아요. 지역감정으로부터 싸우고. 권양숙 여사님 관련해서는 이념 논쟁과 싸우고. 유권자, 국민을 향해서 '깨어 있어야 한다, 참여하셔야 한다'고 요구하고 언론과도 비정상의 정상을 만들려고 싸우셨고. 계속 저항했던 모습이 기억이 나는데요. 용기 있는 사람의 자세죠. 제도권에 들어와보면 매일매일 결정해야하는 순간이 많은데 그때마다 타협해야 할 수만 가지 명분이 있어요. 결정하면서 매일 고민해요. 내가 하는 것은 타협인가, 정치적 결단인가. (웃음) 살아 계신다면 여쭤보고 싶어요. 우리가 지금 하고 있는 것이 정말 제대로 하고 있는가. 많이 헷갈리는데 계시면 여쭤보고 싶어요, 진짜. (웃음) 🎤

죽어서도
큰 힘을 발휘한다

박원순 서울시장

우리나라 제도가 대통령 단임제잖아요. 미국처럼 4년 중임제가 아니고 5년 딱 단임이니까 실제 뭘 하려고 보면 이미 레임덕이 걸리게 돼 있죠. 왜 냐하면 대통령 임기가 그렇게 제한되어 있으니까. 같은 종류의, 같은 생각을 하는, 같은 당의 정권이 적어도 두 번 갖고도 부족하다는 게 우리에게 증명이 됐잖아요. 그러니까 김대중 대통령을 이어받아서 노무현 대통령이 5년, 10년을 우리 대한민국을 통치했지만 실제 뭐 하루아침에 모든 게 다 바뀌지 않아요. 그러니까 이게 좀 계속 이어져야 되겠다. 제가 오스트리아의 비엔나를 갔더니요. 비엔나는 이 공공 임대 주택이 거의 70%가 되고 그러니까 국가가 국민을 위해서 집을 다 주는 거예요. 모든 게 이렇게 잘되어 있어요. 그래서 세계 이 그 도시 중에서 가장 삶의 질이 높은 도시, 그런 국가가 오스트리아고 비엔나인데 정부를 보니까요. 1945년 2차 대전이 끝난 다음에 그 사회민주당이 지금까지 70년 동안 한 번도 집권을 놓치지 않았더라고요. 우리도 그런 나라가 좀 될 수 없을까요? (웃음) 그게 물론 독재가 되면 안 되지만 네. 뭐 물론 권력…… 계속 또 교체되는 게 바람직하지만 네. 그래도 그런 욕심이 드네요.

오랜 비정상적 체제 때문에 생겨난 반칙과 특권과 이런 것들이 제도로서 뿐만 아니라 우리 생활 속에서도 깊숙이 뿌리박고 있었는데 그런 것을 바꾸고자 하는 운동이 사실은 여러 가지 시민운동, 사회운동에도 나타났지만 그걸 정치인으로서 그렇게 소리 높여서 그리고 그걸 자신의 삶으로 체화해낸 정치인은 저는 노무현 대통령이 뭐 유일했다 생각합니다. 그분의 삶 자체가…… 어찌 보면 이런 기득권으로부터 굉장히 멀었던, 그리고 중심에서부터 굉장히 멀었던 변방 아웃사이더로서…… 모든 게 그렇게 살아오셨기 때문에 아마 그 화두를 이렇게 몸으로 체화해낸 그런 여지가 있지 않았을까 싶습니다. 노무현 대통령이 말하자면 그 어릴 때부터 대통령이 된 그 모든 과정이 사실은 그러니까 어떤 전통적으로…… 이 중심에 있거나 또 그런 어떤 그동안 한국 사회를 지배했던 그런 지배층에 있지를 않았잖아요. 3당 합당할 때도 그냥 따라갔으면 그 당시 YS가 상당히 귀여워했을 텐데 그런 거 과감하게 버렸고 어디서나 아웃사이더였죠. 그리고 그것이 이런 어떤 지배적인 한국 사회 주류에 있던 사람들 입장에서 보면 굉장히 못마땅한 것이었죠. 그렇기 때문에 제도 권력이나 주류 정치인들은 비판을 했죠. 그 대신에 이 바닥에, 풀뿌리에서 사는 이른바 우리 민중들, 서민들은 좋아했고 그것이 또 노무현이 다시 살아나고 또 사랑을 받는 요소가 아닌가. 우리가 대통령이 이미 한국 사회에 많지만 그렇게 말하자면 서민들로부터 사랑을 받는 이유가 저는 바로 그런 점에 있다고 생각하거든요. 어떻게 모든 사람들로부터 다 존경받습니까?

검사와의 대화 어떻게 보셨어요?

좀 황당한 장면이죠, 사실. 아니 대통령이 뭐 그런 저기 검사, 더군다나 평검사들과 무슨 대화를 합니까? 그냥 한마디 하면 다 따라야 되는. 말하자면 이런 것으로 우리 국민들은 생각했는데 우리 사회의 가장 어찌 보면 기득권층이고 권력 그 자체인 그 검사들하고 대화하는 게 지배적 입장에 있는 사람들이 볼 때는 전혀 안 어울리는 장면이었죠. 그런데 이제 국민들 입장에서 볼 때는 어쨌든 그 첨예한 권력의 문제, 검찰의 문제를 그때 위태위태했잖아요. 네. 그런 것도 노무현이라는 사람이 노무현 대통령이 아니었으면 사실 상상도 할 수 없는 일이었죠. 저 같은 사람도 그런 장면은 너무 낯설었으니까, 네. 근데 그게 바로 노무현이잖아요. 저도 가끔 저런 걸 느꼈어요. 저 자신도 이미 중심부에 있는 사람이구나. 노무현 대통령은 제가 보기에도 아웃사이더인 거예요. 저도 사실은 그 당시에 권력의 입장에서 보면 저도 아웃사이더고 중심을 공격하고 뭐 그 세상을 바꾸고자 하는 사람이었잖아요. 심지어 제 눈에도 노무현 대통령은, 인간 노무현은 아웃사이더였던 거예요. 그러니까 이 제도권에 있는 사람들 사람들은 오죽했겠습니까? 보기 싫었던 거죠.

노사모에 대한 어떤 진단이나 생각들?

물론 한국 사회가 또 한편으로 보면 굉장히 역동적인 사회잖아요. 4·19혁명이나 5·18 항쟁이나 최근 광화문 촛불 광장까지 치면 사실 이게 외국에선 볼 수 없는, 때로는 혁명적인 상황을 국민 스스로 만들어내는 역동성을 보여줬다고 생각하거든요. 문성근씨가 언젠가 저를 찾아왔어요. 근데 제가 인사동에서 같이 밥을 먹으면서 이런저런 얘기를 나누는데 그때 노사모 이야기를 하더라고요. 그러니까 애초에 한 정치인에 대한 팬클럽을 만드는 일이었죠. 저는 참여연대나 시민운동을 하면서 어떤 특정 정치인을 지지하거나 비판하기보다 우리는 크게 보면 중립적 입장을 가지고 정치적으로는 어떤 특정한 당파성을 가지지 않고 초당파성으로 사회를 비판하고 권력을 견제하고 이런 걸 한다고 생각했고 그걸 쭉 해왔는데 이건 완전히 새로운 운동이잖아요. 그래서 그것에 대해서 어떨까? 잘될까? 이런 얘기를 나눴던 것 같아요.

근데 몇 달 있다보니까 노사모 활동이 막 시작되더라고요. 우리 시민운동은 사실 이게 좀 이성적 운동이니까 회원 가입시키기도 사실 쉽지가 않습니다. 참여연대 같은 경우는 한 만 명의 회원을 가지고 만 원을 내면 한 1억 되잖아요. 그걸 가지고 한 40~50명의 간사를 움직여서 체계적이고 제도적으로 운동을 하는 거거든요. 그런데 기억에 제가 그 당시에 경기도 어느 지역이었는데 노사모 집회 가서 강연을 한 번 했던 적이 있어요. 그때 보니까 야, 그 열기가 정말 만만치 않았어요. 이게 기존의 시민운동과는 또다른 운동이구나. 이런 생각을 했어요. 그리고 아니나 다를까. 대선 때는 물론 노무현 대통령의 삶 자체가 시민들에게 국민들에게 어필할 수 있는 그런 여러 감동적 요소들이 많았죠. 어쨌든 조직 아닌 조직이 바로 노사모였죠. 노사모는 그 당시에 제 주변에도 그런 사람들이 있었잖아요. 자기 사업, 어떤 한의원 원장 선생님인데 자기 한의원 문 닫고 자동차 한 대 사가지고 막 돌아댕기고. 말하자면 이게 어떤 합리적으로 설명할 수 없는 어떤 희생과 자기 헌신을 해가면서 노무현이라는 한 사람, 그 사람이 가진 가치. 그것도 참 쉽고 간명했잖아요. 특권과 반칙이 없는 세상. 상식과 원칙이 통하는 세상. 이거는 굉장한 슬로건이었던 것 같아요, 그 당시에. 그게 불을 지펴서…… 누구도 이기기 어렵다고 본 그 선거에서…… 그때가 아마 울산이었나요? 울산에서 이기고 그다음에 광주에서 확실해졌죠. 그러면서 대세가 확 바뀐 거예요. 그런 분수령을 만들어냈죠.

저는 사실 참여연대 운동도 당시 대한민국을 바꾸는 데 큰 기여를 했다고 생각하거든요. 그때 낙천·낙선 운동이니 또 소액주주 운동이니 부패방지법 제정 운동이니 사실 굉장히 (웃음) 빛나는 운동들을 많이 했는데, 그런데 그거는 직접 하는 게 아니잖아요. 직접 권력을 받는 게 아니잖아요. 권력을 비판하고 권력이 이제 바로 서게 만드는 이런 운동인데 그것도 큰 의미가 있긴 하지만, 노사모는 아예 권력을, 권력의 중심으로 쳐들어가서 그 권력을 차지해서 권력을 바꾸는 일이잖아요. 사실 이게 본질적으로

더 중요한 일이기도 하죠. 시민들 중에 지식인들 중에서 정치를 '뭔가 좀 지저분하고 더럽고 그러니까 가까이할 게 아니다'라는 생각을 가진 사람들이 많아요. 사실 그러면 그렇다고 세상이 바뀝니까? 그 더러운 정치를 가서 확 깨끗한 정치로 바꿔야죠. 그러니까 그런 본질적 사고를 한 게 저는 노무현 대통령이었다고 생각합니다. 노사모를 통해서 새로운 운동, 사회운동 영역이 만들어진 거죠.

당시 재임 초기를 생각하면 흔들기와 보수, 기득권…… 공격과 여러 가지 험난했어요. 현실적인 영역에서는 또 분명히 다른 지점이 있으실 것 같은데 비슷한 고민도 많이 하셨을 것 같아요.
저도 서울시장을 지금 이미 7년을 했고 앞으로 4년을 더 할 텐데요. 생각해보면 정말 열심히 했고 나름 잘했다는 평가도 받는데요. 그렇다고 제가 정말 마음에 저 스스로 들 만큼 서울을 바꾸고 세상을 바꿨냐? 그건 아닌 것 같습니다. 왜냐하면 시민의 정치라는 게, 행정이라는 게 시민의 삶을 통째로 바꾼다는 것. 세상에 이 복잡다단한 것을 다 바꾼다는 것. 그건 사실 불가능한 거거든요. 그것은 예컨대 10년의 세월이 흘러도 저는 바꾸기 힘든 거라고 생각합니다.

저는 노무현 대통령의 역할, 그 시대의 사명은 디테일하고 실용적 어떤 천명에서 세상을 바꾸는 일은 아니었던 것 같아요. 우리가 반칙과 특권 없는 세상, 원칙과 상식이 통하는 세상이라고 하는 그 큰 비전에서 시민들을 열광시키고 또 국민들이 뭔가 '아, 우리가 저런 리더도 가질 수 있구나, 그리고 저런 세상을 우리가 만들 수 있구나'라고 하는 그런 어떤 신념, 신뢰, 희망, 그런 걸 준 것만 해도 큰 거라고 생각합니다. 이런 민주주의 사회에서의 대통령은 굉장히 다른 것이죠. 그래서 저는 노무현 대통령이 실패했다 그렇게 생각하진 않습니다. 이후에 우리가 새로운 정부를 만들어내는 데 실패했던 것은 크게 성찰해야 될 대목이지만…… 어쨌든 그 이후에 문재인 대통령이 바로 이어서 됐다 그러면 세상은 또 훨씬 달라지지 않았을까요? 한 사람한테 너무 많은 기대를 하시는 것 자체가 저는 (웃음) 과잉이라고 생각합니다.

우리가 가볍게 볼 수 없는 게 예를 들어서 언제나 노무현 대통령은 청와대에서 사람을 만날 때 혼자 만나지 않았다는 거 아닙니까? 반드시 누군가가 옆을 지켰고 그 모든 대화는 기록했고 보존했고 그게 어찌 보면 야당이 그걸 갖고 막 정치적으로 장난치게 만든 그런 요인이 되기도 했지만, 저는 그거는 위대한 업적이라고 생각합니다. 왜냐하면 그거는 상대적으로 박근혜 정부 보십시오. 청와대를 최순실 같은 사람이 드나들고 이건 대통령이라는 자리는 국가 안보 그 자체거든요. 누가 들어갔는지 통제도 안 되고…… 우리가 4월 16일 세월호가 침몰하는 순간에 대통령이 도대체 어느 자리에 있었는지 뭘 하고 있었는지가 알려지지 않는 이런 시대하고 비교해보면 저는 노무현 대통령이 권력을 행사하는 원칙, 그리고 그 과정. 이런 모든 것들이 청와대라는 곳, 권력이라는 것, 대통령의 직무라는 것, 그걸 완전히 바꾼 것이죠. 사실은 저도 지금 제가 대화하는 거 다 기록합니다. 저 만나온 사람은 힘들 거예요. (웃음) 아니 뭐 사적인 부탁을 못하잖아요. 그런 목적도 있습니다. 네. (웃음)

〈조선일보〉 투쟁에 대해 어떻게 생각하시는지.

바로 노무현이고 노무현다움이죠. 어떤 기득권, 기존의 체제에 저항하는 그게 노무현이고 노무현 정신이라고 생각하는데요. 사실은 뭐 이전에 그 왜 어디입니까? 거제도 옥포조선소에 가서 노동자 편을 들어서 연설을 했잖아요. 그게 이른바 제3자 개입이라고 하는 죄로 감옥에 갔고 그때 제가 변호인이었습니다. 김해교도소에 가서 제가 이렇게 무인도 받아오고 변호인 선임계, 이런 어떤 노동을 탄압하는 재벌 체제에 대한 저항이죠. 그리고 제3자 개입이라고 하는 그런 법을 무시하고 말하자면 행동을 한 것이고 또 그 당시에 주류 언론, 제도 언론에서 가장 큰 상징이었던 〈조선일보〉에 대해서 소송을 제기하고 그랬죠. 그때 아마 그 요트 사건인가. 보통 사람들은 손해봐도 '괜히 대들었다가 더 크게 당한다' 이런 생각을 하고 아마 포기할 수 있었지만, 이 노무현이라는 사람의 체질로는 용납이 안 되는 그런 사건이었겠죠. 그래서 3당 합당 때 반기를 들고 외로운 정치 행로를 갈 때도 그랬고 수없이 선거에서 떨어질 때도 좌절하지 않았던 것.

　제가 영상을 하나 본 게 있는데요. 그게 그때 어디서 봤는지 기억은 안 나는데 왜 부산시장 나갔을 때인 걸로 아마 보이는데. 길 가는 사람들한테 "내가 노무현입니다" 이렇게 막 나눠주는데 그거 지나가는 사람들이 전혀 눈여겨보지 않고 명함 받을 생각도 안 하고 그냥 외면하면서 지나가는 그런 장면을 어디서 봤어요. (웃음) 그런 참담한 정치 환경 속에서도 자기 원칙과 상식을 지켜간다는 것, 그게 바보 노무현의 정신이 아닐까요. 우리가 모두 따라 배워야 되는 게 아닌가 싶습니다. 사실은 거기에서는 당시의 정치 지형으로 보면 바보 같은 일이지만 그게 또 국민들을 감동시키고 폭발시킨 힘이잖아요. 세상이 그렇게 또 우리 국민들이 우리 그렇게 간단치 않은 국민들이죠. 그래서 (웃음) 저는 늘 노무현 대통령도 우리 동시대의 어찌 보면 동지, 이렇게 살아오면서 참 다르다. 말하자면 저 같은 사람이 흉내내고 싶지도 않은 그런 캐릭터를 갖고 있잖아요. 말하자면 늘 용감하고 그렇죠. 그 신념이 너무 확고하죠. 그걸 확고히 행동으로 옮겨내는 이런 힘이 노무현 같았어요. 그러니까 저하고 이제 같이 TV 토론도 여러 번 했거든요. 저는 막 메모도 해 가는데 노대통령은 메모가 없어요. 그러니까 그게 자기 생각이 딱 확고하게 정리돼 있고 그런 신념의 정치를 했던 게 틀림없는 것 같습니다. 그래서 많이 배웠습니다.

이 이야기를 꼭 해주고 싶은 것은요?

제가 많이 배우게 되는 좋은 점들을 많이 갖고 계신 거예요. 저는 성격이 수줍음이 많은데 그분은 굉장히 과감하고 신념이 단순 명쾌한 것, 복잡하지 않고 옳다고 하는 것은 명쾌하잖아요. 저는 아까 특권과 반칙이 없는 세상, 상식과 정의가 통하는 세상이라는 게 사실은 내화된, 체화되어 있는 그런 신념이고 그거는 오랫동안 삶을 통해서 경험하고 느꼈고 인식한 모든 것이 응축된, 그래서 너무나 자연스럽고 단호하고 이랬던 것 같아요. 그런 걸 보면서 저도 제 생각과 신념을 또 행동을 정의하는 데 도움이 됐죠. 눈에 보이지는 않지만 우리가 서로 배우고 영향을 받잖아요. 저도 지금은 약간 단호해졌습니다.

우리는 왜 노무현을 잃었을까요?

노무현을 우리가 잃었다고 생각하지 않습니다. 노무현 대통령이 보여주신 그런 가치, 그런 행동들은 저는 여전히 우리한테 많이 남아 있다고 생각하고요. 물론 노무현에 그치지 않고 우리가 노무현이 그리던 세상을 실행할 뿐만 아니라 더 나아가야 된다고는 생각하는데요. 그래서 어찌 보면 그 당시 노무현 대통령의 죽음 앞에서 많은 사람들이 눈물 흘리고 반성하고 그랬던 힘이 결국은 촛불을 만들어내고 문재인 정부를 만들었다고 생각합니다. 사람은 이렇게 살아서도 힘을 발휘하지만 죽어서도 큰 힘을 발휘하기도 한다고 생각하거든요. 저는 그 대표적인 경우가 바로 노무현의 죽음이다. 비록 우리 앞에서 사라졌지만 더 크게 힘을 행사한, 더 큰 세상의 변화를 만들어낸 그런 게 아니었을까. 그래서 노무현을 지키지 못했다고 하는 노사모들이 너무 자책하고 눈물 흘릴 필요는 없다 이렇게 생각합니다.

노무현 대통령은 외롭지 않았을까요?

외롭고 고통스럽고 힘들죠. 말하자면 의사 결정의 정점에 있는 사람은 비난을 감수하고 심지어 실제 자기 책임이 아닌 것조차도 책임져야 되잖아요. 예컨대 '서울 하늘 아래서 벌어지는 일은 제가 다 책임져야 된다' 이런 생각을 갖고 이렇게 또 말도 하고 그러는데, 사실 엄밀히 말하면 법적으로 따지면 제 권한이 아닐 수도 있지만 그런 소리 못하죠. 그런 걸 또 마음대로 표현도 못하잖아요. 내가 외롭다는 거, 내가 고통스럽다는 거. 그래서 아마 그때 노무현 대통령께서 정말 그만두고 싶다고 얘기했다가 또 야단났잖아요. 그게 사실 굉장히 인간적인 (웃음) 표현인데 그런 얘기도 함부로 할 수 없기 때문에 더 고통스러운 거죠. 이게 무거운 짐을 짊어지고 그것도 잠깐 있는 게 아니라 뚜벅뚜벅 오랜 길을 가야 되는 심정, 그런 게 아마 분명히 계셨을 거고요.

　그래서 저는 그걸 어떻게 스스로 위로하기로 결심했냐면 '내가 결정하는 이 하나하나가 얼마나 많은 시민들의 삶을 바꾸고 세상을 바꾸고 있냐? 그러니까 나머지 나한테 주어지는 그거는 거기에 비하면 작은 일이다'. 저도 언론이나 시의원에게 국감 받을 때 보셨죠? 저도 일어서서 확 뭐 하나 집어던지고 싶었어요. 그때 저는 뭘 생각했냐면 '우리 내 뒤에 있는 서울시 공무원 14,000명이 어제도 밤샘했고 그저께도 밤샘을 했는데 빨리 집에 가야 되는데 아, 내가 참지' 이랬죠. 🎙

역사는 사람이 만드는 것입니다.
잘난 사람들이 만드는 것이 아니라
그야말로 일상의 삶을 살면서 아이들 키우고
부부간에 지지고 볶고 사랑하고
이런 사람들이 역사를 만드는 것입니다.

길은
사라지지
않았습니다

신학림 전 미디어오늘 대표

명진스님이 그랬습니다. 의로운 길을 가면 비록 실패해도 길은 남는다. 노무현 대통령은 한국 사회가 고질적으로 수구기득권 세력, 과거에 나라를 팔아먹었던 세력, 친미세력, 반공 세력 이런 세력들이 있는 나라가 정상적으로 발전하지 못한다는 걸 알고 개혁을 해보려고 했지만, 수구기득권 세력의 벽에 막혀서 좌절은 했습니다. 길은 사라지지 않았습니다. 길은 남아있습니다. 저는 문재인 대통령한테 걸고 있는 희망은 딱 하나입니다. 임기가 절반 이상 남아있다는 사실입니다. 그거 말고는 큰 기대는 하지 않습니다. 문재인 정부가 실패한 정부로 끝나더라도 어떤 정부가 들어서든, 노무현 대통령이 걸어왔던 그 길을 가려고 시도하지 않으면 대한민국은 정상적으로 발전할 수 없다는 거죠.

정상적으로 발전하고자 하는 방향인데 이 싸움이 험난하고 힘이 드네요..
지금 우리나라는 OECD국가 중에서 양극화와 빈부격차가 가장 심한 나라입니다. 피부로 느끼는 것도 그렇고 통계수치도 다 나와있습니다. 그러면 매우 심한 빈부격차와 양극화의 원인이 어디에 있냐. 따지고 들어가보면 그 바탕에는 뭐가 깔려있냐 돈과 권력과 명예라고 하는 이 세 가지 수단들을 1%정도밖에 안 되는 수구기득권 세력들이 다 가지고 있습니다. 그 수구기득권 세력은 반공, 매카시즘, 친일 부역, 친미, 지역주의, 지역감정 이런 것을 가지고 48년 이후부터 지금까지 60~70년 이상 먹고 산 사람들입니다. 그래서 이 시스템 자체에 조금이라도 변화를 주려고 하면 자기네들의 목에 칼을 들이대는 거라고 생각합니다. 그런데 제가 볼 때는 그 칼이 위협이 되는 칼도 아니고 연필 깎는 칼 정도밖에 안 되는데도…… 노무현 대통령이나 문재인 대통령이 해줬으면 하는 바람에서 보면 그것은 연필 깎는 칼 정도 밖에 안 되는데 마치 진짜 위협이 되는 걸로 생각합니다.

조직적으로 끝까지 지휘하게 하는 게 이 수구기득권 세력들의 행태입니다. 이게 무서운 거에요. 거기에 도전을 한다는 것은 엄청난 거죠. 만약에 김영삼 대통령이 아니었으면…… 저는 김영삼 대통령이 경상도 출신이었기 때문에 역설적으로 하나회를 척결할 수 있었다고 봅니다. 전두환 노태우는 못했던 금융실명제를 한 거거든요. 그건 굉장한 겁니다. 어떤 의로운 길을 한 대통령이 가겠다고 하면 실패할 수 있고 성공할 수도 있는데 실패하더라도 가려고 했던 길은 남아있다. 이것이 노무현 대통령 10주기를 맞이해서 우리가 노무현 대통령을 다시 생각하면서 새겨야 할 가장 중요한 열쇠말이라고 생각합니다.

권투선수들은 잘 알아요. 잽잽잽, 스트레이트나 훅, 잽이 중요합니다. 견제로 잽을 날리는 거죠. 취임하면서부터. 왜냐? 문재인 대통령과 문재인 정부는 노무현이 걸었던 길을 어떤 형태로든 만족스럽진 않지만 가려고 시도하는 게 불을 보듯 뻔한 거잖아요. 정권의 어떤 아이덴티티라고 할까, 그 지향점이 명백하게 드러나있는 거잖아요. 그러니까 처음부터 잽을 날려야죠.

어쩌면 이 잽은 문재인 정부를 향하는 잽일 수도 있겠지만 문재인 정부를 지지하는 사람들을 향하는 잽일 수도 있겠네요?

그게 그거죠. 그런 잽은 5년 내내 계속 들어올 겁니다. 잽을 하다가 약점이 보이면 바로 스트레이트나 훅이 들어올 겁니다. 그럼 맞받아쳐야죠. 근데 맞받아치는 것도 처음부터 맞받아쳐야지, 나중에 잽잽을 많이 맞고 훅이나 스트레이트를 강편치를 맞은 다음에는 힘이 빠져서 반격을 해도 그 펀치가 안 나와요. 그래서 사고 처리에도 골든타임이 중요하듯이…… 그러니까 보세요. 김영삼 대통령이 금융실명제를 임기 첫해에 했습니다. 취임

하고요, 6개월이 안 되어가지고 딱 했습니다. 그걸 잘 생각하셔야 돼요.

노무현 대통령 임기 초기에 거의 엄청난 공격들을 받았던 거 같은데?
4대 개혁 가지고 정면 승부를 했다가 거기서 좌절하니까 연정 얘기가 나온 거죠. 그리고 권력은 시장에 넘어갔다고 얘기했잖아요.

그 잽이 정권은 알겠지만 사실 정권을 지지하는 사람들을 민심을 떨어트려놓는 거잖아요.
이렇게 보세요. 저는 운동을 좋아해서 운동 심리를 조금 아는 편인데 프로 권투선수가 세계적인 선수라도 계속 강편치만 날릴 수는 없어요. 아니 그리고 강편치만 계속 날릴 수 있으면은 다 날리죠. 안 되는 거예요. 그리고 강편치를 날린다고 해서 반드시 모든 강편치가 제대로 맞는다는 보장도 없고 효과도 없어요. 잽잽잽하다가 강편치가 나가면 충격이 큰 겁니다. 그러니까 권투에서 제일 중요한 게 잽부터 배우는 겁니다. 잽잽잽 스트레이트 잽잽잽 훅. 잽이 얼마나 중요한데요.

그러고나면 지지하고 싶은 마음이 조금씩 조금씩 조금씩 떨어지겠네요?
그러니까 문재인은 대통령을 원래부터 지지했던 개혁 지향적인 사람들의 지지를 떨어트려놓겠다는 거죠. 원래 중간에 있던 분들이 문재인 대통령을 지지했던 이유가 맹목적으로 지지하는 게 아니고 노무현 대통령에게 지지해왔던 것처럼 개혁 정책을 한다고 하니까 중도에 있던 사람들도, 과거에 이명박을 찍거나 보수적인 후보를 찍었던 사람들도 '지금 노무현 문재인 정부는 나라를 제대로 정상적인 그런 나라로 한번 만들어보려고 한다 그러니까 우리가 지지하자' 한거죠. 그런데 계속 터무니없이 부정확한 사실, 왜곡된 사실, 아니면 짜깁기한 사실 이런 걸 가지고 계속 잽을 날리니까 일반 유권자들 중에서 중도에 있거나 확실하지 않은 분들은 떨어져 나가는 거죠.

지금이야 뭐 SNS라든지 집단지성도 많고 팩트 체크도 되니까. 물론 가짜 뉴스도 횡행하고 있습니다만 당시에는 언론이 그냥 프레임 짜고 덤벼들면 거의 사실로 받아들여지는 분위기였죠?

지금 우리나라 정치인들이 그러니까 여야 보수 진보할 거 없이. 저는 정치인들이 뭘 명심을 해야 한다고 보냐면 우리 유권자와 국민들의 수준. 심지어는 초등학교 학생들부터 시작해서 투표권이 있든 없든 우리 국민들이 표현을 안 할 뿐이지 수준이 대단히 높다. 그런데 우리 정치인들은 보수 진보나 여야할 거 없이 국민들의 수준을 실제보다 대단히 낮게 보고 있다.

당시에 보도가 어떤 목적을 가지고 프레임을 만들어 헤드라인도 자극적으로 뽑아 정부에 대해 흠집내기나 흔들기를 했을 때 시민 입장에서는 팩트체크가 되지 않는 상황에서 본다면 지지자들도 지지했던 마음이 좀 떨어질 거 같다는 생각이 좀 들거든요?

어떤 신문을 보느냐 라고 하는 게 그 창으로 세상을 바라보는 거잖아요. 굉장히 중요합니다. 그러니까 지금은 SNS 시대고 1인 미디어 시대고 〈오마이뉴스〉는 모든 시민이 기자라고 했지만, 지금은 모든 시민 개개인이 하나의 언론이거든요. 그래서 저는 시민들이 많이 깨어있기 때문에 그 전처럼 일부 언론이 프레임을 만들어 작동한다고 보지 않습니다. 다만 그 사람들은 그런 방법밖에 익숙한 게 없으니까 그거라도 하는 거죠. 현재의 시점 말고 20년 전에 노무현 대통령은 '조직된 시민의 힘이 있으면 뭘 할 수 있다'라는 것을 깨달은 최초의 대통령. 조직된 시민의 힘! 그 전에는 대통령들이 선거 때만 표를 구걸하는 하고 선거가 끝나면 외면했는데, 노무현 대통령은 조직된 시민의 힘이 결국에 정치를 바꾼다고 하는 걸 알고 시민들이 조직화되기를 바랬던 최초의 대통령이 아닐까 생각합니다. 🔦

민주주의는 아직
깨어 있지 않은 시민들을 위한
장치이자 수단

문달 문준호

2003년생이에요. 열여섯 살이에요. '문달'이요. 이름 앞글자가 문인데 문이 한국어로 달이라서 연결해서 지었어요. 노무현 대통령께서 대통령 하시던 때 저는 어려서 잘 모르지만 책을 읽으면서 노무현 대통령이라는 존재를 알게 됐고 연설, 해왔던 일을 직접 찾아보는데 큰 울림으로 다가왔거든요. 존경하는 마음을 표현할 수 있는 방법을 찾다보니 가입하게 된 것 같습니다. 처음 몇 달간은 가입만 되어 있었는데 올해 노무현 대통령 서거 9주기 추모식을 인천에서 해서 갔다 오고 봉하마을도 노사모 분들이랑 다녀왔어요.

노사모라는 건 정치 활동이잖아요. 중학교 3학년한테 정치 활동은?

투표권이 없는 나이여서 대부분의 제 또래 친구들이 정치에 대해 다 멀게 생각하고 학생들 생활에서도 밀접하게 접하기 힘든 부분이니까. 하지만 투표권이 없을수록 더 나서서 목소리를 알리고 관심을 가져야 나중에 성인이 돼서도 바람직하게 바뀌나갈 수 있다고 생각하기 때문에 이렇게 참여하고 있는 것 같습니다. 주변 애들도 제가 정치에 관심 있고 활동한다 하면 진지하게 바라보거든요. 사람이 되게 진지한 줄 아는데 그러다가 친구들도 공감할 만한 이야기를 하면 친구들도 관심을 가지고 공감할 수 있게 되는 것 같아요.

『운명이다』라는 책을 읽은 게 언제죠?

초등학교 5학년 때였던 것 같아요. 역사책을 좋아해서 하루에도 몇 권씩 읽었는데 근현대사도 읽게 되고 대통령 분들도 다 나오시잖아요. 그래서 그런 분들의 책도 관심 갖게 되면서 '이분은 어떤 분일까?' 하고 읽어봤는데 그분들 중에서 특히 노무현 대통령. 노무현 대통령이 제게는 꿈을 꾸게 해주신 분이라고 생각해서요. 영향이 컸던 것 같습니다.

민주주의가 뭐라고 생각해요?

민주주의는…… 많은 사람이 모인 사회에서 강자도 있고 약자도 있을 텐데 강자에게 유리한 구도로 가는 게 아니라 약자도 포용하고 더불어 갈 수 있는 길을 내어주는 큰 의미가 있다고 생각해요.

효율은 별로 없겠어요.

당장 내일만 보면 그럴 수 있겠지만 앞으로의 미래를 봤을 때 약자가 힘을 갖게 되면 사회는 더 강해져 있을 거라고 생각하거든요. 노무현 대통령께서도 유지처럼 깨어 있는 시민의 조직된 힘이 필요하다고 말씀하셨기 때문에 민주주의는 아직 깨어 있지 않은 시민들을 위해 있는 장치이자 수단이라고 생각합니다.

노무현 대통령의 일화 많이 접하셨을 텐데 딱 하나 꼽자면.

부산에서 계속 선거 출마를 고집하시는 것들 보면서 속으로 너무 안타깝고, 더 편하신 길 놔두고 혼자서 외로운 길을 가신 게 처음에는 공감 안 갔는데, 점차 그분의 생각을 읽어가면서 나중에는 그분이 옳으셨구나, 그분이 맞으셨고 최근 정치를 보면 결국에는 그분의 꿈이 이루어졌잖아요. 지역감정이 해소되어가고 있다고 생각해서 공감이 많이 갔어요.

노대통령이 재임하고 계실 때 일부 언론사와 관계가 불편한 적도 많았는데, 요즘 신문이나 매체를 보면 어때요?

이면적인 모습을 보여주고 있다고 생각해요. 박근혜 정부 때는 남북통일이 돼야 잘산다고, 통일 대박론을 찬양하던 언론들이 지금은 비용 부담, 지출 얘기를 하니까. 언론이라고 해서 다 믿을 거는 아니고 맞은 건 맞고 틀린 건 틀리다고 바라볼 수 있는 시각이 필요하다고 생각합니다. 저는 아직 부족하지만 그렇게 보려고 노력하고 있어요. 언론도 하나의 기득권을 갖고 있다고 생각하거든요. 기득권을 빼앗기지 않으려면 본인을 위해서 국민들에게 알리지 말아야 할 팩트도 있고 감춰야 될 진실들도 있기 때문에, 언론만 보고 사는 국민들에게 언론은 굉장히 무서운 권력이라고 생각합니다.

존경하는 정치인도 결국 목숨을 끊으셨는데, 정치는 왜 하려고 그래요?
그분이 완성하지 못한 꿈을 지금 대통령도 이어가고 계시지만 계속해서 완성도 높게 이어가려면 저도 뭔가를 해야 되지 않을까 생각했어요. 다 잃더라도, 그 꿈 하나만 보고 간다면 의미 있지 않을까 생각해서 정치가 하고 싶습니다, 지금도. 그분이 제게 주신 거는 되게 큰 의미가 있는 것들이었기 때문에 운명입니다, 제게는. 노무현 대통령도 그 힘드신 일을 하셨고 또 그분의 뜻을 이어가려는 분들도 힘을 감내하면서 하고 있기 때문에 짐을 조금이라도 나눠 지면 힘들던 일도 덜 힘들고 무겁던 짐도 덜 무겁게 들지 않을까 싶어서. 힘든 거를 나눠 지려면 (정치를) 해야 된다고 생각해요.

어떤 정치인이 되고 싶어요?
소외된 분들, 약자, 이런 분들의 목소리를 다 같이 내고 그분들의 얘기에 공감해주고 그분들의 권리가 보장되는 사회를 만드는 따뜻한 정치인이 되고 싶어요.

어떻게 사는 게 그분이 말하는 깨어 있는 시민일까요?

현실에서는 바쁜 하루를 보내면서 정치라는 것에 관심을 갖지 못하게 되고 워낙 정치인들이 한심한 집단같이 보이기 때문에 관심을 갖지 않으려고 하는 사람들이 많은데, 그분께서 말씀하신, 우리의 삶이 바뀌려면, 나아가서 대한민국이 바뀌려면 정치가 한심하고 복잡해도 관심을 가지는 것, 정치에 관심을 가지는 사람이 깨어 있는 시민이라고 생각합니다.

노사모들이 해왔던 수많은 일에 많은 분화가 있었는데 어떻게 생각해요?

그분을 생각하고 그분의 뜻을 이어가려는 것 하나만은 같은 마음이라고 생각해요. 노무현 대통령이 바보라고 불리시잖아요. 노사모들도 바보라고 불리는데 바보들도 혼자 있을 때는 힘을 잘 못 내다가 뭉치면 큰 힘이 될 수 있거든요. 실제로도 큰 힘이 되었고요. 바보라서 할 수 없다고 생각하다가도 그분이 길을 가셨기 때문에 바보들도 할 수 있다는 생각을 하게 된 것 같습니다.

5분 동안 자기 하고 싶은 말.

되게 감사해요, 노무현 대통령한테. 한 번도 뵙지 못했었는데 그분은 제게 꿈을 갖게 해주셨고 그분이란 존재를 알면서 좋은 분들도 만나게 해주셨고…… 제겐 시작할 수 있는 기회를 주신 감사한 분이기 때문에…… 정말 돌아가셨지만은 꼭 한번 뵙고 싶어요. 뵙고서 엄청 감사하고요…… 걸어 가신 길이 절대 틀린 게 아니었다고, 지금도 완성되어가고 있다고 말씀드리고 싶어요.

노사모 회원님들, 동지기도 하고 편지 한번 씁시다.

안녕하세요. 문달입니다. 제가 가장 어린 회원인 것 같은데 나이도 있고 학교 다니면서 활동을 제대로 못하고 있거든요. 다른 분들께서 열심히 활동해주시고 계신데 저만 어리다고 활동 안 하고 있는 것 같아서 감사하고 죄송해요. 성인이 돼서도 계속 활동할 테니까 노사모라는 단체를 계속 지켜주시고 이렇게 키워주신 데 진짜 다시 한번 감사합니다. 📖

강물은 바다를 포기하지 않습니다.
강물처럼!

제16대 대통령
노무현

노무현과 바보들 2

영화 〈노무현과 바보들〉에서 못다 한 말들

초판 1쇄 인쇄 2019년 3월 28일
초판 1쇄 발행 2019년 4월 8일

엮음 (주)바보들 **펴낸이** 염현숙 **편집인** 신정민

기획 손현욱 **편집** 신정민 **디자인** 이효진 **마케팅** 정민호 정현민 김도윤
모니터링 이희연 양은희 황지연 류희경 **홍보** 김희숙 김상만 이천희
제작 강신은 김동욱 임현식 **제작처** 영신사

펴낸곳 (주)문학동네
출판등록 1993년 10월 22일 제406-2003-000045호
임프린트 싱긋

주소 10881 경기도 파주시 회동길 210
문의전화 031)955-8891(마케팅) 031)955-3583(편집)
팩스 031)955-8855
전자우편 paper@munhak.com
ISBN 978-89-546-5578-1 04300
　　　978-89-546-5576-7(세트)

www.munhak.com